卡洛琳・范・希莫特 著
Caroline Van Hemert
吳侑達 譯

以太陽為指南針

鳥類學家的阿拉斯加荒野紀行

THE SUN IS A COMPASS

A 4,000-MILE JOURNEY INTO THE ALASKAN WILDS

各界好評

「想像有人在原野中跋涉了比雪兒・史翠德（Cheryl Strayed）還長四倍的距離，沒有指南，且得穿越足以吸乾馴鹿的蚊蟲大軍。在這本充滿勇氣的優雅作品中，鳥類學家卡洛琳・范・希莫特拋下困在實驗室籠中的山雀，踏上壯闊的北極遷徙之旅，再次親炙當初促使她投身科學的大自然。對我們這些較不擅長製作划槳船、避開雪崩、擊退飢餓熊隻的人來說，這本深入且親密的著作提供了一窺壯美原野的大好機會。」

——艾蜜莉・埃米莉（Emily Voigt），著有 *The Dragon Behind the Glass*

「鳥類學家兼博物學家卡洛琳・范・希莫特撰寫了一本從太平洋沿岸到北極海的旅遊紀事，這是一場成功的原野旅行，充滿對科學的好奇。在優美的寫作中揭示崇高的熱情，以及人類與大自然間的溫柔觸碰。」

——約翰・馬茲羅夫（John Marzluff），野生動物學教授，著有 *Welcome to Subirdia*

「大多數冒險是從地圖開始，循著一條看似可行的路線前進，最後可能發現實際路況比想像中困難許多。然而，卡洛琳．范．希莫特描述了一段就連地圖上看來都不可能的旅程。讀完後，我彷彿回到阿拉斯加灣，距離陸地約有八公里遠，沿途一千六百多公里全無花卉盛開。這時，一隻蜂鳥飛過，盤旋一圈，然後繼續往北飛去。我當下的驚奇與震撼，跟現在一模一樣。」

——喬治．戴森（George Dyson），著有 *Turing's Cathedral*

「既是冒險故事，也是愛情故事。故事緊湊振奮，且滿懷希望。這趟橫跨北方原野的旅程同時記錄了這對夫妻的感情如何日益緊密。卡洛琳和派特的旅程會重燃您對人類耐力及親密關係的信心。」

——大衛．羅森伯格（David Rothenberg），*Nightingales in Berlin* 演出者，著有 *Why Birds Sing*

「卡洛琳．范．希莫特的旅程多麼壯闊震撼，這本書就有多麼傑出且層次豐富。她提供科學家對自然界的深入見解，同時不帶自我地書寫旅程間的危險、美麗和愛情，極其坦承，令人耳目一新。不僅是喜愛原野的人，也適合任何渴求堅定的夥伴關係、想像力和好奇心的讀者。讀完本書，您可能也會渴望翱翔天際。」

——吉爾．弗萊斯頓（Jill Fredston），著有 *Rowing to Latitude and Snowstruck*

「冒險與愛情攜手同行，克服六千多公里的艱困路程，並提醒我們看似容易的路線未必是最佳路線。」

——比爾．斯崔佛（Bill Streever），著有*Cold*

「在這個極限戶外冒險相關書籍隨處可見的世代，卡洛琳．范．希莫特的《以太陽為指南針》顯得格外出眾，因為這本書其實是以愛情為核心。作者是經驗豐富且技巧純熟的原野旅人，用詩人般的敏銳雙眼觀察世界，並以科學家的清晰筆觸寫下心得。她與另一名同樣特別的男人共行六千多公里，途中充滿風險，也充滿韌性。閱讀體驗極佳。」

——琳恩．斯庫勒（Lynn Schooler），著有*Walking Home*

目錄

——序幕——

泳渡善達拉河

此時此刻，我在阿拉斯加州北部的布魯克斯山脈（Brooks Range），佇立於湍急的善達拉河（Chandalar River）岸邊，試著鼓起勇氣，游至對岸。我的丈夫派特也在一旁，四周除了我倆再無他人，跟過去五個月以來的大多日子如出一轍。

天色微陰，雲層暗淡，見不到日光。現在氣溫僅稍高於攝氏零度，經過一夜的雨，空氣更加濕冷。我抓著背包的帶子，手指冷得打顫。我靠著派特，低頭看向十八公尺之下的廣袤河流，只聽見川流不息的水聲。我甩開腦中反覆迴盪的問題：我們到底在幹嘛？

那天是二〇一二年八月五日。過去一百三十九天以來，我跟派特跋涉了近五千公里的路程，前陣子經過的地方因為罕有人跡，甚至連地形圖都沒有太多資訊，只有按照海拔標出幾座最高的山峰。布魯克斯山脈是地球最北的主要山脈，至今仍維持原始面貌，少有地方足堪比較。當地許多峽谷與河流默默無名，幾乎不曾有人造訪。這裡沒有平緩好走的山稜，沒有鋪設完善的木棧道，也沒有守班相望的保育巡查員。這裡野性十足、空蕩無人，而且真實無比，絕不擦脂抹粉。

我們之所以來到這裡，是為了知道能否憑藉自身的力量，從太平洋西北地區跋涉至阿拉斯加州位於北極圈的偏遠角落。我們之所以來到這裡，是因為我們需要原野，正如我們需要水和空氣，也正如我們需要彼此。對我而言，這也是一趟回歸森林和鳥鳴，還有地衣與獸跡的旅程。我在啟程上路前便已迷了路，難以搭建起生物學和自然奇觀之間的橋樑。我的心與魂都忘了當生物學家是怎麼一回事。

前方還有約一千六百公里的路程等著我們，但此刻唯一重要的，是面前這條河流。從地圖上看來，這條湛藍河流曲折蜿蜒，似乎人畜無害，但此刻向下看去，卻只見到滾滾泥水。從高處俯瞰，不甚澄澈的水面看似平靜，派特扔了一根雲杉樹枝下去，它載浮載沉片刻，稍一轉旋便順流而下，轉眼消失無蹤。

旅程的頭幾個月，我們覺得目的地幾乎是遙不可及。坐落於楚科奇海（Chukchi Sea）沿岸的科策標（Kotzebue），彷彿是從地圖上隨意挑選的地方。日復一日，我們都因為肌肉痠痛、時不時出現的鯨魚，還有「前進」這回事而耗神。我們不斷前進，但伴隨而來的回報也默默富足，從一公里又一公里的路長成了更了不起的東西。如今回顧，我才漸漸了解這趟旅程的意義何在。既是對青春歲月的讚頌，也是道別。既重新喚醒我體內的生物學家之魂，也審視人類與大地之間的關係。這也是我們必須反覆論證的事。

正因如此，泳渡這條河成了必要，正如離別時必須吻別戀人，也正如圓月升起之際必須抬頭遠望。我們的身體知道什麼是重要的事，什麼則不是。

出發前，有人問我們為何踏上這趟旅程，是什麼事情促使我們想「人間蒸發」一片刻。我試著解釋我們並不是想逃避現實——我們不是想逃離破碎的婚姻，不是想逃離藥物成癮，也不是想逃離學術上的挫敗。我們無意破紀錄或締造第一。我們只是想要找到回家的路。

我和派特在二〇〇一年認識，不久就發現彼此在野外最自在，而且置身群山與河川之間、林地與苔原之上，我們的感情也最為堅韌。我們交往後的第一個夏天，就跑到北極圈的某條偏遠河川露營兩個月，從此心心念念想再來一次盛大的冒險。但往後出門在外的時間，漸漸都在車子後座度過，去做的也都是些平淡無奇的事情。我們出遊次數愈來愈少，要負擔的責任則愈來愈多。不僅如此，我才剛剛拿到生物學的博士學位，卻覺得自己跟大自然十分疏離。整整五年的學業，始於滿腔熱愛，到頭來卻成了單調沉悶的工作。

我的研究題目，是當時出現於阿拉斯加的山雀和其他鳥類的畸形鳥喙。受影響的鳥類會長出彎曲怪異的鳥喙，活像是蘇斯博士（Dr. Seuss）筆下繪本角色的暗黑版本。我起初著手研究時，滿心相信自己找得出鳥喙畸形的原因，而且這些發現會大有貢獻。我自比是某種野生動物偵探，四處搜尋蛛絲馬跡，試圖偵破案子。然而，我沒多久就發現自己連鳥喙結構這種最基本的資訊都不清楚，所以不得不先從最簡單的問題解起。我先用微型刀具把鳥喙切得極細，接著用高倍率顯微鏡檢視，那可不是什麼光鮮亮麗又有趣的工作。我在實驗室養了十二隻山雀，研究鳥喙的成長模式，但每次走入其中，盯著那一雙雙鳥眼，想著牠們再也見不到樺樹葉飄逸風中，也再也無法尋覓樹皮上的蜘蛛和甲蟲，心中不免多了幾分懊悔自責。

這些黑枕山雀體型嬌小，叫聲聽來平凡無奇，很容易讓人忽略牠們可是地球上數一數二奇妙的生物。牠們曾是我的謬思，爾後卻成了我的禍源。我完成論文答辯後，指導教授提議要為我舉杯慶祝，但我只覺得難堪不已，因為我心知肚明自己徹底失敗了。這不是傳統意義上的失敗，因為我所做的計算經得起檢驗、我的實驗確實有成果，各個章節也都撰寫得宜。只是在這些表象之下，隱藏了一個醜陋的事實：我不是那麼在意這一切了。我花了數千個小時盯著顯微鏡、觀察籠中山雀，最後卻忘了自己當初為什麼想成為生物學家。

在我埋首研究的那幾年，派特則投入好幾項建築專案，跟鐵鎚和鋸子為伍的時間多過與森林或群山相處。他從小就熱衷建造事物，那些做工精巧的童年堡壘最終讓步於真正的房屋，他創立了一間經驗不多但表現甚佳的設計暨建設公司。然而他厭倦管控預算、應付材料訂單，還有處理滲水的地基。他質疑自己為何要終日與石膏板為伍，蹉跎了一個又一個陽光明媚的午後，到頭來只發現即便是蓋自己設計的房屋，也永遠不會令人滿足。

我們忙於學業和事業，因而忽略了對自己最重要的事情。我們的行事曆看不見潮汐表和季節，因為上頭不是截稿期限，就是施工進度表。我們思念在野外露宿數週或數月的自由感。是否要生小孩和該怎麼照顧年邁雙親的事情愈來愈迫於眉睫。我父親患上了一種神經退化疾病，妹妹則身懷六甲。等待著我的學術職涯愈來愈像一道刑期，而不是大好機會。然而，當時的我仍不清楚這一切跟我們的旅程有何關係，也不清楚自己想在途中尋找些什麼。我不知道這趟橫跨六千多公里的旅程，會如何幫助我面對愈發逼近的成人世界，或是面對連我自己都不確定是否想要的工作。我不知道自己會用最初愛上生物學的方式，重新找回對生物學的熱情。

一直到啟程後的幾個月，我才漸漸領悟到這趟旅程提供了尋常生活給不了的事物。有稜有角的山線、真相、接納。了解到與不確定的因素共處不僅是可以接受的事，也是生命唯一的選項。上路前，我一點也不想跟這些回望著我的事實扯上關係。生命如此脆弱，愛如此充滿風險。我們在途中可能失去許許多多事物。我忘了這個恆等式的另一頭是什麼，忘了生命中最珍貴的事物往往是不會恆久存在的事物。我需要到戶外上一堂課，提醒自己生命不只是日子的疊加，提醒自己真正重要的事無法量化。灰狼那沾著露水的褐黃脊背，毛髮間閃爍微光。我父親透過衛星電話傳來那沉穩又踏實的聲音。還有派特察覺到我的背包帶已深陷雙肩、精神愈發渙散時所投來的神情，鼓舞著我完成不可能的任務。

我們原先沒打算泳渡任何東西，但如今身處這條位於北極圈的寒冽河流旁，手邊也沒有輕便充氣艇可用。這是因為好幾天前，我們為了減輕行李重量，決定讓充氣艇搭飛機先走一步，等我們翻山越嶺，抵達西邊三百多公里的阿納克圖沃克帕斯（Anaktuvuk Pass）後再領取。冬天不過數週之遙，如果想趕在冰天雪地以前到達科策標，一定要加緊腳步才行。上週某日我們一覺醒來，不僅看到小批美洲馴鹿在帳外閒晃，準備往南遷徙，還見到了當季的第一場雪。總而言之，我們卸下充氣艇的決定原本看來明智，但此刻到了河邊，我也不是那麼肯定了。

我看著下方的水勢激盪沖刷，心中暗自尋思，游渡這條近兩百公尺寬的河流不曉得要花多久時間？五分鐘？十分鐘？我才驚覺這等同在一座寒冷徹骨的泳池中來回游上好幾趟，派特開口詢問該在何處渡河，打斷了我的思緒。河彎前還是河彎後？河道最寬或最窄的地方？我發現他正往下游看去，顯然跟我想的是同一件事：要是我們不慎被沖走，會有何下場？

我們沿著岸邊爬下去，經過河道上的一處大急彎後，恰好找到適合下水的地方。我清空背包中的物品，並翻找裝衣服的輕薄防水袋。睡袋、睡墊、三袋食物、衛星電話、雨具、炊具和相機一一被翻了出來。我一找到多的衣服，便脫去身上衣物，冷冽的空氣凍得我猛起雞皮疙瘩。我重新穿上每件衣物，先套上羊毛長袖內衣褲，再穿上套頭毛衣、保暖背心、尼龍褲和羊毛帽，接著鑽入預先開好洞的塑膠垃圾袋裡，最後才穿起雨衣和雨褲。我們知道水終究會滲過重重防護，但仍盼望雨衣褲和垃圾袋有點幫助。這就像一套簡易的潛水裝，想出這個方法的派特如此解釋。

我自願先下水，不是因為我勇氣過人，而是因為我倆非有人先這麼做不可。派特雖不是大男人主義，但還是望向水域另一端，猶豫了半晌，不曉得該不該放我先游。我告訴他，要是溺水的話，他救我比我救他容易多了，他才勉強同意。當然，這只是假設情境啦，我補充道。

昨天深夜，我蜷縮在睡袋中，想像著泳渡這條河會是怎樣的情景。我告訴派特，要是游泳過河太危險，我們也可以走回最近的村莊，找個人把我們載去對岸。我嘴上雖然這樣說，但我倆都知道這事不會成真。因為一旦調頭，就意味著我們失敗了。

我們當初投入這趟旅程，決心從溫帶雨林一路行至海冰之洋、從美國本土的邊陲來到地球的邊陲，就決定一切照自己意思來。不走大路，不取小徑，也不仰賴馬達。我們或徒步，或滑雪，有時也乘坐小船、充氣艇和獨木舟。我們打算只憑藉自身力量，克服這些地球上僅存不多的原野地帶。我和派特雖然都有些固執己見，但這項堅持不盡然是固執使然，而是因為這才能像我倆深深理解彼此一般，深入去接觸每一分一吋的地景。重點不是去某個遙遠偏僻的地方，否則我們大可以租台飛機，直接飛去任何稱得上是「杳無人煙」的地點。我們想要不一樣的經驗，想要傾聽地衣在腳下碎裂的聲響，想要嗅聞暴雨過後的凍土氣味，還想沿著美洲馴鹿留下的足跡而行，或是划著小船和白鯨共游。

多年來，冒險不過是我們生活的一部分。但我一直到三十出頭，才意識到時間並非緩慢推進，也非無窮無盡，而是既珍貴又有限。這番領悟如吵鬧煩人的鄰居般轟隆襲來，也讓冒險成了現在不做、未來會後悔的事。

伴隨而來的另一個體悟則是青春稍縱即逝，是途中稍停片刻的車站，而人生這輛火車終究會高速向前，把老弱病殘通通拋在後頭——也就是我們每一個人。當初規劃行程時，我就隱約感覺到這會比我們過去十年來一起經歷過的其他旅程來得意義深遠。原因不僅是這趟旅程迅速成長到令人訝異的規模，也是因為我們此刻若不行動，未來恐怕再無機會。我們知道自己不會永遠身強體壯，而且肩負的責任只會愈來愈重，享有的自由只會愈來愈稀薄。我不會再是即將取得博士學位的三十三歲女子，既不必養兒育女，也對學術生涯不抱期望，並且堅信在地圖上遙遠兩端之間可以找到自己所尋覓的事物，其中一端是我遇見丈夫的沿海小鎮，另一端則是我從未見過的偏遠冰封大地。

我整個人瑟瑟發抖。才一開始涉水前行，只覺得腳下的爛泥鬆軟，冷冰河水迅速襲上褲管。我的肌肉僵硬，雙膝動彈不得，而且腹股溝疼痛不已。我往前多走了幾步，感受到水流猛力拽拉我的臀部，接著便踩了個空，跌入水中。

水流立刻把我帶往下游，離派特愈來愈遠，但離對岸也沒有愈來愈近。我得快快游起來。我反背背包，把它當成浮板，以胸口為重心在上頭維持平衡。這策略一度奏效，我不但浮了起來，也開始打水。可是因為上半身抬得太高，胡擺亂動的雙腿根本沒法推我前進。

我又試了一次。這次壓低重心，把下巴抵著背包底部，瘋狂踢水。我眼中只有背包，見不著外頭情形，等我再抬起頭來，氣喘如牛地環視周遭，才發現我是往下游去，並非往對岸游。我調整方向，再次努力擺動雙腿，但情況不見好轉。我使勁用臀部出力，可是仍朝向下游。這樣行不通。快想想其他方法啊。

我一邊掙扎，一邊想起了我媽，她可是貨真價實的「蛙后」。要用蛙式嗎？不妨一試？我試了幾次，但姿勢很拙劣，後來才領悟該怎麼手腳並用，並在背帶的限制之下，小幅度地划水。我也用下巴操控背包的方向，總算既可前進亦可控制方向，順利朝著河中央游去。不一會兒，我便聽見派特大喊已經游完三分之一了。

我默默激勵自己，並用沒被背包擋住的眼角餘光緊盯對岸那一株株樹木，看著它們愈來愈近、愈變愈大。我看得出自己前進不少。漸入佳境。快要到了。一股信心油然而生，我放緩動作，稍稍喘口氣。幾秒後，我碰上一道強勁的渦流線。距離岸邊還有約十公尺，然而翻滾攪動的水流讓我進退不得。我聽不清楚派特喊了些什麼。我試著起身，但因為有條小溪在此與善達拉河交會，水竟然很深。

派特又喊了些什麼，這次我聽出他在大叫「起來！」，但我就是辦不到。我突然間害怕不已，感到疲倦猶疑。要是妳現在放棄。妳・會。被・沖・走！卡洛琳，別想了，快行動啊。我強壓內心躁動，再次用力打水。我想試試看能否踩到水底，卻只感覺到水。我閉上雙眼，把一切灌注在雙腿上。不成功，便成仁。

多番嘗試後，我突然覺得身體一鬆，總算脫離了那道渦流。我的雙腳一碰得到軟爛的泥濘水底，立刻連划帶爬地離開水域，上岸後我重重仰躺在地，看著天空喘氣。等我抬頭看向彼岸，只見派特正振臂替我歡呼。不過我只放了一半的心。泳渡這條河比預期還難。現在，換派特上場了。他雖是游泳健將，但這條河不容小覷。

我站起身並退離岸邊，派特把最後幾件物品塞進背包。這過程感覺很漫長。他拉起背包拉鍊，隨後又重新打開，把某個忘在地上的物品收了進去。他反覆整理行囊，每整理一次，我心中的焦慮感就增生一分。等了半天，他總算爬下那處基蝕坡，來到河邊。他看起來好小，善達拉河則顯得龐然巨大。

他涉入水中才不過幾秒，便打起了水，右手划水前行，左手則勾握著背包。我不曉得他這套單臂自由式是否管用。濺起的水花幾乎遮擋住他的頭頂。游到半途，他決定換手，動作也因此頓了一下，結果便被帶往下游。「派特，撐著點啊！」我大喊，不願見到他掙扎半分半秒。他繼續划水。等他靠得夠近時，臉上的表情嚇壞了我。

他雙目圓睜，表情猙獰，顯然正全力拚搏。

「你還好嗎？」我大喊。沒有回應。只見他猶豫片刻，又換了一次手。我再喊了一次，但還是沒有回應。離岸邊還有近五十公尺，可是他幾乎是在原地打轉。我喊著如果再不回應，我就要下水去救他。

「別鬆開背包，我馬上就來了！」依舊沒有回應。他朝我游來的速度之慢，看似毫無進展。我涉入河中，邊用蛙式游渡那道渦流，邊責怪自己怎麼拖了那麼久才下水。要是水流把派特帶得再遠一些，我或許來不及游到他身旁，而且就算游到身旁，多半也幫不上忙。

我游過灰濁的河水，這回絲毫不覺冰冷。水面下暗流洶湧，就算少了背包的重量，我仍得用盡全力才能與之對抗。

派特直盯著岸邊，喃喃說道他累了，累得不得了。但疲憊還不是最糟的事，在寒冷的河水中待了近十分鐘，已足以造成失溫。我一靠近他身邊，便伸手接過他的背包，並游到他身後協助。沒了背包，他可以雙手並用，游得更加流暢。他游到渦流處時，回頭看了我一眼，隨後全力往岸邊游去。我緊隨其後，使出一切因恐懼而生的力量。終於，我們先後狼狽地離開水中，一起重重倒在岸邊。

原本流遍全身的腎上腺素逐漸消退，取而代之的是在鬼門關前走了一回的恐懼。

「該死，」帕特邊說邊搖頭，他的瞳孔映射出鉛灰色的天空。他不住發抖，告訴我他的外套剛剛吸飽了水，導致難以划水。我突然意識到自己差點失去多麼重要的事物。我們的每個選擇，都隱含了一項事實：如果我們其中一人出了事，留下來的那個人將承擔後果。遇到這種時刻，人無可避免地會去質疑：回報是否值得冒上如此風險？我們是否對大地和自己要求太多？派特和我站起來，緊緊擁抱彼此，隨後脫去濕透的衣物。派特跳上跳下試圖暖和身體。我先幫他拉下外套拉鍊，才處理自己的衣物。

我試著擰乾襯衫，思索我們究竟在這裡做什麼時，突然聽見某個從未聽過的聲音。我停下動作，抓住派特的手臂，以指就唇。聽哪，我悄聲說。四周一片寂靜。隨即我再次聽到了那個聲音。那是熟悉的鳥鳴，但其中似乎有全然不同的元素。那聲音更粗糙、鼻音更重，而且最一開始還有「嘖」的一聲，彷彿帶有責備意味。這些差異極其細微，我竭力聆聽每一道抑揚頓挫。

「天啊，派特。我想那是一隻西伯利亞山雀。」

不消片刻，我不只看到一隻西伯利亞山雀，而是有一整個家族的西伯利亞山雀，紛紛飛上鄰近的一株雲杉。其中有兩隻成鳥加四隻羽翼未豐的幼鳥，通通高踞樹梢，望向我們。西伯利亞山雀稱不太上是萬人迷。如名所示，牠們長得灰撲撲[1]，體型很小，但非常非常少見。曾經有好幾個不同的研究團隊想調查西伯利亞山雀在阿拉斯加北部的活動範圍，可是花了成百上千個小時，最終只目擊到一隻。從基因上來看，西伯利亞山雀跟黑枕山雀關係匪淺。後者是家中後院常見的鳥類，也是我投注五年青春的研究對象。但從其他面向來看，這兩種鳥類可說是天差地遠。目擊西伯利亞山雀之所以特別，不是因為牠的羽翼閃爍斑斕色澤，或是牠剛從玻里尼西亞遷徙而來，而是因為人們對這群嬌小的鳥幾乎一無所知。我要是沒有注意傾聽那撲騰振翼之聲，還有那沉默的回聲，必定會跟牠們擦肩而過。

我看著這些西伯利亞山雀飛來飛去，從長滿針狀葉的樹枝上挑起小到看不見的昆蟲。我心知未來或許無緣再見牠們一面，因此仔細記錄了成鳥那灰頂上的顏色濃淡，觀察羽毛樣式有何差異。

置身這條幾乎奪走我和派特性命的河畔，我因為這項發現而感到足讓魂靈解放的敬畏之情。我好像又搖身變回了生物學家。這次親眼目擊西伯利亞山雀，讓無數個與電腦為伍的深夜、無止盡的打包和規劃行程都得到了回報，撫慰我覺得自己不夠聰明且不夠強壯，既當不了生物學家也成不了冒險家的心情。回首看去，就連泳渡善達拉河似乎都成了明智之舉。此時此刻，這裡只有我，只有派特，以及樹上體型嬌小的西伯利亞山雀家族。

我們終究還是與牠們道別，走上一道陡坡，雖然弄得渾身是汗，但身體總算暖了起來。我們上到一處高地，視野頓時開闊，足可遍覽下一座山谷的景色。向下看去，

1 西伯利亞山雀之英文名稱為 gray-headed chickadee，意指「灰頭山雀」。

大片苔原染上一層紅黃相間的色彩。我每走一步，雙臂擺動起來便愈發自在，甩去了早晨留下的恐懼。派特的步調跟我搭配得宜，簡直完美。

下午，我所尋覓的一切答案紛紛現身。天空有多大，我們就有多小，聳立的群山，滾滾河流，以及遼闊無比的大地，無不襯托出我們的渺小。有一瞬間，我和派特同時停下腳步，看著一頭熊緩步穿越山谷，內心肅然起敬，欲語無言。我心中的生物學家拋開學位和統計數據，再次充盈著震撼與驚奇。我們知道，當初要是沒踏上這趟旅程，便永遠錯失了某些東西。

第一部 遷徙焦慮

阿拉斯加的孩子

我並不總是喜歡戶外活動，但身為阿拉斯加土生土長的孩子，既避不開這片大地的恩賜，也否認不了這廣袤粗野的第四十九州[2]終究是我的家鄉。

我父母在一九七四年結婚，沒多久就整頓了一台綠色的老福特休旅車，開始一趟為期三週的公路之旅，從密西根州出發，取道當時還未鋪設完成、路況顛簸的偏遠公路，從加拿大向北前往阿拉斯加。即使後來政府花了數百萬美金整修這條公路，每逢夏季就成了露營車為患的康莊大道，人們貼在保險槓上的貼紙仍會吹噓：「我挺過阿

拉斯加公路了！」四十年前，這件事倒真有幾把刷子。

他們並不是想逃避兵役、法律或是任何事。他們原本只是想要來趟公路之旅，見識新鮮事物。沒想到一抵達阿拉斯加，就再也沒有離開。我爸替當地一間工程公司工作，我媽則成為特教老師。每到週末，他們會和情同家人的好友一起去釣魚、健行跟划船。在美國中西部廣袤平原長大的兩人，跑去當地大學報名攀岩及登山課程。兩年後，他們親手縫製登山衣物和裝備、用狗隊運送物資，並從鐵路踏著雪鞋出發，花了六十天登上海拔六千多公尺的迪納利山（Denali，當時還稱為麥金利山〔Mount McKinley〕）。

當我從媽媽肚裡的呢喃低語長成笨重負擔時，就已登頂楚加奇山脈的數十座山峰，後來還跟弟弟妹妹一起被送去野營和偏遠的滑雪小屋。爸媽認為戶外活動的重要性等同於上學和跟朋友玩耍，於是替我們報名了賽跑和北歐式滑雪課程。在他們看來，缺少戶外活動的孩子沒法茁壯成長。我現在深感認同，當時卻無比抗拒。

小學階段，我整天埋首書堆，在一個個故事裡逃避現實，以他人的勝利或悲傷來宣洩情緒。我讀到了瑪麗·居禮和路易·巴斯德如何實現重大科學發現。我從《紅色

羊齒草的故鄉》(*Where the Red Fern Grows*)中理解失去心愛的狗是什麼感覺。我知道企鵝用雙腳孵蛋，而駝鹿是游泳健將。我發現在社區築巢的北極燕鷗，其實是從地球另一端飛來。我發覺自己連腳也不必抬，就能學習到幾乎一切事物。於是，我窩在客廳裡陽光照得到的一角，透過厚厚的眼鏡，急切地翻閱東折一角、西拗一塊的書頁，直到爸媽逼我出門走走為止。

「妳需要一點新鮮空氣啦，」他們會這麼說，「一直看書對眼睛不好。」但這些作品形塑了我的世界觀，讓我窩在沙發上就能旅行千里。我會力抗爸媽的干擾介入，並且爭取交換閱讀時間，例如用一本故事書換健行、吉米．哈利[3]的著作換滑雪。

多年以來，原野並不像書本一樣向我傾訴心聲。我當時是個身材圓滾且肢體不協調的孩子，膝蓋骨節突出，皮膚也很敏感，冷熱都會讓我過敏難受。我要是出門露營或爬山健行，總會抱怨蚊蟲叮咬、山路陡峭，或是衣物被淋濕，渾身不舒服。我想我真正在意的不是這些情況，而是那並非自己想做的事。不過當時的我別無選擇，只能跟家人一起到阿拉斯加的偏遠地區探險。童年時期留下的照片不是滑雪課、鱗光閃閃

2 阿拉斯加為美國第四十九州。
3 James Herriot(一九一六～一九九五)，英美知名獸醫作家。

的鮭魚，就是簡陋的山中小屋，還有跑來前院小睡片刻的駝鹿。我爸的辦公室裡擺著弟弟四歲時的照片，他坐在戶外廁所的泡棉座上，頭邊是顯示零下三十度的溫度計。我們就是這樣，二話不說就上路。

我父母不信教，因此戶外活動成了某種意義上的教堂，指引他們方向，又不必向誰效忠。多年以後，我才體會到身為大自然一小分子的滿足感。我當時還沒意識到原野和狂野想法的關聯，也沒發現自己那麼喜歡動物，而且不僅僅是喜歡牠們的可愛外表和毛絨身軀，最後還成了生物學家。我一直到後來才醒悟，書本雖是我通往學習的門路，但總有一天我得親身去探索、發現事物。

我準備申請大學時，雖然滿腔熱情，但不確定想攻讀什麼學科。我高中數學和理化課的報告表現出色，但很怕構思假說和設計實驗。這些事情沒有指引，也沒有可供遵循的做事方法，我總害怕犯錯，每次實驗課分組都要找滿腦新點子的組員，他們也樂於跟我合作，因為我知道怎麼在考試時填上正確答案。

我最後因為前男友選擇了亞利桑那大學，那裡提供給他獎學金。但我幾乎一到了亞利桑那大學，就覺得此地不宜久待。校地廣大，新生課一次收了上百名學生，而且社交生活圍繞我興趣全無的兄弟會和姐妹會。此外，我修的預醫課程根本不像大學課程，競爭十分激烈。我不再覺得自己聰明過人，甚至不覺得自己稱得上聰明。我糊裡糊塗上完化學導論和生物學導論，因為拿到生平第一個B⁺而震驚不已。就在此時，我修了一堂保育生物學，希望找到不同於那些人數過多、不近人情，而且愈上愈討厭課程的事情。

第一天上課，我遇到比爾．寇德教授，當時已經六十幾歲的他精力比全班二十五名大學生加起來還旺盛。他宣布課綱上的志願「實作課」，其實是一連串的校外教學。一直到學期第二週，我才明白他是什麼意思。某個週六早晨，我們一小群人擠上十人座的廂型車，浩浩蕩蕩前往東邊群山尋找銅尾美洲咬鵑，那是一種非常迷人的長尾鳥，但甚少流浪到拉丁美洲的北方。教授很快要我們稱呼他「比爾」，不必拘泥禮節。他領著我們穿越重重野葛及刺柏叢，不斷舉起雙筒望遠鏡。儘管我們那天沒看到咬鵑，而且到了週一很多人都起了一身癢得令人流淚的疹子，我還是深深為之著迷。我們見到了山獅的足跡、分辨出我從未聽過的鳥鳴，還發現一隻雀鷹的骨架。

在那一學期的其他校外旅行裡，我們驅車向南，跨越美墨邊界，沿著沙塵滿布、車轍明顯的道路，來到一處受非法牛隻放牧所苦的河岸走廊。我們有時候會爬出箱型車，四下看看就回去。有時我們則會撞倒非法立起的圍籬柱、拔去入侵性強的雜草，並挖掘溝渠，讓因為地下電纜而改道的水源可以重回土壤。這些旅程讓我學會觀察與傾聽，也習慣提問和吃苦。

當我們全身泥濘挖著溝渠時，比爾偶爾會揮舞雙手，呼喊要我們停下鏟子，並指向天空。「看啊，是短耳鴞哩。你們覺得牠在這裡做什麼？沒人知道牠們上哪過冬，也許你們之中有人可以找出答案。」

比爾起得早，爬山健步如飛，酷愛閱讀，他期待我們也是如此。太陽才開始染紅金合歡叢，他就忙不迭把我們趕出帳篷，因為外頭有太多東西要看了。我聽話爬出睡袋，只為了聆聽吉拉啄木鳥的鳴叫，或是觀察沙漠的草在初陽照射下如何收攏摺起。有天半夜他把我們叫醒去探查營地附近發現的大花仙人掌，這種生長得雜亂無章的黃褐色沙漠植物每年會開花一晚，整片沙漠霎時間會開著芳香四溢的白花。結果我們走下山坡時，卻發現仙人掌還是一派凋零憔悴、風華未顯的模樣。原來我們早來了好幾週，我想比爾知道這件事，但他想灌輸我們一個概念：要是不去尋找，是見不到任何驚奇事物的。當我們有氣無力地返回帳篷，他突然又欣喜地說，「看啊，是昴星團。你們可看過這七姐妹如此耀眼？」

比爾研究的是蜂鳥，但只要跟自然世界有關的一切，他通通有所涉獵。他不僅教我們索諾蘭沙漠的生態系，更教我們要保持好奇心。從比爾身上，我看到即便投身研究五十年，世上仍有許多問題可問，也仍有許多工作需要完成。他也不避談對我們的期待。「接下來就靠你們了，知道吧。要是沒人喜歡這些地方，它們是不會長久存在的。我們這些老傢伙會走，到時候你們最好準備接手。」我常在他辦公時間去拜訪，不是因為考試或作業需要協助，而是因為我喜歡聽他說各種故事，喜歡想像自己跟他一樣對生物學充滿熱情。學期到了一半，他建議我找份在阿拉斯加的暑期工作，研究鳥類。「那些最令人熱血沸騰的研究計畫，都在妳家後院啊。」他這麼說。

儘管有比爾的鼓勵，我的野外生物學家之路卻起步不順。我申請了十幾份暑期工作，但五月回到安克拉治時僅一份有下文。那是一位當地的鳥類學家，想要找一小群志願者到鳥類繫放站幫忙。當時誰也沒想到，她後來會成為我的老闆兼良師。有個家裡的朋友告訴我，「她是個好老師，要是妳展現出努力且學習力強的一面，她可能會收妳當暑期志工吧。」

我必須在日出時抵達她的繫放站。在六月時的阿拉斯加中南部，指的是清晨三點四十五分。我睡到忘記鬧鐘存在，足足遲到了六小時。那時繫放工作早已結束，保溫瓶裡的咖啡也已一滴不剩，另外五名志願者直盯著我這個睡過頭的可悲青少年。比遲到更糟的是，我撒了謊。「我一定是走錯方向了，」我唯唯諾諾地說道，「我以為地點是沼澤的另一端。」

那位鳥類學家只瞥了我一眼，微微一笑說，「這樣啊，也許妳可以下次再加入我們。」我一直到很後來才知道，那是她經典的「我不太滿意妳但我不會說出心裡話」表情。她大概對那天的事情毫無印象，但我也想不到有什麼理由要提醒她就是了。

我當時太想要一份工作，最後去超市當收銀員，打算整個夏天跟價格條碼為伍，而不是研究鳥。沒想到幾天後時來運轉，某個野外調查團隊有人在最後一刻退出，因此急需一名志願者。我雖然資格不符，但人就在阿拉斯加，隨時聽候差遣。他們的組長打來就只問，「妳可以睡帳篷嗎？會數到一百嗎？可以的話，妳就錄取了。」

因為要先參與實地訓練，我可說是上了一堂怎麼成為「真正」阿拉斯加人的速成班。一群挺著大肚腩、擁有多年狩獵捕魚經驗的男子教我怎麼操作舷外機、倒退開拖車船、恫嚇野熊、開槍射擊，以及野外急救。這些訓練跟鳥類幾乎扯不上半點關係，甚至有點嚇壞我。隊上絕大多數是男性，我這十九歲的嬌小女子站在他們旁邊，惴惴不安，生怕鬧笑話，也怕自己應付不來這趟雄性氣概濃厚的任務。

我們的目的地位在威廉王子灣（Prince William Sound）的心臟地帶，等我置身兩側鑲著冰川的狹窄峽灣，才逐漸發現這時節到野外工作是多大的恩惠。我在一艘高八公尺船的甲板上，第一次瞥見我們要研究的生物：三趾鷗。三趾鷗是一種嬌小纖弱的海鳥，有著乾淨俐落的黑色翼端，會在岩石崎嶇的海島上繁衍後代，並在遼闊海洋上過冬。我以前一定常在阿拉斯加水域看到，但從未仔細觀察，也沒有真正辨識出牠們。我們的船沿著狹窄水道駛入內灣時，有兩群三趾鷗沿著不同方向、整齊劃一地掠過上方，彷彿是行駛於雙向高速公路上的汽車。牠們帶著明顯目的翱翔天際，發出獨一無二的「咿喔」鳥鳴，聲音在聳立於水道兩側的岩壁間迴盪。在海灣內，距離我將紮營度過夏天的地點不遠，節節倒退的冰川露出一塊大石，上頭擠滿了鳥類——我從未見過這麼多。

牠們突然一陣慌亂，數千隻三趾鷗同時振翅起飛，彼此距離之近，我一度看不見天空。牠們直接朝我上方飛來，我連忙蹲伏下來，等我再向上看去，映襯著藍天的雪白羽翼，還有相得益彰的灰撲岩石和碧綠海水，彷彿是色彩繽紛的調色盤，讓我一時間忘了呼吸。這是我第一次看到如此偕同一致的動作，令人嘆為觀止。

「是遊隼，」資深研究羅伯員說。他熟知鳥類習性，甚至看也沒看，就知道發生什麼事。遊隼飛得極快，技巧純熟，會攫住體型較小鳥類的翅膀，瞬間將牠們扯下天空。三趾鷗為了避開掠食者，會發自本能地聚在一塊，並同時移動，望之像是在空中翱翔的床單。這張床單編織得愈緊密，遊隼就愈難對落單者下手。聽著羅伯講解，我感到內心有什麼改變了。我迫切想跟他一樣，想要了解這地方，了解這些鳥。

接下來幾週，我領悟在海鳥棲地工作，不僅要穿戴全副雨具（海鳥糞便可不是鬧著玩的），還得忍受高分貝折磨。場面既吵雜又混亂。想像那是一排排小公寓，足足有一萬五千條生命擠入半個街區大小的地方，趁著短暫珍貴的夏天忙進忙出。三趾鷗日夜不停地瘋狂築巢、下蛋、餵養幼雛、保衛領地、迎接配偶、飛來飛去、睡覺，但最常做的還是大肆唱鳴。我很快就忘記室內那種刻意為之的寂靜，每天入睡和起床都是聽著此起彼落的刺耳鳥鳴、海水沖刷岸邊的聲音，再加上偶爾傳來的浮冰碎裂聲。

等到第一批鳥蛋孵化，團隊要我負責追蹤三趾鷗幼鳥的成長過程。當時看來，監看幼鳥這種重責大任彷彿是對我的肯定，現在才發現他們是因為這件事幾乎不可能搞砸，才會交給經驗不足的新人。我每週划船到棲地兩次，檢視數十個鳥巢，替幼鳥秤重和測量身長，看著牠們從一團團毛球蛻變成獨立的雛鳥。一整個夏天，我研究了牠們「鳥」滿為患、錯綜複雜的棲地和各自習性。有些三趾鷗父母一天會交換數次育兒責任，有些則會把巢丟著不管好幾小時。我也發現有些鳥會飛上八十公里只為了取食罐頭工廠的廢料，這種廢棄物相當於海鳥界的垃圾食品，而其他的鳥則會到附近海灣捕魚來吃。這是我第一次透過雙眼親炙大自然，而不是透過教科書。我漸漸理解到學校所教的各種生態問題，是如何融入這些泥濘凌亂的實地考察，而我喜歡極了。

接下來每個夏天，我都會回阿拉斯加研究各種猛禽、水禽、岸鳥和鳴禽，學期間我則在亞利桑那協助幾項當地的研究計畫。畢業後，我待在野外的時間愈來愈長，習慣野營和用小爐子炊煮，在雨雪中工作。問題不再是「人生要做什麼」，而是「下次要造訪哪個偏遠地區」或「下次要研究哪個珍奇物種」。

當紐約遇見阿拉斯加

派特跟我一樣和美國北方有著深厚連結。他是我妹妹的室友，初識時，他留著一頭長髮，才剛搬出大學宿舍沒幾週。那是二〇〇一年十月初，我大老遠跑去華盛頓的柏令罕（Bellingham）拜訪妹妹。我從她那挑高、老是漏風的租屋後門走入室內，遇見坐在飯桌旁二十一歲的派特，他面前擺著一本教科書，整個人埋首紙堆。我穿著略嫌髒汙的套頭毛衣，戴著冬帽，雙腳滿是泥濘，步履蹣跚。幾個小時前，我才剛跑完人生第一場馬拉松，現在身體開始抗議。我的雙腳抽筋，只匆匆跟派特打了個招呼，就頭也不抬地跑去沖澡。

那晚，我窩在即將佔據整個週末的沙發一角，看著派特翻閱一張張最近登頂北喀斯喀特山脈的照片。他戴著滿是使用痕跡的白色頭盔，對著鏡頭燦笑，顯然山巔正是他心之所向。我問起他去過哪些山峰時，他顯得雀躍不已，話也變多，但若換了其他話題，他多半無話可說。

隔天，妹妹提到派特高中畢業後去阿拉斯加的森林裡蓋了一間小屋。什麼樣的十九歲紐約青少年會跑到數千公里之外的原野蓋小屋，還獨自在那裡過冬？我追問細節，他聳聳肩說那是他一直以來的心願。他高中畢業沒幾天就跑到阿拉斯加的費爾班克（Fairbanks），並帶著一堆借來的東西：叔叔的鏈鋸、來福槍和靴子，還有朋友家的哈士奇犬。他遇到的每個人幾乎都想勸他打消主意。我心想：可是你還是上路了。

當晚，我們淋雨走到市區一間酒館小酌，我試著跟派特調情，想看看他是不是把滿腔熱情全留給了山林，並測試他會如何應對。幾杯強勁的蘇格蘭艾爾啤酒下肚，對話逐漸充盈著慾望。我們在悶熱擁擠的舞池裡隨著當地草根藍調樂團的音樂舞動身軀，對彼此露出燦爛笑容。跟派特跳舞是全新體驗，他的舞步大多集中在上半身，沒什麼特別的地方，但他看我的神情極其坦承，卻又難以解讀。

我後來才曉得自己目睹了一樁罕見事件。

「派特從不跳舞，」妹妹告訴我。

隔天一早我啟程返回安克拉治，對妹妹的室友抱著滿腹疑問。

我當時才二十三歲，卻自覺年長許多。我已經大學畢業，往田野生物學家職涯邁進。我交過幾個男友，當時正試著跟最近一任告別。他們每個人對關係的想像都比我還進一步，但我壓根還不想尋覓人生伴侶。

回到阿拉斯加後，我一直惦記著派特。我們短暫相處的時光有何意義？這古怪得可愛的男子究竟是怎樣的人？幾天過後，當我看到安克拉治跟西雅圖的機票促銷只要九十九美元時，實在克制不住衝動想知道我感受到那股火花是否值得進一步發展。因此，我與派特初次見面的一週半後，我又假借「拜訪妹妹」的拙劣名義，跳上飛機前往華盛頓州。

我打電話告訴派特我要過去時，他只說，「噢，哇哦。」

我幾乎不認識他，突然這麼積極追求，不由讓我怯懦起來，一上飛機就侷促不安到了極點。但我見到他後，發現彼此毫不尷尬，也沒有那些刻意的互相讚美及調情。派特沒有試著約我吃晚餐，也沒有滿口奉承。我們週末大多時間都是到海邊閒躺，或是沿著雪松及道氏帝杉林間的曲折泥濘小徑慢跑。

某個下午，他提到我半年前就已經在妹妹的大學宿舍見過他了。我依稀記得當時見過一位黑髮的派崔克，但不是現在這位派特。不是這位有天將成為我的丈夫的靦腆新鮮人。不是繞著校園小徑慢跑時會溫柔抓著我的手臂，指出一株雪松樹身凹陷處的花崗岩並表示那是他做的裝置藝術的男人。十年後，他在同一地點停下，展示條紋狀的樹皮如何一如他設想地圍繞著花崗岩的灰色輪廓生長。

我再次離開柏令罕時，派特給我看他那棟小屋的照片。木造結構完美至極，每根原木接合得恰到好處，縫隙布滿青苔，不仔細看還以為是過去移民時期常見的農屋。小屋還有一扇手工砍鑿的門、形狀優雅的木製門閂和覆以草皮的屋頂，很難想像這樣的用心與熱情是來自一位青少年。

隨著我跟派特漸漸發展比週末小聚更進一步的關係，我們電話聊天的時間也愈來愈長，創下中學畢業以來的紀錄。起初我要是碰到令人不安的沉默，會忙著用各式嘮叨填滿空白，以免派特陷入無話可說的窘境。我花了好幾個月，才發現其實自己一直在插話。派特回話慢且慎重，而我的不耐煩，意味著我錯過了不少他想告訴我的事。

我愈了解派特，愈察覺到我們很不一樣。學術界是我的舒適圈，而森林是派特的歸宿。我酷愛閱讀，但派特連最常見的單字都能拼錯。他寄給我的第一封電子郵件彷彿是用外星文撰寫，我花了十五分鐘解讀那兩頁文字，用發音去猜測一個個有閱讀障礙的他嘗試拼湊但功敗垂成的單字。我有次告訴派特我私底下有點享受ＳＡＴ測驗，他則坦承，「我考那些東西的時候，只能滿心盼望那是我的幸運日。」

但換作其他領域，他自信洋溢得令我難以想像。我夢想有朝一日能登頂群山，派特是二話不說直接開爬。我問他怎麼學會攀登結凍的瀑布，或在陡峭岩石上放置固定點，他一臉困惑，彷彿這些事根本無須解釋。「我借了些裝備，動手試了一下。」他講到自己住在小屋的那一年時，我只能靜靜傾聽，沒什麼好錦上添花的。我不曾親手砍下一株樹，更別提搭建一座小屋。派特不會炫耀自己做過什麼事，但說到他駕駛一隊雪橇犬、被狼群追趕，還有躲避森林野火等故事時，是怎樣也藏不住興奮之情。

我很快發現派特並不是尋常的紐約人，或者說「尋常」這字跟他毫無關係。他在阿第倫達克山脈長大，他是最年輕即在單一冬季爬完四十六座山峰的紀錄締造者。當然，以阿拉斯加州標準來看，那只能算是爬上幾座小山，還稱不上是「真正的山」，但對年僅十六歲的青少年來說，完成這件事需要決心和耐力，必須對原野深具感情。派特摸透當地森林後，決定高中一畢業便前往北方。他打從有記憶以來就想在阿拉斯加蓋一棟小木屋，雖然幾乎沒去過科羅拉多州以西一帶，對於阿拉斯加的大半知識也是來自書籍和電影，但他認為那就是自己該去的地方。他媽媽後來告訴我，派特從小熱愛原野，她很高興兒子得以重返阿拉斯加，而且還有個女孩同行。

「妳把我生錯地方，也生錯時代了啦，」五歲的派特讀了過去移民及探險家的故事，哭著跟媽媽這麼說。他家位於郊區，有四個姊妹和一個兄弟。那裡是個小鎮，相較於田園風光，更以底蘊豐富的賽馬傳統著稱。在那片拓荒者及大型掠食動物早已消逝多年的土地上，他父親在家中小屋教他木工技藝。他的手足熱愛運動，但全家偶爾才會一起健行及露營。派特確知自己想要什麼：有一天，他會前往北方，尋找最後的廣袤原野。

高中最後兩年，派特常常做著有關雲杉的白日夢，構思心目中的小木屋，蒐集必要物資，並且靠著修剪草坪積纂經費。他打算先在阿拉斯加待一年，再想想人生要做什麼。他不喜歡填寫各式各樣的申請文件，也沒趕上當時如火如荼的網路熱潮，因此沒浪費時間研究「小木屋該建在哪」或「法律允不允許蓋這種小屋」等細節。當時，這些事感覺不過是個可以稍後處理的小小阻礙。他抵達阿拉斯加後，沒有買下土地或宣示擁有土地，單純就是找片森林，並跟附近一戶人家確定沒人會來打擾他後，就逕自開始搭建小屋。是否擁有那塊土地不是重點，冒險才是。

我從來沒遇過這樣的人。我有時為他傾倒，有時又困惑不已。

我們就這樣維持遠距關係，派特和我妹及其他大學生在柏令罕合租住處，我則在安克拉治工作。這段關係步入第二個月後，我起心動念想去看看他的小屋。在我看來，如果沒有真的看過那棟小屋，就不算真正了解派特。趁著機票還很便宜，他利用感恩節長達一週的假期飛來安克拉治找我，打算一起去參觀小屋。

我想在動身前讓派特見見我的朋友。但不論是在咖啡店，還是滑雪道，我每介紹他認識朋友一次，就愈感到尷尬，因為每次對話都遵循著相似的模式：

「嘿，很高興認識你。」

「是啊，」派特回應。

「你來待一陣子嗎？」

「沒有，待幾天而已。」

「哦哦，你從柏令罕來這裡玩？」

「沒錯。」

我坐立難安，看著朋友三番兩次嘗試開啟話題，可是派特多半以沉默作收。接著，是更多沉默。

「你為什麼不說話啊？」我後來問派特。

「我不知道啊，我沒什麼想說的吧。」

我知道他有不少精采故事可以分享，我聽過那些故事。我們獨處時，他機智又詼諧，但每每碰到陌生人，他便沉默。派特很久以後才告訴我，我當時那看似「長大成人」的生活讓他備感壓力。我有車，有工作，還有公寓。姑且不論那台車的內裝早被前車主的狗搞得面目全非，或是我下車時得搖下車窗從外頭開門。而所謂的田野生物技術人員不過就是領著微薄薪水在阿拉斯加到處追鳥，還得看季節吃飯，實際上並不穩定。公寓呢？那是我父母的財產，而他們就住在樓下的主屋。我不敢相信像他這樣獨自在荒野蓋起小木屋並住上一整個冬天的人，竟會對這麼一丁點的獨立自主印象深刻。但派特搬出大學宿舍不過短短六個月，對他來說，我雖然只比他大一歲半，卻感覺成熟許多。他對日常閒聊和社交場合毫無興趣，對於這點，我的感覺與其說是厭煩，不如說是困惑。我意識到這個男友很難歸類。

派特若要前往小屋，會先到費爾班克郊外六十五公里一處死氣沉沉的社區聚落，再沿著蜿蜒的薩爾查河（Salcha River）走上近百公里，最後抵達有雲杉點綴的小島。他當年到鎮上補給物資時，會在路邊一間小餐館停留片刻，點一盤培根煎蛋，從沒有暖氣的戶外電話亭打給爸媽。他總是偷偷溜進餐館，又偷偷溜出來，閃避替他倒咖啡那女人拋來的問題，以及店員好奇的眼神。「沒什麼，我待在上游挺遠的地方，」他說，「一間礦工的老舊小木屋。」他會消失數週或數月，某天又突然從森林中現身。他話不多。沒人知道他的名字，只管叫他「那個薩爾查河來的小子」。

這次我們借了一輛老舊的雪地摩托車，兩個人擠在那台打嗝般噴出黑煙的奇妙裝置上顛簸前行，後頭拉著載滿裝備和糧食的亮黃色玻璃纖維雪橇。二十五年以前，我的爸媽曾拖著同一台雪撬登上北美最高峰的山側。下坡路段變得陡峭，我們找個平坦的岩臺停放雪地摩托車，取下鑰匙放進背包。派特把雪橇繫在腰間，沿著凹凸不平的道路賣力拖拉。我腦中浮現爸媽當年拖著雪撬的模樣，不由得露出微笑。

我們往下走，進入一片黑雲杉林，四下看去，似乎跟這塊地區的其他森林如出一轍。才下午三點，薄暮已襲捲森林。我每踏一步，靴裡便填滿雪。我大幅擺動手臂，試圖溫暖手指及消除漸漸浮上的憂慮。我這麼信任一個幾乎不認識的人，會不會太天真了？又三個小時過去，我們離開黑漆漆的森林，來到下方遼闊的冰封河流。派特在岸邊站了很長一段時間，一下盯著對岸，一下來回掃視上下游。在細長黃月照耀之下，雪地顯得晶瑩閃爍。派特轉身緊抓住我，在我凍得發僵的臉頰上印上一吻。

「往這裡走，」他指向下游。

派特後來才告訴我，他那時出色的方向感，其實多少得感謝驚人的好運。我們走的路線跟他熟知的那條不同，但最後走出的河彎處，恰好離小屋只有約五百公尺遠。我很快發現他不管走到哪，這種好運似乎都如影隨形。他渾身散發著難以抗拒的樂觀氣息——我們當然可以攀岩過去，有什麼不行嗎？沒帶地圖不打緊，反正一定找得到目的地。意外的是，我們到頭來還真找得到目的地。至少大部分時候如此，隨便啦。

那座小而完美的木造建物安穩地坐落於高大雲杉之間。我難以想像一個人生地不熟的紐約男孩，可以憑藉幾個二手工具蓋起這樣一間小木屋。那不僅僅是家，還是一件藝術品。當初有位當地男子告訴他可以偷偷來這個偏僻的地方，那人後來說，「哇，早知道你要蓋這樣一間木屋，我就叫你來我家土地上蓋了。」

我們跨入屋內，派特一手打造但十六個月前突然拋下的生活，就在這裡靜靜等待他歸來。一張手作椅子、小桌子、書架和上下舖，柴爐旁還有一疊火種。

「我們到了。」派特怯生生地宣布。我們把背包扔在門邊，兩顆頭燈的光線沿著平滑的原木牆壁前行，先經過整齊排列在流理台下的鍋子，隨後在粗鋸木地板上翩翩起舞。從派特關門封窗至今，除了幾隻小老鼠和松鼠，沒有其他生物來過。我們點了火，牆壁上的霜雪很快融掉，這塊空間看起來跟小孩房差不多大小。我跟派特狼吞虎嚥地吃了兩盒通心粉，一邊聽他講述那年如何獨自度過。

這座小木屋，還有幾乎裡面的一切，通通是就地取材。角落那張雙層床是雲杉幼木所製，他在床身兩側鑽洞，中間交叉串起密密麻麻的繩子，形成上下兩張網狀床蓆，只是比一般兒童單人床窄小。

「你要睡上面，還是下面？」我開玩笑說。派特愣了一下，隨後才發現我正露出微笑。我拖出兩顆睡袋，把它們一起扔到上層。我們褪去衣物，爬入睡袋。當晚，我落入一個不為人知的祕密世界，而打造那個世界的手，正沿著我的身體摩娑前行。世界提煉出河流、冰、森林、那座完美的小木屋以及我們。我裸身躺在派特身邊，我們因為床鋪窄小而緊貼在一起。我輕聲告訴他，「我喜歡這裡。」

儘管我似乎以最親密的方式共享了派特最私密的空間，但他仍讓人覺得神祕。我從沒有獨自度過一週，更別提一整個冬天，他的動機令我百思不解。他真的喜歡隱居？我很疑惑，想知道他那雙銳利藍眼背後究竟有何風景。

到了早上，有隻灰噪鴉現身屋外。阿拉斯加內陸的冬天相當寂靜，氣溫嚴寒，糧食也不多，讓來訪的人類與動物特別顯眼。灰噪鴉屬於鴉科，喜歡偷食無人看管的食物，俗稱「營地大盜」。鴉科是鳥類中數一數二聰明的族群，記憶力極佳，而且善於解決問題，和犬類不相上下，甚至比得上某些靈長類。灰噪鴉可以記住幾個月前儲藏食物的確切地點，而短嘴鴉則可辨認出不同人類的面孔。以西雅圖某群常被研究的鴉科為例，相關研究人員還得戴上口罩，以免被這些聰明的鳥認出臉來。這也難怪灰噪鴉可以在寒冷的家鄉生存下來。若以每磅體重為計算基礎，一隻灰噪鴉需要的熱量比我還多十八倍。牠們會用黏稠唾液將食物藏在樹皮下、大片地衣中，或是岩縫，以便冬春兩季取食。

我們用柴爐煎餅，一邊看著那隻灰噪鴉在門邊的樹枝上耐心等候，彷彿牠知道我們遲早會帶著早餐上門一樣。派特走去屋外上廁所時，灰噪鴉緊跟在後，對他連連發出刺耳鳥鳴。但我出門時，牠卻絲毫不理會我。就算我朝牠丟了一片煎壞的煎餅，牠仍跟著派特，顯然不願輕易叛逃。如此看來，灰噪鴉似乎知道誰是朋友哩。

派特告訴我，他在此度冬時，有兩隻灰噪鴉常常造訪。或許牠是其中一隻，也或許是牠們的後代。這隻灰噪鴉顯然對派特青睞有加，儘管多半可能是跟過去白吃白喝的美好記憶有關，但仍是一大肯定。我呢，將這隻灰噪鴉的推薦銘記於心。

接下來兩天，我見證了派特是如何將這一小片森林視為歸宿。他愛這片森林的不經雕琢，也愛這片森林的低調之美。他熱愛這塊土地，不是因為自己征服了它，而是因為它拒絕被馴養。儘管他是以藝術家的角度看待這塊大地，而不是生物學家，但我終於遇見跟我一樣欣賞阿拉斯加的人。不僅如此，他也是我碰過能力最好的「森林人」。

在都市裡，派特看來既害羞又手足無措，但來到野外，他成熟得超乎年紀。我當時已能想像他將帶給我前所未見的挑戰。他的視野將帶著他前往更遙遠的地方，比偏遠的田調營地還要遠，也比一群抱負遠大、願意在深及腰臀的泥淖中跋涉的生物學家還要遠。他渴望置身原野，渴望孤身一人。我雖然熱愛原野，但遠不及他藝高膽大。

我才怯生生地伸腳試水，派特早已一躍而下。為了夢想，他願意承擔一切風險。我呢？我願意嗎？

沒多久，我就有了一探究竟的機會。

過往之事

我在阿留申群島東邊的烏尼馬克島（Unimak Island）追逐海鴨（sea duck）時，第一次萌生想和派特踏上一場壯闊冒險的想法。這些地處偏遠的火山島一路向西延伸，最終跨越國際換日線，在地圖上彷彿映襯著湛藍洋裝的翠綠怪異項鍊，彷彿一串將白令海與太平洋分隔兩側的玉石。當地只要來到夏季，就成了各種鳥類築巢繁衍的避風港，包括某些其他地方見不到的鳥類，到了冬季則會迎來海鴨。對捕蟹業者來說，此處冬天的天氣是出了名的危險，充斥著冰封的船隻甲板和高潮迭起的營救任務，如今甚至成了頗受歡迎的實境節目主題。

那時正值二月初，我們用來捕捉振翅飛起的海鴨的垂掛式霧網時不時垂下一道道細小冰柱。當天共有四人出勤，每個人都套上橡膠及胸涉水褲和救生浮衣，底下則能塞多少就塞多少衣物。天上不只下著雪與凍雨，還颳著陣陣強風，絲毫感受不到該天氣系統起源地南太平洋的暖意。兩名同事乘著一艘小型充氣艇，試圖將鳥群趕向用浮子和鋁桿懸掛在海面上的霧網。我在岸邊待命，冷得渾身發抖，有需要時還得涉水支援。有六隻丑鴨（harlequin duck）恰恰在充氣艇所及範圍外泅泳，忽而下潛捕食淡菜，忽而冒出水面，但都離霧網很遠。牠們偶爾會瞥眼看我，其中好奇多過害怕。

我參與的研究計畫幾乎都得捕鳥，這個任務每每讓我懷疑究竟誰具有「高階思維」。世上有多少種鳥，捕捉技巧就有多少種。有些鳥喜愛餌料，只要看到免費食物便會上鉤，譬如烏鴉和海鷗會為奇多玉米棒和熱狗麵包瘋狂，山雀則偏好花生醬，而野鴨會受玉米吸引。有些鳥會堅守巢穴，只要避免眼神接觸，即可輕鬆用長柄捕網捉住。其他鳥類則會上誘標的當，前來調查是何方神聖入侵鄰里，譬如刺鶯會群起圍攻假隼、老鷹會試圖攫抓受困的鴿子，而鴨子喜歡與同類相伴。今天我們也是指望這些群體習性會發揮效果，但至今仍是徒勞無功。

往往當我們確信自己找到完美捕捉策略時，禽鳥便會以出人意料的回應，讓人類自愧不如。我有次蹲伏在灌木叢中整整一小時，盯著一隻烏鴉繞著我設下的誘餌打轉，弄得脖子痠痛不已，我過了好一陣子才驚覺牠的幾位同夥早已破袋而入，樂不可支地將戰利品運回去與其他朋友分享。那隻烏鴉隨後得意洋洋地朝我呱呱叫上幾聲，振翅飛去加入那些共犯。我看過鳥兒從上方繞過我設下的網子，也看過牠們從下方避開，甚至有些直接穿過網上的洞。為了追逐牠們，我曾跌入海裡、摔進河中、陷入泥濘、掉入垃圾堆，還在冰上滑倒，最後仍得眼睜睜看牠們揚長飛去。遭到鳥類以智商輾壓，似乎成了工作的日常。

今天似乎也不例外，我凍到麻木的腳趾可以作證。

我盯著海鴨，卻想著當天早上和派特的對話。我上班前偷空用超市的投幣式電話打給他，派特分享上週末頗為順利的登山行程，以及讓他擔憂的考試，我則說起冰凍的岩石和狡猾的海鴨。一如既往，對話漸漸轉到未來的計畫。

自從那趟小木屋之旅後，我們便開始籌畫夏日旅行。我們冬天大多分隔兩地，他在柏令罕上學，我則在安克拉治繼續田野工作，只能透過電子郵件和電話聯繫。派特寄來的訊息仍然簡短且不時夾雜拼字錯誤，我通常只能判斷大意。那天早上，派特談到最新的想法時，語氣中有藏不住的興奮。他想到極北的森林蒐集材料，親手製作一艘獨木舟，再順流而下。

「我們不必大老遠運船過去，只要帶著必要工具就好了，其他材料都現場採集，簡單極了，簡直完美！」

我對造獨木舟沒太大興趣，但想到可以在夏天營造我們的一小片原野天地，就期待不已。只要單純觀察鳥類，不必承擔捉鳥壓力，還能跟派特單獨相處兩個月，實在非常吸引人。況且我整個冬天都得聽令於田野調查團隊的負責人，有點期待可以自己做決定。我們這些技術人員總是承接其他人不要的工作，先是花費數週處理雜務、準備野外裝備和糧食，然後在天寒地凍中多日等候，就為了捉到海鴨後，親手感受牠心臟跳動那一刻。

我穿著雨具坐在海灘上，思索和派特踏上這樣一趟旅程的意義。若要在六月中旬暫離團隊，表示要放棄接下來一整季的田野工作。過去四年來的每個夏天，我都忙著搜尋鳥巢，計算鳥蛋何時孵育，觀察幼鳥羽翼漸豐。這一切都發生在阿拉斯加超現實般的午夜陽光之下，通常還有關係緊密的同事相伴。那是我一年中最喜歡的時刻。儘管如此，我清楚知道，明年還會有工作，但派特不一定能等。我一邊看著空無一「鳥」的網子被風吹得左擺右動，計算著還有多久可以換雙乾襪子，一邊暗自決定給這趟旅程一個機會。

我們最後順著派特的構想，挑選加拿大北部的溫德河（Wind River）作為目的地，除了因為這條河符合「偏遠」的條件，也因為我們向北划數百公里，最終會抵達

一條接近人類文明的碎石路。為了實現這趟瘋狂旅程，我們需要三樣東西：樺樹、工具，以及兩個月的糧食。派特負責蒐集必要工具，我找出加拿大北部的植被分布圖，確認溫德河的源頭有樺樹，然後著手準備旅途所需的糧食。

二〇〇二年夏天，我們從我爸媽在安克拉治的房子出發，帶了數十磅穀物和幾加侖的克里斯科（Crisco）植物油，後者據說是超市貨架上能找到熱量最高的東西。我們盡一切所能減輕行李，只攜帶必要工具，打算從當地森林取材製作船槳。派特還用尼龍布料縫製臨時救生衣，再填充不要的睡墊增加浮力。開車出發前，我們向爸媽保證會小心謹慎，請他們不必擔心。當然，要求他們不擔心簡直是強人所難。

駛過近一千三百公里顛簸的道路後，總算抵達育空地區的梅奧（Mayo），我那台破爛的速霸陸內部已蒙上一層厚厚沙塵。然而，我們才準備上路，就發現許多事情不對。我們的行李比想像中還重，糧食也似乎不足。地圖上那條冬天可走的老路，到了夏天一片泥濘。我們蹣跚走了近十公里後，便決議分批運送行李，也就是每一公里半要來回走上三次，先帶一部分行李前進，原路返回，再帶一些行李。

我們就這樣徒步來回搬運行李，花了近三週才抵達溫德河源頭。抵達目的地後我們立刻意識到那張植被分布圖應該從未實地查證，當地根本看不到樺樹蹤影。我們必須決定是要趁情況還允許時回頭，還是要另尋他法造舟。一晚，我們正埋首鑽研帶來的造船書籍，我意外發現一條簡短的參考條目：如何用雲杉樹皮製作獨木舟。我大聲朗讀條目內的細節，而派特每聽一個字，眼睛就睜大一分。這裡到處是雲杉。「行得通，」他告訴我，「這一定行得通。」

我們在河岸紮營，開始砍樹，蒐集樹皮，劈木頭，並挖樹根用來綑綁固定木頭。我們天天做工到幾乎站不直的地步，但因為食物太少，難以補足消耗的熱量，我們也漸漸感受到慢性飢餓的影響。等我們意識到自己麻煩大了的時候，已沒辦法回頭，只能繼續建造那艘獨木舟。我們就算原路回去，也沒有足夠的糧食。

派特迫切需要食物，因此開槍打了一隻丑鴨——那是我幾個月前才在研究的生物。我原本想像這會是一趟快樂祥和的原野體驗，如今卻在替一頭丑鴨拔毛，每拔一根毛，內心就多一分愧疚。幸好牠是獨自行動的雄鴨，而不是育雛中的雌鴨，否則就有一窩小鴨頓失所依了。不過，儘管派特動手殺生，他處理肉的態度相當謹慎且尊重。他似乎明白我們剖開丑鴨之前，我為何把牠小小的身軀捧在手心片刻。即使處於最飢餓的時刻，即使餓得心跳加速，胃發疼，起身太快還會眼前發黑，我們仍沒有忘記對彼此溫柔，仍要齊心完成目標：造獨木舟離開這裡。我們身處的情況太過荒謬，卻萌生一股我從未在別人身上感受到的親密情感。

我們花了好幾週處理木材，蒸樹根，將樹皮綑紮在舷緣，最後總算造好我們稱為「雲杉號」的獨木舟，準備啟程順流而下。在其他人眼中，我們肯定跟來自古早時期的鬼魂沒兩樣，不但身形消瘦，穿著骯髒且尺寸過大的衣服，還划著一艘像古董多過像獨木舟的玩意兒前行。上路首日來到尾聲時，我變得樂觀，那是好幾週以來都沒出現過的情緒。儘管飢腸轆轆，但獨木舟浮起來了！我們往河中拋下魚線，茴魚開始咬餌，我們知道糧食已不再是問題。飽餐一頓後，我們划著小舟繼續前行，因為任務成功而志得意滿。那時，我除了快樂和滿腔愛意，幾乎感受不到其他情緒，真希望永遠這麼下去。

接下來的日子宛如一場美夢，時不時穿插新鮮的體驗。我們順流而行，在光亮的北極夜裡載浮載沉，躺在陽光燦爛的河岸上小睡片刻。獨木舟穿梭於礫石妝點的水道，我們掃視金黃色的山坡尋找羊和熊的蹤影。有天下午暴雨，我們躲進洞穴，生了火，用烤得極燙的石頭料理魚。隔天，我們划船行經皮爾河（Peel River）的峽谷河段，兩側山壁都是橙色，我們突破水浪，隨後發現有一對紅尾鵟盤旋頂上。聽著牠們發出尖嘯，我清楚自己永遠不會忘記乘著取材自這片土地的小舟挺過一道道急流，感覺所向披靡，又深為大自然懾服。我跟派特沒有交換隻字片語，我知道他也有相同感受。

突然間，一切都變得可能。隨著目的地愈來愈近，我跟派特也考慮起未來要去的各種地方。一座座我們可能造訪的大山，一條條我們可能探索的河流，那個我們攜手共行的美夢。我們還草擬了憑自身力量橫跨美洲大陸北部的計畫，不過細節還很模糊。從東往西走？還是從南往北？夏天或冬天？每個版本都比上個版本驚人。我們說好有朝一日要進行一趟規模宏大的旅行，甚至替這計畫取名：跨北美洲之旅。

回到安克拉治後，家人看我們瘦得不成人形，費了好一番功夫替我們增重。我們連續吃了好幾天的新鮮水果和油膩披薩，每天洗澡兩次（不為什麼，就因為我們可以這麼做），對家中刷白的牆壁嘖嘖稱奇，盡情享受舒適的室內環境。我們想像未來要踏上的種種冒險，興奮地為跨北美洲之旅製作資料夾，塞滿我字跡潦草的筆記和派特的素描。

然而，過不了多久，都市的新鮮感退去，冒險的興奮之情也逐漸轉淡。火車通過的鳴笛聲、繁忙嘈雜的車流聲、鄰居立體音響傳來的音樂聲，這些城市聲音讓我們輾轉難眠。我們想念寂靜中的潺潺水聲，還有日復一日的明確目標。隨著秋天逼近，分離也迫在眉睫，我們漸漸對彼此感到不耐，剩下的相處因為不明朗的未來而開始變質。

回到安克拉治兩週後，也是派特預計返回柏令罕的幾天前，我一早被附近的狗吠聲驚醒，睜開雙眼後就在家中的奢侈大床上靜靜躺著，望著上方高得不可思議的天花板，好幾個月來第一次感到寂寞。一整個夏天，我跟派特天天依偎著醒來，有時緊依彼此，有時僅手腳交會，但總是不乏肢體接觸。那早我發現跟派特之間有了涇渭分明的鴻溝。我緊挨著床的一側，他則占據另外一側。雖然不是有意的，但身體似乎清楚彼此都不願開口的話語。

我真的愛你嗎？

一起去原野冒個蠢險算什麼？

回來後我們沒有常常吵架，只是漸漸不再談論未來的計畫。那趟專屬彼此的私密之旅和回來後的日常生活似乎格格不入，而鎮日處在喧囂忙亂的城市中，獨木舟之旅彷彿十分遙遠，彷彿是屬於另一時空中另外兩個人的經驗。

派特離開時我哭了，用淚水弔念似乎早已失去的事物。如同那艘我們一起打造的獨木舟，我們建立起的感情陳舊且無足輕重。過了一個多星期，他終於從三千多公里外的投幣式電話打給我，我幾乎認不得他的聲音。那個學期，派特在學校附近的巷子搭了帆布帳篷棲身，唯一可用的投幣式電話在近一公里外的雪弗蘭車站。我會聽著他留下的語音訊息，然後回撥那支投幣式電話，卻總是無人接聽。就這麼一次，我在心中大罵他為何不能像其他人一樣住在正常的房子，有正常的電話。我感覺我們的愛情正在靜靜流逝。

幾個月後我搭飛機前往柏令罕，不確定會發生什麼事。我和派特碰面，那個在城市中以帳篷為家的派特。他的鄰居有好幾條狗、垃圾桶，還有鄰近某間屋子主人的鴿籠。我們經過那個密實的籠子時，他說起了鴿子的事。

「這些是信鴿，」他解釋，「牠們不必看地圖或指南針，就可以從美國另一端回到這座籠子，比我們兩個人強多了。」派特不好賞鳥，也不是生物學家，但他懂得欣賞即便是最平凡的鳥類也有驚奇。我怎麼能不愛這樣一個願意和鴿子共用起居室的謙遜男人？

派特棲身的帳篷和薩爾查河畔那間小屋頗為神似。他蓋了床架、桌子，以及附水槽的料理台，水源來自鄰居家的水管。另外還有一個小小的布告欄，釘著幾張我們的照片。我縮著身子躺上那張濕氣頗重的窄小單人床，回想當初遇到妹妹這位馬尾年輕室友時是多麼驚豔，而如今他是怎麼徹底顛覆我的第一印象。夜裡，噪音吵得我睡不著覺，我們還得設法不把對方擠下床，但這和我們當初在那條河上營造的私密世界幾乎如出一轍，我輕易便融入其中。我突然發覺，我們前一個夏天所建立的感情再真實不過，比我以往感受過的任何事物都來得真實。

下一個學期我搬到柏令罕，第一次和派特嘗試在河流以外的地方共同生活。我申請了專攻寫作的研究生學程，他則繼續攻讀美術學位。我們用很划算的價錢在當地一個小港口入手一艘二十七呎的帆船，從此逐水而居。八年後，我們的跨北美洲之旅也是從同一處港口出發。每晚我們都會窩在船首窄小的V型鋪位，一次只有一個人能真正躺下，若想變換睡姿，就得同時挪動身體。耳邊聽著海風呼嘯，旗繩颯颯飛舞，我們隨著打往防波堤的海浪晃來晃去，雖然不眠令人苦惱，但大海為我們注入了新生。

我跟派特又規畫起了未來，就跟在溫德河時一樣。

出發唯有現在

我和派特分別拿到學位後便離開柏令罕，開車往北，途中反覆播放著《阿拉斯加鳥之歌》的CD。接下來一整季我都要投入鳥類調查工作，派特是我的助手。我們偶爾步行，偶爾划皮艇（Kayak），造訪一個個偏遠地點，派特負責觀察冰蝕山峰並記錄資料，我則側耳傾聽和觀察鳥類蹤跡。這種田野工作很適合我們。調查工作結束後已近晚夏，我跟派特驅車前往海恩斯（Haines），那是個坐落於內灣航道（Inside Passage）北端的濱海小鎮，人口約兩千。大學時，我曾有個夏天在風景優美的海恩斯研究白頭海鵰。不過，派特是仔細研究過美國北太平洋海岸線的地圖後，才選定要來這個山海交界處的小鎮，跟我的建議沒什麼關係。我們此行目的是要搭皮艇出遊，出發前先到鎮上的房地產仲介辦公室窗外瀏覽了一番。

有項物件吸引了我們。那棟建物號稱「坐擁冰川點（Glacier Point）的偏遠海岸」，圖片裡有櫛比鱗次、白雪皚皚的山脈，看起來無比壯麗，而且只要步行即可抵達冰川。我們在一張小紙片上寫下相關資訊，並拿了地區圖，打算途中去瞧瞧。當時我和派特已經交往近四年，準備嘗試不一樣的事物。當然，我們想要更多冒險，只是我們也想有個稱得上家的地方，想在地球上有一塊立足之地。

冰川點是一片廣闊無比的外洗平原，如扇形般開展至冰川切蝕而成的林恩運河（Lynn Canal），我們抵達時天色已暗，決定在此過夜。我們用漂流木升火，輕鬆坐看月亮自群山後方升起，當時怎樣也料不到此刻閒躺的海灘，後來竟會讓我們跟這條運河產生千絲百縷的牽絆。隔天一早，我和派特行經一塊豐美的草地，不時看到野莓現蹤，隨後低身通過青澀低矮的雲杉和赤楊木，抵達看似有小矮人棲息的古老森林。陽光透過年代久遠的雲杉樹冠層流瀉至苔蘚底層，將此處染成超現實的電光綠。

「這是我小時候夢想的地方，」派特一邊說，一邊打量評估大樹們，埋下在此蓋小屋的想法。我也樂於擁有一塊可以真正深入認識的野地，而不只是短暫停留。我做過的田野工作大多是數週或一季，我一直希望有地方可以久待。我們決定返回鎮上，因為我們心心念念想的都是怎麼把這塊魔幻之地收入手中，早已無心皮艇之旅。

七個月後，這筆土地終於成交，我們從空想慢慢轉型到實際規劃，並決定就地取材建造小木屋。我拒絕了好幾份生物相關工作，留下整個夏天給這個計畫。我們砍下一棵又一棵樹，將木頭拉至定點，架疊成未來小屋的牆身。我們利用自製起重機、鉛筆和一把鏈鋸，吊起每塊木材，在上頭畫線並切割，讓它們可以完美地相互契合。我要是有機會把派特拉離工地，就會帶他去探索附近的森林和海灘。我們或行經潮汐生成的潟湖，遇見群聚的鳥類和熊類，或步行近五公里到戴維森冰川，拜訪冰川後方陡峭山坡上的山羊群。就算我們忙於建築工事，大自然也時常尋路上門。某天下午，有一頭野狼從角落陰影觀察我們。還有幾隻鹿鼠匆匆奔過林間空地，結果被疾衝而下的蒼鷹捕走。海灘上甚至會出現大嚼野莓的熊。

儘管我們非常喜歡冰川點，卻很快察覺現實和熱情並不總是協調。最初吸引我們買下這塊地的偏僻幽靜感，也讓我們難以一年四季安居此處。我們需要收入，就算不多也沒關係，可是這裡離鎮上和工作機會實在太遠。幸好有筆電，我夏天仍多少可以兼差，但這只是權宜之計。除此之外，我也渴望擺脫技術人員有一季沒一季的工作，以研究生的身分投入自己的研究。最後我和派特不得不妥協，輪流住在冰川點和安克拉治，到安克拉治是為了工作、學術機會，還有親朋好友，然而春天一到，我們總是迫不及待回去自己的小屋。

在安克拉治度過的某個冬天，我徹底著迷於一個生態謎團，它非常有趣，說是某部未來電影的情節也不為過。我當時正在撰寫前一年的鳥類調查報告，突然意識到：為什麼有些阿拉斯加留鳥的鳥喙變得畸形？巧合的是，我那時的老闆不僅是八年前「走錯路」那座鳥類繫放站的負責人，也是鳥喙畸形研究計畫的首席研究員。她時常需要有人幫她抓黑枕山雀（最常出現畸形鳥喙的鳥類），而我抓住機會加入她的團隊。

我第一次看到患有鳥喙畸形症的鳥（那鳥喙彷彿另外長出了一根樹枝）時，立刻知道自己非常想要參與這項研究。但我老闆認為這項研究沒有充足經費，而且處處碰壁，不會是適合我的研究計畫。然而我的態度堅定。我向來喜愛瑞秋·卡森[4]的作品，也欽佩早年其他環境保護人士，他們讓世人知道野生動物（尤其是鳥類）不僅是預示環境狀態的「金絲雀」，更是自然環境當下狀態的鮮活例證。我迫切想找出畸形鳥喙的緣由，想知道這些鳥能告訴我們什麼。鳥喙畸形往往跟環境中的汙染物有關，要是一年四季待在阿拉斯加的鳥類突然出現這種情況，對人類有何寓意？

下個夏天，我除了幫派特吊掛木材和安裝窗戶，也會坐在海灘上振筆書寫我的研究計畫，它之後將是我研究論文的基礎。當時我不論是砍柴，還是在雲杉下淋浴，心中想的都是那些長著奇怪鳥喙的山雀。同年秋天，我著手申請研究經費，力陳這些小小普鳥所面臨的狀況，很可能對我們的環境有著重大意義。六個月後，我收到一封告知審核通過的電子郵件，讓我又驚又喜。沒過多久，我就在阿拉斯加大學正式展開相關學術研究，帶著滿腔熾熱卻難以持久的熱情。

我草擬研究計畫時，翻遍了學術文獻尋找線索，了解鳥喙的相關知識——雖然不太多。鳥喙的堅硬外層是由角蛋白組成，和人類指甲成分相同。但除此之外，當時幾乎沒什麼與其生長方式有關的資訊可參考。換句話說，要是碰到了畸形鳥喙，比如說阿拉斯加州的山雀，任何研究假說都差不多是胡亂猜測。我的導師建議我先做可以產出明確結果的研究，並指出重點應該放在探討角蛋白的生長細節，而不是環境汙染物這種大議題。很快地我就鎮日待在顯微鏡前，觀察籠中的山雀。

我生來不是適合實驗室的人。必要時我可以保持精準，也可以顧及實驗所需的細節，但要是待在無窗的房間太久，我的神情會漸漸變得跟大學地下室那堆不鏽鋼山雀

4 Rachel Carson（一九〇七～一九六四），美國海洋生物學家，著有《寂靜的春天》（*Silent Spring*）。

籠子所反射出來的一樣空洞。我每天從掛鉤取下實驗衣時都不由得害怕，害怕要繼續替玻片染色，凝視顯微鏡尋找從未出現過的答案。我至今已經從野外抓來二十四隻山雀，希望找出鳥喙畸形的成因，皆以失敗收場。最糟糕的事情恐怕是我漸漸對這項因愛而生的研究感到厭煩。我在乎野生動物，在乎環境保育，但此刻的研究卻讓我離大自然愈來愈遠，沒法親炙她的種種奇蹟。在我心中，這些山雀從可以在夜間零下五十度存活的小小奇蹟，慢慢變成了百般不願交出解答的實驗室白老鼠。

比我更鍾情大自然、更少動不動質疑每個微小決定的派特也漸漸忙碌起來。在我攻讀博士學位期間，他也展開某種非正式的研究生學程。具有藝術背景又熟悉建築的他，自然而然地走入住宅建築業。但他不僅僅是學怎麼使用鐵鎚或為時薪賣命，短短兩年間，他已經從學徒成為一間設計暨建設公司的老闆。派特不喜歡用電腦，可是仍從零學習怎麼製作建築圖和設計房屋，這一切全得歸功於數以千計次的滑鼠點擊和精巧的小小波塞木模型。除了管理員工和分包商，他還得負責預算處理及許可申請，不過最令人驚豔的，或許還是他順利說服客戶，信任這個既沒有正式建築師資格、履歷上也僅寥寥數筆建築經驗的娃娃臉青年。

派特用當初在薩爾查河蓋小屋那種讓懷疑者刮目相看的積極程度，承諾他可以蓋出比別人更好、更漂亮的房子，而且更便宜、速度更快。他使命必達，經常在極其荒謬的條件下完成任務。我們待在費爾班克的那年冬天，他不但會在下雪天替人灌漿，還在攝氏零下二十度時安裝窗戶。派特請來的一位臨時工告訴他，他之所以回應刊登在克雷格列表（Craiglist）上的廣告，純粹是為了看看到底是哪個瘋子會有這種瘋狂舉動。不過，派特為此付出許多代價。他必須全心全意投入工作，沒有時間或能量留給我們都想念不已的冒險。

博士班生涯來到第四年時，我愈發懷疑自己的研究到底有何出路。那時我已經領悟到熱情和研究並不等於同一件事。我翻閱滿布灰塵的老舊期刊，尋找有關馬蹄和羊角的論文，心中納悶不已。我的確讓學界更了解這些生了怪病的山雀，但什麼問題也沒解決。我已開始發表研究成果，但什麼事情也沒改變。我費盡心思尋找答案，至今發現的事情卻沒有促成任何不同。那些山雀還是有畸形鳥喙，我們還是一樣不知道問題何在。

也許是為了紓解實驗室和電腦工作停滯不前所帶來的挫敗感，我開始每週在校園周邊慢跑數十公里，有時不想回實驗室還會另加一小時健身。我在梳理學術文獻試圖找出可能遺漏的角蛋白生長線索時，有時竟會搜尋起與研究無關的關鍵詞，例如「遷徙＋耐力＋北極」或「遠距離戀情＋岸鳥」或「E7＋阿拉斯加」。我好幾位同事最近記錄了鳥類有紀錄以來最長一次單程飛行，那是一隻雌斑尾鷸，從阿拉斯加「鳥不停翅地」飛至紐西蘭，路程超過一萬一千公里，僅花了短短八天。這隻斑尾鷸因為腳上繫環而獲得「E7」這個名字，立刻成了鳥界明星，我也迅速成為粉絲。我在線上仔細研究這隻名鳥的衛星軌跡圖，彷彿找回大學時期的熱情，全然沉醉於這項新發現。我看著顯微鏡、拿著小小樣本膠囊估算重量，卻想著當初為何不研究鳥類遷徙。隨著春天到來，我的視線常常不自覺從電腦螢幕飄向廣袤天空。

比起以往，我更能感受到春季的鳥和我的親密情感，牠們蟄伏等待完美的啟程時刻，準備飛越各大洲或各大城市，飛過無垠海洋與遼闊森林。鳥類是抑制不了遷徙慾望的。那股拉力之強，斑尾鷸還會為此收縮內臟器官以因應遷徙需求。遷徙天性吟唱著女妖賽蓮之歌，誘惑著斑尾鷸從紐西蘭返回阿拉斯加。關在籠中的知更鳥即使看不見戶外景色，也會作勢朝北飛，不斷撞擊玻璃籠壁。德文有個形容這種狀況的字彙：Zugunruhe，由「zug」（移動）和「unruhe」（焦慮）兩字組成，意指「遷徙焦慮」。遷徙期開始時，即便是籠中鳥也會出現這種現象。這種焦慮非常明顯：牠們會頻頻振翅，輾轉難眠，正常活動受到干擾。我也深受遷徙焦慮影響。

約略是同一時間，我也面臨一連串生離死別，彷彿象徵著我已脫離無憂無慮的

二十幾歲，處於長大成人的過渡期，但我還未做好準備。

好幾個月以來，我媽媽頻繁往返阿拉斯加和波特蘭，替她的姊妹、也是我最喜歡的克勞蒂亞阿姨提供安寧療護。我上一次跟阿姨通話時，就站在冰川點那棟小屋附近的海灘上，那天風勢強勁，吹得雲朵七葷八素，在碧藍海水上投下一塊塊陰影。克勞蒂亞阿姨已經跟淋巴瘤奮戰多年，但我一直到最後才知道她病得多重。我媽留訊告知阿姨的健康惡化，希望我及早打電話告別時，我才發覺自己不知道怎麼跟即將過世的人對話。

我用腳磨著海灘上圓滾的鵝卵石，告訴阿姨我愛她。她問起我過得好不好，我向她描述了小屋計畫。我說，希望她有朝一日能來拜訪我們的小屋。話雖如此，我很清楚這是不可能的事。我有太多該跟她說卻沒有說的話了。

十一歲的時候，我記得我會熬夜跟妳一起把寢室漆成黃色。我們坐在罩布上，雙手和衣物沾滿油漆，開懷暢飲無糖汽水。妳讓我覺得自己像個大人。

我一直好愛妳的笑聲，妳笑起來就跟我媽一樣。

媽媽生妹妹的時候，妳在候診室畫了很好笑的狗狗給我，我到現在都還留著呢。

發生這一切，我很遺憾。

再見。

幾天後，她與世長辭。

隔年夏天，我爸和好友到基奈半島泛舟，結果好友不幸溺水身亡。發生事故的那條河，我小時候曾跟爸爸一起划船經過，爸爸和好友也曾在同一條河泛舟十幾次。他純粹是運氣不佳，才剛脫下借來的尺寸太小的救生衣，就因為遇到激流被拋飛出去。然後不幸被捲入暗流，怎樣也沒法脫身。從我有記憶以來，他總是帶來滿滿歡笑，他們家每年都會跟我們一起度過平安夜，如今卻這麼走了。他那響徹房間的笑聲，就這麼隨流消逝了。

爸爸的健康狀況也出了問題，他開始在奇怪的時候摔倒，右手不自覺發抖，步履稍顯蹣跚，原本燦爛的笑容逐漸黯淡無光。這些跡象慢慢浮現，很快就變得難以忽視。他去看了醫生。

知道診斷結果的那天早上，陽光從樓上的窗戶流瀉進來，將屋內染上阿拉斯加無盡春日的樂觀氣息。我媽穿著短褲和夾腳拖，深黑長髮向後紮起，露出臉蛋。即便她已近耳順之年，臉上深深刻著魚尾紋，但那輕快的步伐、搖來甩去的俏皮馬尾，還有總在鎮上大多數人還沒收起保暖外套時就已光著腳丫亂跑的習慣，都讓她看來像是青春正盛的少女。然而，她轉身告知我診斷結果時，渾身僵硬，悲傷染上臉龐，彷彿聽到天真的孩子問起「聖誕老人存不存在」。

「醫師判斷是早期的帕金森症。」

「什麼？」我說。

「他還算年輕，他的阿姨診斷出帕金森症時年紀大多了。目前症狀還沒有太糟，所以他決定不要用藥。醫師會密切留意他的情況。」媽媽眼中溢滿悲傷和歉意，彷彿她應該保護女兒不受這則壞消息侵擾。我轉向窗戶，用力眨眼，但眼淚還是滑落臉頰。媽媽向前一步抱住我，我笨拙地回抱她。

我獨自躺在地上啜泣。派特傍晚回家時，我本想告訴他，但忍不住渾身顫抖，最後衝入寢室，關上門，在明亮的夜晚中把臉深深埋入枕頭。

我知道帕金森症很糟，上網搜尋後更是害怕得喘不過氣。退化性疾病。神經性疾病。無藥可治。

突然間，我周遭一切顯得如此脆弱。我們的肉體跟空氣一般飄渺。我們的計畫和理想不過是欺騙自己未來有無限可能。爸爸曾經登頂北美洲最高峰，做了一切據說可以讓身體強健的事情，但他的身體最終背叛了他。我想蜷縮到角落放聲哭泣，也想趁著還有餘力時逃到很遠很遠的地方，將現實拋在身後。

二〇一一年四月某天下午，我在安克拉治的公寓翻找大學成績單時，意外在文件櫃裡發現了我和派特八年前製作的跨北美之旅資料夾。標籤上是派特難以辨識的筆跡，此刻已經褪色。資料夾裡有一張張訴說想像的便條筆記，譬如有一張獸皮船[5]的素描，派特認為我們遇到北極冬天時可以造一艘這樣的船，甚至可在下頭避寒。還有阿拉斯加和育空地區的簡易地圖，並用鉛筆畫了一條從阿留申群島延伸至北極一側海岸的線。我找到一頁溫德河之旅的食物和裝備筆記，最有意義的還是一張我和派特在麥克弗森堡拍的照片。當時剛結束溫德河之旅，我們站在那艘雲杉製成的獨木舟旁，對著鏡頭露出孩子般的燦爛微笑，一手拿著自己切削的木槳，另一手牽著對方，彷彿未來一片光明。

雖然我後來繼續翻找成績單，但那天過後，我心中某處似乎遭到擾動。我和派特的跨北美洲夢不只是某天或許會考慮的幻想，那是我們非做不可的事。不是總有一天，也別等明天，現在就出發。

我和派特從熟悉的地點開始規劃行程：溫德河，我們見面後數月首次同遊的地點，雖然快要餓死，但也因此深深愛上冒險；林恩運河那座小木屋附近的冰川，足以

將海景遍收眼底；華盛頓柏令罕的港口，我們曾在一艘小型帆船上相依為命。有了這些地點後，我們再慢慢填補其中空白，填上一直想見識的景點，以及從未想過造訪的地方。

當然，去哪裡很重要，怎麼去也是一大學問。我們想以鳥類和美洲馴鹿的角度體驗這些地景，全然憑藉自身力量，不仰仗車輛、道路或已經開闢的小徑。我們想拋下時鐘和日程表，拋下工作和承諾，追隨一條從未被人測繪過的路線。我和派特一起仔細研究地圖，更動行程細節，但核心思想始終未變。一步一步向前走、一槳一槳向前划，聽著雪橇規律的嗖嗖聲，暫別日常生活，為期半年，或者更久。

我們的夢想很簡單，行程規模卻大得嚇人。我們打算橫跨六千多公里無路徑的地景，探訪比某些國家還大的冰川，見識海洋如何輕撫陸地，目睹河水流向北極。這趟行程堪比紐約和斯德哥爾摩的距離，也是斑尾鷸、雁，甚至蜂鳥每一個季節都得完成的遷徙旅程。對我們來說，當某張廢紙上的簡單鉛筆線條，搖身變成覆蓋整面客廳牆的地圖時，就意味著我們要走上比過往所有漂泊加總還要長的路程。若要一氣呵成，我們不僅要將肉體推至極限，也會遭逢各個季節的挑戰。我們預計在早春啟程，短暫

5　因紐特捕鯨人設計的帶帆敞船。

體驗北極圈的冬季，旅程中的考驗將無處不在。

面對學術研究的失望，還有父親的病症，規劃一趟六千多里曠野行程並不是什麼合乎邏輯的反應。但我當時最不需要的就是邏輯。這一切困難不屬於大腦，而是屬於內心，這是我唯一能想到的前進之道。父母多年的諄諄叮囑如今應驗。去外頭走走吧，孩子。新鮮空氣對身心有益。我和派特想像許久的壯闊冒險，終於迎來啟程時刻。

第二部 內灣航道

準備

我們計畫在四個月內啟程，但貼在冰箱上寫滿待辦事項的紙條幾乎垂到地板，而且每項都得花上數週或數月來準備，譬如「造小船」、「買食物」、「打包食物」以及「查詢路線資訊」等，沒有一件是可以去趟便利商店或戶外用品店就能輕鬆解決。初冬，我們發現市面上買不到遠征用的划槳船（rowboat），只能自己建造。派特一番猶豫後，決定利用晚上趕工製作。我們喜歡自給自足，而且兩艘船總比一艘船來得穩妥，所以派特必須重複每個步驟，一次為了我的船，另一次則是他的船。截至目前，他僅完成了船殼；我規劃了兩百天的食糧，但還沒出門採買；路線筆記上也是問題多過解答。某一天我終於對那張待辦清單感到厭煩，決定取下它，把內容輸入電腦做成表格，並為自己「終於做了點什麼」而歡欣鼓舞。

這張清單歸我管。我認識派特這麼多年，從沒看過他認真對待任何待辦清單，他不覺得那是值得花心力的事情。或許這是他保持樂觀的祕訣，他總是全速完成任務，只想著最終成果，不去考慮失敗的可能性。又或許他清楚我會打點這些事情，畢竟我的生物技術人員工作給了我等同一輩子的後勤訓練。我曾經替數十位陌生人安排餐點，帶著五百條士力架巧克力棒離開超市，也曾幫忙裝箱各式配備、貼標籤並搬移，辛苦到懷疑自己何不索性去當碼頭裝卸工。不過多虧詳細列出清單的習慣，我鮮少忘記重要事情。曾經有位上司老是擔心忘記帶田調用的鉛筆，我可是一次也沒忘過。

對於自己得在這段關係中擔任規劃者，既要負責日程表，控制進度，還要理財和做研究，我有時頗感不滿。當我抱怨時，派特的回應令人難以反駁。

「要是我們兩人都想掌控一切，妳覺得會比較好嗎？」他無辜地問道。

這趟旅程的規模之大，不僅令人畏懼，也是後勤上的惡夢。我們要攜帶裝備才能滑雪、健行，以及划船、小型充氣艇（packraft）和獨木舟（canoe）。如果不想在至少六個月的旅程中餓死，我們需要約四百五十公斤不會腐敗的食物，還要分門別類塞進夾鍊袋。父母會幫我們郵寄補給品，總共有十七箱必須在正確時間送至正確地點。前兩千公里我們打算划船，可以多帶幾天的食糧，不會造成太大負擔。不過一旦換成滑雪和步行，前進距離就會受限於我們的背負能力。途中能補給的城鎮不多，更是增添了幾分挑戰。

幾個月前，在採買和打包的恐怖現實還未襲來時，我一度視這趟旅程為一場出走。當我盯著顯微鏡下或電腦螢幕上的圖表時，心中總會想像背著所有必要物品踏上旅程的自由感，卻沒想到這種自由恐怕會是這輩子承擔過最困難的任務。我沒想到要花費數百個小時來分類乾燥食品、打電話，以及替未來六個月要帶的每項物品秤重，也低估造船所需的心力。

隨著出發日逼近，我除了得花時間處理研究用的統計模型，還要計算熱量和里程數，幾乎快發瘋。我當時正分秒必爭地要完成學位論文，派特則全心投入一項房屋裝修工作，希望為這趟冒險多賺點經費。要是在研究室工作到太晚，我會打電話給派特，聽他說他在替船加裝玻璃纖維，或是替那棟房屋的地下室安裝電線。精疲力竭地回到家後，還有一大堆待辦事項等著我們，這趟旅程成了另一項不可能達到的死線。

無數個夜晚，我和派特在爸媽家的地下室埋頭分裝食物，晚餐用各種輕食隨意打發。我的任務是將數十磅的堅果、巧克力豆和果乾倒入洗衣籃大小的塑膠箱，蓋緊後使勁搖晃，把它們均勻混合。我會秤重並計算熱量，把二或三天的分量裝進夾鍊袋。房內到處堆著巧克力棒，其中一個角落則被將近二十三公斤的通心粉和一整桶北非小米佔據。我們還準備了十幾罐專為世界末日設計的冷凍乾燥蔬菜，全來自某個信仰虔誠的零售店家，他們遵循聖經規範，隨時儲備大量不易腐爛的食物。這些蔬菜搭配沖泡湯品和馬鈴薯泥，滋味好極了。

書架上是我爭取來的私房寶物：即溶咖啡和二十四盒茶包。派特和我不斷爭論該不該有熱飲。畢竟，熱飲得耗費時間和燃料燒水。相較起來，燕麥棒的效率好多了。但這是我唯一不願犧牲的享受，這項習以為常的晨間儀式可以幫助我撐過一天的艱辛跋涉。

有天晚上，懷胎七月的妹妹來幫我分裝即溶燕麥片。裝完八百袋後，我們滿身燕麥粉，幾乎神智錯亂。接下來的六個月中，我每次聞到楓樹和肉桂的味道，就會想起妹妹挺著大肚子坐在地上倒燕麥粉的模樣。我會想起夜裡的大笑，想著自己何其幸運，能夠擁有家人的支持。

但即使親朋好友出手相助，進度還是不夠快。派特和我花了一天研究那張嚇人的待辦清單，試圖找出更有效率的方法。我製作複雜的時間表，列出哪些東西該在何時抵達什麼地方。派特把數十張地形圖貼在牆上，標示每段路程。這些地形圖後來莫名朝一邊傾斜，我責怪派特黏貼時不夠用心，他則冷靜地告訴我，不是他黏得不好，而是地心引力搞得鬼。這趟行程的規模就是這麼大。

隨著日子飛逝，我們專心解決最棘手的事項，譬如途中會碰到的挑戰和需要的特定裝備，這部分若沒有處理好，可能會導致整個計畫失敗。我和派特把全程分成九大路段來規劃，為了方便記憶，我暗自用鳥來幫這些路段分類。

內灣航道（Inside Passage）：早春時出發，沿著太平洋沿岸向北划。派特務必在期限內造出划槳船。海番鴨以鯷魚卵為食；蜂鳥向北巡弋。

海岸山脈：改換滑雪板和充氣艇前進。先穿越冰川進入加拿大，隨後划船至白馬市。檢查空拍照片。聯絡飛機駕駛員。鵪抵達阿拉斯加東南部；天鵝在馬歇爾湖上群聚歇息。

育空河：在白馬市租一艘獨木舟，一路漂流至道森（Dawson）。注意旅遊指南。刺鶯放聲唱鳴；山雀孵蛋育雛。

育空地區（Yukon）：墓碑山健行（Tombstone Mountains），往西前往溫德河，循當初路線以充氣艇抵達麥克弗森堡。在丹普斯特公路上需要補給物資。鳴禽在巢穴中安靜鬼祟；猛禽哺育幼鳥。

馬更些三角洲（Mackenzie Delta）：划船至靠北極一側的海岸。蚊子。水流緩慢。沒辦法一路划至北極。換充氣艇？這樣太瘋狂了嗎？群鴨狂舞。

北極海沿岸（Arctic Coast）：健行並乘充氣艇循北極海沿岸前進。聽說那裡的熊無比飢餓。浮冰重重？記得看衛星圖。沙丘鶴和小天鵝振翅起飛。

布魯克斯山脈：一千六百公里的長途健行。掛在牆上的地圖歪了一角，派特宣稱他絕對沒有精神錯亂。我們一定要理出路線！大多鳥類此時正準備往南遷徙。鳥鳴成絕響。

諾亞塔克河（Noatak River）：快到了！再走約七百公里即可抵達科策標。沒有可補給之處。安排空投物資。雁群悠然划經我們；小天鵝在沿岸粉墨登場。

我們向別人概述行程時，都刻意不要太過張揚。面對親朋好友，我們一概表示打算從柏令罕出發，能走多遠就算多遠。我和派特此時已經意識到，這趟旅程比我們面臨過的任何挑戰都來得艱鉅，大概僅有少數頂尖冒險家才能順利完成。但我們只是筋疲力盡的研究生和木匠，根本稱不上是專業人士。我們沒有助手協調物資後勤，也沒

有任何贊助，更別提我們幾乎沒有在激流中划船的經驗，就連划船本身的經驗也很貧乏，面對的還是地表上極其偏遠、熊密集出沒的地方。

當我擔心著一切可能出錯的事情，還沒上路就忙不迭地宣稱我們會失敗時，派特總是提醒我，「我們從來沒有遵循過什麼旅行指南，」他說，「現在又何必這麼做呢？」我在他的藍眼中看見了熟悉的光芒，每當他要執行人們視為瘋狂的計畫時，那抹光芒最是耀眼。他不覺得有必要向他人證明自己，別人愛怎麼想就怎麼想什麼吧。

然而，我還是不免懷疑我們是否太過樂觀。派特和我熱愛挑戰，但我們太習慣貫徹始終，至今也幾乎完成了每一項目標，不管目標多困難或多荒謬皆是如此。雲杉號、登頂群山、攻讀博士，還有派特的小屋計畫。要是這次真的力有未逮，怎麼辦？當原野敞開胸懷時，縱情其中可說輕鬆無比；但若是情況有變，你會感覺整塊大地都想將你生吞活剝。

我在某期《國家地理雜誌》中看到不少阿拉斯加北部諾亞塔克河的照片，於是跟派特暫從待辦事項中歇息片刻，並肩坐在沙發上翻閱文章。

那幾張照片攝於一九八九年，顆粒感很重，主角是一名男人和他的狗，他們相伴穿越布魯克斯山脈，跋涉過許多我們預計造訪的地方。地景和我想像中如出一轍，放眼盡是無邊無際的寒凍山脊，以及美洲馴鹿群聚的山谷。這片地景沐浴在低角度入射的陽光中，彷彿躍然紙上高歌。我聽到鐵爪鵐和稀樹草鵐在清晨時分和鳴，還有極北柳鶯和灰頰夜鶇伴唱。那短暫的夏日輝光，讓我充滿能量。

可是才看到下一頁，我立刻打了個寒顫。好幾張照片是剛落下的雪，還有男人因凍傷而變得烏青暗沉的手指。四季輪轉得比他的移動速度還快。

「妳看，他在這裡過冬耶，」派特指向地圖某處，「萬一我們稍微落後，至少知道這是可行的。」他露出笑容。

可能得在北極度過冬天這件事，並不特別令人期盼，但我看到派特的表情還是忍不住笑了出來。有一部分的我們，似乎莫名被這個想法吸引。

面對未知的興奮使勁拉著我們，即便置身溫暖公寓、舒服地躺在鬆軟的紅皮沙發上，也能深刻感受到那股情緒。那位勇闖諾亞塔克河、鬍子結霜的男人，提醒了我們為何要投入這趟冒險。那是我們訂下的契約，是我們在溫德河上初次體會的神奇魔力。我們分享食物、身體和勞務，建構出緊密的連結，我們是如此專心地打造獨木舟，以至於無關之事都消失無蹤。彷彿是用雙筒望遠鏡凝視世界長達兩個月，視野如此狹隘，卻又如此清晰。

離開安克拉治前的最後一段時日，每個小時都重要無比。我們在最後關頭才發現看錯往華盛頓州的貨船行程表，只好招募一群朋友協助我們打包船隻。派特幾天前才完成這兩艘划槳船，我們趕在午夜截止時間前十分鐘把船帶到貨運碼頭，油漆甚至還沒乾。我懇求貨運代理商讓它們上船，隨後溜到碼頭倉庫找到堆高機司機，他承諾裝貨時絕對不會把船弄壞。這兩艘船真正下水之前，會安全地待在一座貨櫃中，兩側貼滿「小心易碎」的貼紙。

那天稍晚，我完成博士學位所需的最後文書工作。掃描完所有檔案，已近凌晨四點。我按下「傳送」鍵，隨後閉上雙眼。沒有盛大慶祝，只有滿滿擔心，生怕我有任何一張表格填錯了東西。山雀已離我思緒遠去。

最後關頭的打包很快成了一場分類活動。已經爭吵數週該不該帶的物品，此刻全簡化成「要帶」、「不帶」或「為時已晚，來不及擔心了啦」。

其中有些選擇很容易，譬如衛星電話就值得背負和花錢，它既可確保安全，還能省下家人不必要的擔憂。槍則是不帶，畢竟在物流上是一大挑戰。美國最近才開放槍枝進入國家公園，但加拿大仍持反對立場，況且槍枝很重，沒道理攜帶。雖然有人警告說北極圈的熊經常飢腸轆轆，但我們認為槍枝沒辦法取代小心謹慎，防熊噴霧的效果也還不錯。登山杖要帶，在雜草叢生、碎石滿布的地方健行數百公里，膝蓋想必會為此感謝我們。充氣艇的備用划槳不帶，真的沒辦法承擔更多重量了。方便沿途替電子產品充電的小型太陽能板要帶。用來避免被熊聞到食物的收納袋不帶，這種收納袋很貴又不好買，而且我們短暫試用後發覺似乎沒辦法重複使用。手機要帶，行經城鎮時可以用來查看電子郵件。

亂糟糟的裝備終於漸漸成形。

啟程

順利運送走那兩艘划槳船的五天後，我們又在安克拉治的公寓裡忙得如無頭蒼蠅，在最後一刻把牙膏、船隻備用品和橡膠襪塞入早已爆滿的行李箱中。不到六小時後，前往西雅圖的航班就要起飛，客廳此時仍看起來像是二手貨拍賣會。我又餓又累，拿起一碗原本要當晚餐卻許久未動的麥片到桌邊坐下，派特也坐了過來。我們雙眼無神地對望，大大搖頭。我掃視亂成一堆的衣物和裝備，突然聽到清脆的碎裂聲，緊接著是低沉的呻吟。

派特皺眉，舌頭在口中摸索片刻，接著吐出半公分大小的銀色物，那是前陣子用於臼齒的填充物。「媽的，這一定是在開玩笑吧。」我瞥了一眼凹凸不平、還沾黏些許東西的金屬物，先是哈哈大笑，隨後放聲大哭。

那天早上，我們不知怎地還是搭上了飛機，但實在太累，只好頻頻請空服員幫我們倒咖啡。到了西雅圖後，我們在燈火通明的行李領取處拿好行李，在潮濕的街上見到弟弟。那天是西雅圖少見的下雪日，他的小客車裝上我們的行李，行駛在尚未剷雪的道路上顯得異常艱辛。稍晚，派特去附近看了牙醫，一小時後卻帶著「補牙一次做不完」的消息回來。

「他不太放心做完後就讓我上船走人，」派特解釋，「接下來幾個月，我可能得用另一邊咀嚼了。」

隔天早上，我們租了一台二十四呎的大型貨車到碼頭接划槳船，隨後東繞西彎離開西雅圖的狹窄街道，踏上I-5洲際公路前往柏令罕。抵達柏令罕的史誇勒根港（Squalicum Harbor）後，我們發現碼頭有結霜跡象，遠方貝克山上也有閃閃發光的白雪。這座我們曾住過兩年的小港口此時幾乎杳無人煙。即使當地居民以不懼冬季季風而自豪，仍少有人願意在三月中旬冒險出海。正常情況下，我們也不會冒這番風險，但若要想在冬天前抵達北極，一點時間也不能浪費。

我們卸下船，鑽研起船槳製造商故做神祕的組裝說明，草坪上散落各種防水袋和裝備。我和派特忘記綠色是指左舷還是右舷（那是航海術裡最基本的常識），只好盯著那一個個以顏色分類的組件發呆。「反正有一半機會是對的？」派特選了一邊組裝，我則挑了另一根槳作業。大功告成後，船槳雖然可以固定，但槳板端卻朝向後方，彷彿受傷的鳥兒，翅膀笨拙下垂。第一次嘗試宣告失敗。

我們換過船槳後，決定休息片刻並享用午後的三明治，我還挖出朋友作為送別禮的語音訊息。記得雙手擺在船槳上時要放鬆，挺胸坐好，以臀部為重心，讓雙腿出力。入水（Catch）……雙腿出力……向後擺……雙手動作確實做好準備出水……手臂向外……向上擺……慢慢再次入水。維持向前二至三拍，向後拉動一拍，這樣划起來就沒問題了。派特和我不曉得「Catch」是什麼意思，只得乾笑，但還是認真聆聽每字每句。穿著牛仔褲和球鞋坐在綠茵草地，我們能得到多少幫助算多少幫助。

過去幾週，我們非但沒有積極訓練耐力，反而吃少睡少，甚至完全沒運動。我只能寄望我們擁有許多遷徙鳥類與生俱來的充沛能量。這些鳥類若要進行長達數天或數週的飛行，可不會在冬季棲地訓練短途衝刺或在當地健身房舉重，而是會待命不動，努力進食，數週內增重一倍。「胃口跟鳥一樣小」這句諺語顯然不盡準確。雁會大快朵頤富含氮的青草或狼吞虎嚥啃食玉米；斑尾鷸會囤積軟體動物以供食用；燕雀科會食用各式種子。換作是人類，這種體重增長速度簡直不可思議。鳥類相當適應遷徙途中的種種挑戰，連體內器官也能屈能伸。習於往返西伯利亞和澳洲的大濱鷸，從腸子到肝、脾臟到表皮，只要是飛行用不到的器官，在遷徙期間幾乎全會暫時縮小。現代人類在起跑點就處於明顯劣勢：不論我們訓練多久或走多遠，都不可能靠這種大好大壞的方法撐下去。運氣好的話，派特和我或許能像鳥類一樣，把某些腰間贅肉轉換為能量使用。

體力並非唯一問題。我們籌備行程時忙翻了，忽略了或許是這趟旅程中最重要的事：學習划船。我和派特加起來的划船經驗寥寥可數，有次是在風平浪靜的小海灣上，划著朋友吱嘎作響的鋁製小艇出遊，有次則是在借來的木筏上一邊釣魚一邊度過懶散的午後。按照原先計畫，我們早在出發前就會入手划槳船來自學，有什麼問題都可以趁早解決。我們之所以決定划船，是因為划船比皮艇有效率，可以省下體力應付後續數百公里的滑雪與健行。但由於派特最後得自己造船，差點來不及完成，再加上阿拉斯加多數水域當時均是冰封狀態，不可能練習划船。

我們的划槳船和港口裡其他體積更大的休閒小船和帆船比鄰，看起來十分渺小，而且中看不中用。船身塗漆雖然閃閃發亮，但比起周遭船隻帶著凹痕的鋼製船體及彩色玻璃纖維仍遜色不少。我抬起船的一端，協助派特把船搬往碼頭時，重量讓我的背和關節受了點傷。單艘重量將近四十五公斤，我們接下來靠岸紮營和離岸出發時，都得拖著它們上下海灘，再加上食物與裝備的重量，我不曉得自己要怎麼拖著這些船走過濕滑的岩塊，怎麼可能做到。

我的船首次下水，我們焦慮地檢視它是否會進水，雙手沿著平滑光彩的座艙摸索，測試貯物艙內部有無溼氣。派特協助我登船，接著把船向外推，我試了十幾次，才終於做出狀似划槳的動作。這對船槳彷彿有自己的生命，不是很好操作，而且我的座位不待我命令就前後移動不停。除此之外，划船還有一項先天缺陷，那就是沒辦法面向前方。接下來一千多公里的航程，我必須頻頻轉頭查看狀況，我的脖子顯然會大力抗議。派特試乘他的船，看起來跟我一樣尷尬。幸好碼頭上沒有圍觀者。

當晚，我們打包完行李後，便去朋友在港口附近的造船店借住一晚。剛打開睡墊，派特突然從地下室喊我。我下樓後看見他在角落，戴著頭燈，微微欠身看向一個

木箱。

「是雲杉號哩，」他笑著說。

箱子裡正是那艘奠定我們關係的雲杉製獨木舟。派特那時說服大學導師讓他以舉辦一場獨木舟展覽來拿學分，於是便用渡輪將獨木舟運來柏令罕參展。展覽結束後，獨木舟就寄放在朋友店內的地下室，至今未移走。此刻讓雲杉號送別我們，再適合不過了。將近十年前的獨木舟之旅，無論是距離、目標，還是整體規模，都不如眼前這場冒險浩大。當時的路程對照這次的行程，簡直不值一提。但我們的收穫跟里程數毫無關係。那趟旅程前，我和派特的關係僅是互相試探，尋找關係中的牽引力，而獨木舟之旅改變了一切。我在黑暗中靠著派特，他旋下螺絲，打開木箱，那由赭色樹皮及土黃樹根製成的獨木舟，就這麼靜靜地望著我們。

「『重回起點』應該就是這個意思吧，」我說。

當晚我在睡袋裡翻來覆去，難以成眠，好不容易入睡，卻又驚醒過來。我時而擔心大浪傾覆小船，時而為各種忘記帶的物品煩惱。派特躺在一旁地上，睡得香甜。他把擔心的時間用來養精蓄銳，那確實是我們兩人都迫切需要的東西。他說精神充沛才能讓隔日早晨輕鬆許多。能夠屏除懷疑並相信自己做得到，無疑是了不起的能力，是我現在非常缺乏的能力。

隔日清晨，我跌跌撞撞地爬下床，跑到對街買了一杯咖啡。雖然很想整天待在溫暖的咖啡廳，悠閒地看書，但我沒有這麼做。我穿上好幾層合成纖維及羊毛衣，套上雨衣，準備迎接挑戰。那天是三月十七日，聖派翠克節。除了三葉草和綠衣妖精，也是紀念派特姓名來由的主保聖人之日。當天下著雨，我從兜帽向外看去，暗暗寄望今天能有一點來自愛爾蘭天主教的好運。

兩位柏令罕的朋友和我們在港口碰面，一起幫忙把船搬運到碼頭。但我們才準備將一堆亮色防水袋放上船，派特突然發現槳架的螺栓鬆掉了，隨時可能落入水中。他匆匆跑去五金行買替換螺栓，我跟朋友在雨中瑟瑟發抖，看著一群丑鴨在防波堤內俯仰戲水。海上漸漸起浪。派特回來後，我們靜靜地固定好螺栓，跨過槳架，進入各自船內。

划離碼頭前，我停下片刻跟派特交換一抹笑容。歷經好幾週的不確定和壓力，終於要出發了！不論成功與否，至少我們走到了這步。派特和我擺好姿勢合影，準備將日常生活的美麗與哀愁拋諸腦後。

划槳船的開放式座艙根本擋不了風雨，我才開始划槳，就覺得自己彷彿赤身裸體。划槳船和皮艇不一樣，划座比水線高出不少，而且沒有防水裙防止海水濺上腿部。船槳長度近十呎，每次將槳舉至高點時都很不好操縱，而為了讓槳葉同時划水前進，我的右手不得不越過左手，因此幾乎每次都會撞到大拇指。我試著回想朋友留言中的入水和划擺節奏，但感受完全不對。我放下其中一邊槳柄想向朋友揮手道別，結果槳柄直接往上擊中我的下巴。看向派特時，我發現他眼睛周圍的細紋比平時更深邃。

一小時後，我們順利抵達馬蹄鐵島（Horseshoe Island），冷冽的三月雨已成了冰雹。我因為抓槳過緊和姿勢太大，手腳抽筋情況愈來愈糟，很想下船舒緩不適。我的手掌冒出一個個小水泡，大拇指也因為反覆碰撞槳柄而瘀青。上岸後我伸展筋骨，派特做他個人版本的健身操，先是單腳交互跳躍，接著用拳擊打臀部。

我在離開安克拉治前的焦躁不安，已經轉化為與時俱增的恐懼。當我坐在辦公室小隔間時，斑尾鷸和海鷗總是不斷激勵我，但我不像牠們，我沒有翅膀，沒有能帶我飛往北方的魔毯。無論肉體還是心靈，我都還未做好準備，況且還得划一艘頻頻抗命的小船。我原本以為遷徙焦慮就足以推動我前進，以為只要下水，那股對遷徙的渴望就會接管一切，不料現在卻質疑起這趟旅程的意義。我們的目標太大，大到讓人暈頭轉向。

兩小時後，我們脫離魯米島（Lummi Island）的庇護，來到喬治亞海峽，進入長達好幾公里毫無掩護的水域。剛進入海峽，東南風便激得海浪屢次想奪走我們手中的船槳。有隻海鷗從上方疾飛而過，在船頭留下一道白色鳥糞。小時候，別人告訴我這是好運的象徵，但與鳥類為伍這些年，我已明白：遭到「轟炸」跟好運一點關係也沒有。

「海象太糟了，我們得回頭，」我一邊對派特大喊，一邊試圖對抗大海的威力，慢慢划向島嶼背風面。每次將船槳探入浪中，都覺得大海想把我拉出船身。

我們沿著魯米島海岸搜尋適合紮營的地方，但只看到住家後院、雜亂的花園、小木房和老舊卡車。峭壁下方滿是海藻和漂流木，代表漲潮時海水會淹上這段狹窄海灘。

「這下子該怎麼辦？」派特喃喃自語。

「問看看能不能在某人的院子紮營吧，」我萬般不願回到大風大浪中。靠岸後，我奔去敲其中一戶人家的門。第一間沒人應門，接下來兩間也沒人回應。我們視此為某種心照不宣的默許，於是選了低矮黑莓叢間的一小塊空地，繞過舊柵欄及鐵絲網，並用廢輪胎固定外帳。

這不是最宜人的旅程開端，但我和派特都累得沒法計較。我們在黃昏時分入睡，晚上被某人用力關上車門的聲音驚醒，此外就再無干擾，直到隔日清晨才有一隻身材臃腫的拉不拉多獵犬遊蕩至此，在我們帳篷外小解。太陽才剛升起，我們就已悄悄撤離，到潮濕的沙灘上煮早餐，隨後繼續向喬治亞海峽挺進。這次大海平靜如湖泊，而我們相當樂意收下這份祝福。此時此刻，我們僅完成十一公里，前方還有近兩千公里路程，好天氣至關重要。

接下來幾天，我們行經聖胡安群島和海灣群島一帶的平靜水域，我漸漸學會怎麼順應水勢，而不是與其對抗。儘管肌肉每晚仍僵硬痠痛，但只要進入節奏有序的划槳動作，便會漸漸放鬆。最後，我自然而然就會讓船槳與水面平行，並保持直線前進。到了此時，每當海鷗和鴨優游經過時，我不再咒罵這些目標明確、能輕易振翅飛走的生物是如何取笑我這個人類。雖然如此，變化多端的春季氣候仍常迫使我們靠岸尋求庇護。海浪將我們沖上一座座海灘，但因為多數避暑小屋在這個時間點都無人居住，少有人來關心草坪上有兩位溼透的不速之客。有時也會發生我們不告而「紮」後，才發現主人其實在家的情況，或是紮營地點恰好在某位鄰居清晨固定散步的路線上。幸好碰到的人幾乎都和藹可親、熱情好客，少有破口大罵或掏出霰彈槍之類的情事。

有位男子早上七點發現我們的帳篷羞怯地佔據休眠中花圃一角時，居然忙不迭地向我們道歉。「我要是知道你們在這裡，一定會請你們上來喝點熱飲的，」他說。在另一處海灘，我們一邊套上乾式潛水衣，一位從美國本土退休到此居住的好心人也幫忙查看天氣預報，並預先打電話請朋友留意我們的安全。出海一小時後，我們聽到有人笑著大喊「柏令罕！」抬頭望去，對方正揮舞著一面旗幟。這些來自陌生人的小小善意，支持我們挺過了初期的種種風雨。

離開納奈摩鎮（Nanaimo）不久，我們就因為大浪和陣風不得不返回，在某座遛狗公園的小徑上岸。不過此處顯然不適合明目張膽地紮營，我們只好頂著暴雨，在船隻附近的灌木叢等候夜晚到來，才能偷偷紮營休息。沒過多久，一位帶著濃厚挪威口音的年長紳士走過來，邀請我們到他家坐坐。「可惜我妻子不在家，否則她一定更知道怎麼照顧你們。但我可以加熱冷凍披薩，」他說，「以及幫你們烘乾衣服。」幾個月後，我致電向他道謝，他的聲音聽起來很訝異，彷彿邀請陌生人過夜是稀鬆平常的禮貌之舉。

不過，這些提供食物或住宿的好心人士聽了我們的目標後，全都大感驚訝。他們會茫然看向划槳船，再看向我們，然後開口確認我們的目的地。阿拉斯加？靠這種船？我必須一次次點頭以示肯定，並擠出一絲笑容，假裝自己並沒有受同樣的疑慮所擾。

暴風雨的日子

我以為自己喜歡大海，今天卻痛恨不已。它以不規則角度張開彷彿能吞噬一切的大嘴，頻頻威脅要將我吞沒。大浪長著利齒，海風冷冽，如急駛的火車般抽去周遭空氣，迫使我放下船槳，俯身抱頭。搖槳時，我刻意放低手，以免突如其來的水勢攫走船槳。我試著想像各種事，藉此忘掉困於此處的事實。

派特離我約十公尺，彷彿初出茅廬的騎師般乘風破浪，咬緊牙關，眼神堅定，每完成一組動作，船首便會沒入一陣波浪，接著轟地冒出水面。他通常每隔一陣子便會關心我的狀況，或是拋來一道眼神，或是揮手示意。但此刻他正聚精會神與大海對抗。

過去幾天一直虎視眈眈的暴風雨終於降臨，而且幾無預兆，沒給我們太多時間尋找遮蔽。這是我們兩週來第三次碰上海上強風，而且很可能是最慘烈的一次。從柏令罕出發後，我們已漸漸接受這是暴風雨的季節，也習慣每早看到船上結霜，並努力適應一拉一滑一拉一滑的平穩節奏，以及隨著船槳吱嘎作響呼吸吐納。但此刻這些練習都顯得薄弱且遙不可及，近在咫尺的只有喉中灼燒的恐懼。

拜託，別讓我待在這裡。我低下頭，勉強從漫天凍雨間向外看去，這一秒還穩如泰山，下一秒卻得跟大海爭奪船隻掌控權。大浪一次次想將我翻覆入水，而我每次划槳，堅硬的塑膠槳柄都會碰撞關節，導致擦傷。「我不知道辦不辦得到！」我對大風狂吼，內心驚慌。我聽見夾雜著啜泣的尖銳聲音，稍稍覺得自己並沒有完全受大海擺佈。船隻不斷搖晃，我將恐懼化為憤怒——對海浪的憤怒、對強風的憤怒，還有對這趟愚蠢旅程的憤怒。

那天稍早，我們窩在溫暖的睡袋中，邊聽超高頻無線電裡傳來的天氣預測，邊討論是否來得及在暴風雨來襲前抵達康貝河鎮（Campbell River）。電腦語音警告接下來會有高達三十五節的強風和近三公尺的大浪。「怎麼辦？」我關掉無線電。派特一如既往樂觀，表示只要划幾公里就可以找到紮營點，不會有問題。我一邊咕噥著春天的暴風雨太過頻繁，不適合划船等等，一邊乖乖收起帳篷。我和派特清楚知道，在這麼一個風平浪靜的早上枯等天氣變化，是不會讓我們離北極更近一步的。

出航後的前兩小時，我的擔憂似乎顯得多餘。海面平靜澄澈，我們悠然划過時，還能看到海床上一株株細長巨藻。烏鴉及渡鴉沿著高潮線飛行，取食宛如黃毯、呈泡沫狀的鯷魚卵。我們第一次目擊在淺水處覓食的座頭鯨。牠光滑似銀的渾圓背部自水中升起，噴出一股水氣，動作相當優雅，絲毫看不出才剛完成何等艱辛的旅程，或是牠過去數天或數週歷經的飢餓。座頭鯨是地球上遷徙距離最長的哺乳類動物，每年會在夏威夷和卑詩省或阿拉斯加之間往返超過五千公里。當牠們回到北方水域，就會大肆食用銀鯷和小型甲殼類動物，大口吞食浮游生物與磷蝦。

我看著座頭鯨浮上水面，突然想起踏上這趟旅程的意義。在春季向北遷徙是生物最原始的行為，而此刻我的唇上沾染乾涸汗水與海水留下的鹽分，彷彿自己也有一部分屬於鯨。不過，隨著風勢攪動大海，我們發現這段海岸線少有安全登陸點，這些思緒也隨之散去。

坐落溫哥華島東岸、人口約三萬五千的康貝河鎮，隱約從霧中浮現。我們距離鎮上不到五公里，卻成了汪洋中孤伶伶的存在。理論上來說，我們應該有能力自救。在大多數情況下，要是船隻傾覆，我可以將其翻正，重新爬上船。但受困離岸兩公里半的暴風雨中，我還能抓住船身，不被船槳敲中頭，就該慶幸了。要是能支撐到有人來救援，更是幸運無比。身處大浪迭起、水溫不到十度的海域，我們絕對不能落水。

划槳船身長五公尺，雖然是由新手操控，仍足堪在海上航行。搭配划座裝置，我們可以將手腿及背部的力量，通通灌注到作為外伸槳架之用的長船槳上。這兩艘船也比一般比賽用船來得寬，下盤近一公尺，船體形狀恰到好處，不必犧牲穩定性，也能有效率地挺進。但無論設計多麼精良，五公尺仍是五公尺。在大浪面前，我們的船很渺小。

我注意到前方岸邊有車頭燈閃爍，相較於灰濛濛的天空，島上建築和房屋的燈光顯得十分明亮。我開始想像身處屋內的感覺，溫暖，寧靜，安全。有那麼一瞬間，我退避回先前的自己，那個舒服窩在家中的少女，一邊喝茶一邊閱讀某人的瘋狂冒險。暴風雨還在肆虐，我們必須有所行動。正在退潮，碎浪在崎嶇的海岸邊翻騰。每當浪擊上我的腿部，冰冷的海水就會滲入大腿之間。我努力克制想大聲呼救的衝動，更加賣力地划槳，我轉頭確認派特仍在不遠處努力。此時此刻，我們除了挺直身軀待在船上，也沒辦法為彼此做些什麼。

幾番掙扎後，霧中終於出現海灘蹤影。我迫不及待想要上岸，現在就要上岸。我發現派特已稍微調整船身朝岸上挺進。我們僅僅前進將近一百公尺，眼前就有一道浪因為撞上暗礁而四濺開來。前方的登陸點或許安全，但要抵達可是困難重重。或許待在較深水域才是明智之舉，萬一稍有不慎，船可能瞬間就會撞得四分五裂，將我們送入伸手不見五指的海沫中。派特用手臂向我傳達我已經知道的事：必須尋找另一個登陸點。

繼續與船槳搏鬥二十分鐘後，我們看到一處設有簡易防波堤和下水滑道的船隻停泊處。我大喊派特，他一臉茫然地回望，我只好放下一邊船槳，指指停泊處，並豎起大拇指示意。派特這次回敬了大拇指，並調整方向和我再次朝岸上划去。靠近防波堤時，我停頓了，決定吞下傲氣。派特此刻並不比我適合登陸，但他不怕嘗試。我示意他先走，他沒有抗議，仔細研究了一下水流後便快速划槳，向前挺進。一進入防波堤內的水域，浪平緩許多，他立即跳下船，在深度只及腰部的水中盡量將船拖出碎浪影響範圍，並等我跟上。我深吸一口氣，看準時機後立刻用盡全力划槳，通過防波堤的瞬間，派特伸手抓住我的船頭，和我協力將船拉離水中。我們帶著濕透的厚重衣物倒在岸邊的礫石堆。

「我們辦到了，」派特抓住我戴著手套的手。

「差點沒命，」我回道。

即便要我在這裡躺上一輩子，我也會欣然接受。至少在我的腳趾開始抱怨太冷，以及這沙灘不再讓人覺得是細碎軟沙，而是令人背部發痛的塊狀礫石前，我都願意這麼躺著。派特和我等到腎上腺素退去，不適感湧上，才起身打量周遭環境。第一次聽到暴風雨消息時，我還想像可以找到一處四下無人、林木環繞的沙灘，跟派特在睡袋裡相依偎。那幅畫面中可沒有眼前的馬路和車輛。我們選擇的登陸地點是一處供大眾使用的船隻下水設施，周遭滿是房屋。對街有一座加油站和一間汽車旅館，招牌上閃爍著霓虹色的「有空房」大字。我們原本的計畫是全程搭帳過夜，接下來六個月也幾乎天天如此，但在那個當下，實在很難拒絕淋浴及烘乾衣物。

「剛好在汽車旅館三十公尺內上岸的機率有多高啊？」我不等派特回答，就小跑步至對街，推開旅館飽經風霜的大門，震得上方的門鈴不斷搖晃。坐在前台的人看著我兀自滴水的帽子和頭髮、濕重的救生衣，亮橘色的乾式潛水衣，便用濃厚的澳洲腔半開玩笑地問我是不是在找弄丟的船。他表示目前有冬季特價，我聽了直接越過櫃台想給他一個擁抱，他連忙退開，邊把鑰匙交給我邊咕噥，「這踏馬的傢伙瘋樂啊。」

這間汽車旅館讓我們得以喘息片刻，從在驚滔駭浪中載浮載沉，到呈大字躺在繡有花朵圖案的床罩上，我們把握時間享受一切。我站在熱氣蒸騰的淋浴間，用香皂搓洗身體及頭髮，將那一小塊香皂用到剩下些許殘渣，再用來在浴缸裡洗衣物。沐浴後，我臉頰泛紅，穿上襪子，裹上毛巾，躺在特大號的床上，這裡雖是北太平洋沿岸的髒舊汽車旅館，對我來說，就像熱帶豪華度假村。我們奢侈地訂了超大披薩，輕鬆在十五分鐘內解決，肚子似乎還未滿足，我只好披上雨衣，去隔壁加油站花十八美元買光他們的大包裝瑞氏花生醬巧克力餅（Reese's Cup）。凱旋歸來後，我舒服地靠在派特身旁，啜飲他用微波爐加熱的茶。

我們打開電視，轉台看各種轟動四方、但彷彿屬於另一個平行世界的新聞報導，比預期晚睡許多。半夜我醒來時發現我們緊靠著彼此，彷彿在狹小的帳篷裡。我聽見奇怪的罐頭笑聲，於是翻身拿遙控器關了電視。

起初兩天，因為暴風雨持續肆虐，這段不在預期中的逗留感覺更像是度假，而不是受困。我們趁機修補裝備，寫日誌，打電話跟親朋好友報平安。其中一晚，我幫派特手寫要給他祖父母的明信片，這件事即將成為抵達城鎮時的例行任務。我邊聽他敘述內容邊笑。「我們困在一座叫康貝河的鎮上。不過，這是不幸中的大幸。海象很糟，我昨晚睡的那張床真是太軟了。希望你們一切平安。」

到了第三天清晨五點，刺耳的鬧鐘喚醒我們，氣象預報仍顯示有強風和大浪，但等待的新鮮感已逐漸消失。我們不再打電話給家人，畢竟待在汽車旅館等候暴風雨過去稱不上是值得分享的冒險。我們仔細研究一張張地圖，愈來愈想擺脫二手寢具和髒汙地毯的陳年臭味，迎向充滿鹹味的大海。雨水滑下窗戶，我計算著這趟停留讓進度落後多少。原本預計每天要划至少三十二公里，但至今連十六公里都很勉強，現在還多了三天掛零。這個數學式很簡單：我們每困在這裡一天，成功機率就降低一些。六千多公里的路程至今才走了近兩百公里，相較於勇敢的冒險家，我覺得自己更像個失敗者。

之前划船趕路時，我們將需求降至最低：吃，睡，前進。日出即起，一直划到沒力為止，晚上滿懷感激地在睡袋中沉沉睡去。我學著以大海為嚮導，讓身體引領一切。

但是暫停下來後，我的理智再度接管局勢，思緒不時會飄向那些被我拋下的事。

我在離開前不久申請了博士後研究獎學金，希望與頗受敬重的野生動物疾病生態學家與知名數學家一起研究過去五年來我埋首探討的鳥喙畸形現象。我之所以向美國國家科學基金會提出申請，是因為我認為應該這麼做，而不是因為我極想替鳥喙建立數學模型。即便是現在，可以跟普林斯頓大學的重要學者攜手合作仍非常吸引人，但搬到紐澤西重新研究鳥喙就不是那麼有趣。這個獎學金還要幾週才會公布。我也申請了安克拉治某個聯邦機構的工作，目前亦懸而未決。這些機會讓我緊張困惑。我當然清楚自己不會在海上載浮載沉一輩子，只是也不確定自己到底想要什麼。

我查看大學的電子郵件信箱，發現好幾位研究夥伴拿到生物保育獎項和研究補助。儘管我早已做好準備要暫別學業，但仍感到有些嫉妒。感覺起來，其他人都在勇往直前，很確定未來方向。然而我卻坐在維多利亞島上某間汽車旅館的房間，期盼一趟困難重重的北極之旅可以稍稍讓我看清事物。

要將這趟旅行化作現實，不僅要放棄專業上的承諾。妹妹不到一個月就要臨盆，我也無法見證。爸爸的健康每況愈下，而我最近幾乎沒幫上什麼忙，甚至沒辦法同理他的處境。我和派特為了購買物資和安排補給也花掉大半積蓄。這天夜裡我躺在床上，因為吃了太多垃圾食物，以及太久沒有活絡筋骨而焦躁不安。我已三十三歲，卻仍覺得自己還是個孩子，還在焦急等待應該伴隨長大而來的各種人生解答。

到了第五天，讓汽車旅館的廉價窗戶震動搖晃的強風逐漸緩和，周遭靜得讓人鬆一口氣。我們不必聽氣象廣播，也知道是時候出發了。離開並不難，行囊早已打點好。派特和我到隔壁加油站匆匆喝杯咖啡，吃塊甜膩糕點，便躡手躡腳地步入黑暗，在和緩的水流中將行李上船。

出航不到一小時，我們突然多出數千隻同伴：海番鴨成群結隊，數量之多，每當牠們同時下潛，頭部的小白點彷彿化作一幅點描畫；數十隻海獅在附近嬉戲，在水下顯得光滑優雅的牠們，有時會翻騰出水，宛如一抹撞上礁石的大浪，將棕色身軀拋向空中，彰顯出原始生猛的力量；覓食海鷗的下方有一大群泛著銀白色澤的鯷魚逡巡；我在薄霧瀰漫的清晨瞥見一隻棕煌蜂鳥（Rufous Hummingbird），粉色天空映襯著牠小小的身軀。

暴風雨襲來的前幾天，我們曾目擊數十隻正要飛越這片開闊水域的蜂鳥。其中幾隻對亮紅色的船身很好奇，可惜這是一大株「人造假花」，並無花蜜可吸。我當時我便決定將這艘船命名為「棕煌蜂鳥號」，除了向這些小小旅者致敬，也是緬懷已故的保育生物學教授。我大學畢業不到兩年就聽聞比爾確診白血病，搏鬥數年後撒手人寰。在此之前，我們會用電子郵件聯繫，只是我從未好好感謝他教會我：用不一樣的角度看待這個世界。

隨著那隻蜂鳥飛過，我想起一張比爾的照片：飽經風霜的雙手捧著一個銀色的鳥腳環，比他手指上最小圈的指紋還小。棕煌蜂鳥僅略重於三公克，但只需一枚明信片郵票的價格，即可送牠橫跨美國[6]。比爾很快指出，體型大小並不等同於韌性強弱。蜂鳥用每分鐘拍動兩百次的迷你翅膀，順時鐘遷徙，春季時沿著太平洋海岸往北，到了晚夏則順著洛磯山脈往南。蜂鳥在墨西哥的過冬地和阿拉斯加的繁衍地，足足有近八千萬隻蜂鳥的體長距離。對人類來說，相當於橫跨十三萬公里，繞了地球不只三圈，僅略低於人類一輩子會行走的距離總長。這還沒算上回程哩。

我到野外觀察三趾鷗的第一個夏天，有次發現一隻棕煌蜂鳥安臥在地面坑洞。牠緊依著雪與乾的棕色落葉動也不動，就連我伸手撫摸牠彩綠的頭，也文風不動。我猜想這隻蜂鳥是晚春暴風雨的受害者，連最後一絲棲地也遭大雪侵襲。我將牠捧在手心，小小的身軀竟然慢慢活動起來。牠受凍了，但還有生命跡象。棕煌蜂鳥每天得攝取等同於體重三倍的食物，才能供給飛行所需的熱量，晚上則進入某種休眠狀態，核心溫度下降，心跳變慢，這點跟山雀的過冬習性一樣。

這些蜂鳥僅能勉強生存，但表現得彷彿世界之主。只要在餵鳥器旁觀察牠們幾分鐘，即可發現這些傢伙體型雖小，態度卻不簡單。蜂鳥會舞動利劍般的鳥喙，驅趕可能妨礙進食的對象，就算是體型大上兩倍的鳥類也照趕不誤，不容對方質疑誰才擁有吸食花蜜的權利。據說牠們的勇猛氣勢連花栗鼠和老鷹也得忍讓三分。比爾跟我說過不少有關蜂鳥精神的故事，包括牠們是怎麼對抗前來捕鳥的人類，彷彿自己勝券在握。

先前強風吹得窗戶格格作響時，我不禁想著那些在繁花幼芽尚未冒頭即抵達此地的蜂鳥，能否平安度過暴風雨。現在，我每划一次槳就提醒自己，完全不需要懷疑蜂鳥的強韌，牠們的體重不及一便士，卻能遷徙我們預計行程的兩倍距離，而且僅花四分之一的時間。

在清晨的新鮮空氣中向北划，我們吃飽喝足，身體獲得充分歇息，彷彿沒有辦不到的事。

6 美國有以棕煌蜂鳥為主題的郵票。

追逐潮汐

在海上待了將近一個月的我，此刻懸浮於無盡黑暗中，船恰好將深沉的夜空和更為深沉的大海一分為二。黑暗中有海獅打嗝、海鴨嗚咽，這些白天習以為常的聲響，到了夜裡顯得破碎且駭人。置身這個詭影幢幢、怪音四起的古怪世界，即便是最小的浪也能嚇到我。我搜索船下有無磷光照明，暗自盼望能在漆黑的大海中覓著一絲澄澈。我的船槳不小心打中一隻死去的斑頭海番鴨，牠臉朝下漂浮著，頭頂後方的小塊白點正回瞪我。派特離我約十公尺，但我渴望靠近他所帶來的安心感。船槳擺動範圍很大，不可能像皮艇那樣一前一後划行。我看不清楚他的身軀，只有船槳在頭燈下如鬼魅般忽明忽現。在黑暗中划船似乎是瘋狂之舉，但我們找不到可登陸的沙灘，別無選擇。每處小海灣都漲滿潮水，只剩峭壁愣愣地看著我們漂過。

春分才過幾天，太陽與地球和月球正處同一直線，產生極大的引力。春分大潮一向洶湧，但今年的狀況遠超過預期。過去幾天，破紀錄的漲潮使我們不得不爬上峭壁尋覓乾燥的紮營地點，拖著裝備走過好幾公里海藻散布的沙灘。海水漫過原本不會有水的地方，淹上樹根，讓我們的帳篷營繩泡在微鹹的水裡，差點連睡袋也遭殃。幾小時後，海水退去，露出鮮少拋頭露面的大片淡菜。儘管在最極端的情況下，這裡的潮汐仍稱不上是世上最大（譬如加拿大諾瓦斯柯西亞省的芬迪灣，其潮汐落差可以超過十五公尺），但已是該區近十年來最大的潮汐落差。

我們的潮汐指南顯示今晚將有今年度落差最大的潮汐。這本小書雖然設計簡樸，卻蘊藏形塑海象資料的複雜力量：月亮繞行地球，地球繞行太陽，導致各地海面受到的重力影響不一。這是一場跨行星的舞蹈，若要了解箇中奧妙，必然要仰賴複雜的物理知識。但在這些數學計算背後存在一項基本事實：腳下這顆水藍星球僅是某個龐大實體的微小存在，而它複雜到我們永遠無法理解。對我和派特來說，來勢洶洶的潮汐也帶來一些有關大海與人生的道理。

兩晚前，我們在夜幕中划入一處窄小海灣，將船拖到遠離漲潮線的地方後，便鑽進睡袋休息。幾小時後我驚醒，耳邊傳來木頭與木頭的摩擦聲，那是某種會令人清醒的撞擊悶響。我花了一下子才想起我們身處一座昏暗的森林，兩旁是鮭莓叢和鐵杉。四周除了派特平緩的鼾聲，便是木頭在浪中彼此碰撞的聲響。突然之間，我意識到聲音從何而來，連忙猛搖派特肩膀，並迅速起身拉開帳篷。

「船要漂走了！」

派特和我匆忙穿上衣服，套上靴子，爬出大片灌木叢。不知不覺中，海水已漲到長滿苔蘚的林地，海灣內全是載浮載沉的漂流木。藉著頭燈微弱的燈光，我們小心翼翼地沿著海邊的大堆原木向下走，我在一株雪松上滑了一跤，下半身全濕了。

我睡眼惺忪，身上滴著水。我們一邊走，一邊準備面對最壞的結果——船和漂流木對撞，就此沉沒於那些直徑比我身高還長的原木堆之下。拐個彎後，我看向船原先的停泊處，先眨眨眼，再瞇眼看向黑暗，試圖搞清楚眼前景象。

「太不可思議了，派特，」我大聲尖叫，派特也和我一樣直直看著那幕驚人景象。這片海灘此刻已被海水淹沒，但那兩艘船恰好坐落在唯一一根靜止不動的原木上，只要再低半公尺，潮水就會把它們帶走，成為海上漂流物。我和派特仔細檢查船隻狀況，然後坐下來抱著膝蓋以便擋禦夜晚的濕氣，好幾分鐘都沒說話。

回帳篷換衣服後，我的思緒又快轉起來。當晚稍早，我一直想聯絡家人，只是衛星電話在林中收不到訊號。這是偏離通訊範圍的一大危險：因為不知道外界情況，所以心生憂懼。當時腦中轉過上百種可能降臨親朋好友身上的災難，包括車禍、心臟病發或滑雪意外。距離妹妹的預產期不到兩週，我渴望聽到她的消息。

我們才剛開始籌備行程，我就聽到妹妹懷孕了。她小我三歲半，這件事不免提醒我生兒育女的決定不會等我們一輩子，也是促使我啟程的其中一個原因。我得趁還能離開時上路。但身處森林和大海，我對於無法參與她人生中的重要時刻感到遺憾，更何況那也是我人生中的重要時刻。我離家上大學後，她和我更加親近。隨著年歲增長，年齡差距所造成的影響日益縮小。她即將臨盆，我不時惦記著她和寶寶的健康。

派特有時會因為我的不安而醒來，他會摸摸我的額頭，告訴我船隻一切安好，我們很安全，不必擔心。我躺了好幾個小時，卻睡不著。當晨間第一縷曙光照亮帳篷，我更覺焦慮。

早上，我們逆風浪而行，途中躲入一座小海灣套上乾式潛水衣，接著經過一處風平浪靜的海峽，再向西前往貝拉貝拉島。數小時後，我們在島上的公眾碼頭上岸，水面平靜。我將船拖上岸，一旁有許多空汽水瓶和裝滿蛤殼的購物袋。脫下救生衣前，我先掏出衛星電話，在幾個當地孩童的好奇注視下，聽到了妹妹的留言——歷經兩天的生產，她順利生下一名男孩。

我聽完立刻撥打艾許麗的電話，她丈夫接起。「她睡了，」史考特說，「她很想跟妳說話，只是她現在需要休息。我們替孩子取名戈馬克，也承繼妳爸爸的名字威廉。這孩子完美極了。」

我掛上電話後，呆立在碼頭上好一陣子，看著一艘艘破敗失修的小艇嗡嗡作響地進出港口，不敢相信自己多了個外甥。在這個簡樸的加拿大第一民族（First Nations）社區裡，帶著兩艘外觀仍顯亮麗的划槳船及亮色裝備的我們十分醒目，但除了幾個在海邊玩耍的孩子，大多數人多半瞥一眼就走開了。唯一例外的是一位坐在白色休旅車裡抽菸的男子。面色蒼白、看似飽經風霜的他一直盯著我，這種尷尬情況維持十分鐘後，我決定走到車窗旁打招呼。開口前我其實很緊繃。

「我是瑞克，」他從車窗內伸手出來跟我握手，我們的手同樣粗糙，長滿了繭。

「我是卡洛琳，」我回應。

「妳住哪裡？」他問道，半是邀請，半帶威脅。

「我跟丈夫一起，」我刻意強調這點，「還不確定要住哪，我們才剛上岸。」

「我家有多一個房間，房子在海邊，可以讓你們停船，」他從一臉怒容轉成微笑。「我太太在醫院工作，她會好好照顧你們。地址給妳，隨時歡迎。」

他把一張小紙條塞入我手裡，指指南邊。「從海灘往下走個五百公尺，會看到一間黃色的雙層屋，絕對不會錯過。」我起初不想跟這男人或他的奇怪邀請攀上任何關係，但他將香菸拋出車外、揚長而去後，我重新考慮了一下。可以淋浴還不錯，況且這附近也沒有明顯適合紮營的地點。就算找到地方紮營，還得擔心潮汐。最重要的是，我真的很想跟妹妹說話。

「我想，去看看也沒關係吧，」派特聽了我轉述的對話後表示。

一小時後，我們划船來到指定地點。瑞克正在後廊抽菸，房子看起來井然有序，很漂亮。我注意到他有兩個蜂鳥餵食器，稍微放了心，而且一如他所承諾，他的妻子凱瑟琳匆匆衝下海灘來迎接我們。

「瑞克的背不太方便，但我可以幫你們搬行李。快進來沖個澡，我們可以幫忙洗衣服，你們一定迫不及待想睡柔軟的床了！」凱瑟琳魅力四射，熱愛聊天，如果說她丈夫三兩下就讓我心生拒斥，她則是一下子就讓我感到賓至如歸。

我們在乾淨的浴缸中舒適地刷洗身體時，瑞克為我們張羅起當地的海鮮大餐。他將龍蝦放入滋滋作響的奶油和大蒜中，看著它們從粉色轉至深紅，一邊扔幾塊上選肉塊給身旁毛髮蓬鬆的白臘腸狗吃。他雖然外表粗野，感覺起來卻很善良。我在餐桌上提到妹妹剛生了寶寶。「天啊，妳得立刻打電話給她，」凱瑟琳說，「我沒辦法生小孩，但我真希望我可以生。」大家靜默了一分鐘，直到她再次開口，「家人最重要，千萬別把妹妹視為理所當然。」

她簡短述說她的故事：在溫哥華島上的某個小社區長大，後來在當地診所工作，照顧某個女病人好幾年。他們認識前不久，凱瑟琳才剛得知自己是養女，有十六個從未謀面的兄弟姊妹。那位病人也是養女，她們常常聊到多想認識真正的家人。凱瑟琳解釋，儘管她只跟那名女人在診所見面，但彼此關係比她以往的經驗都來得深厚。「我已見慣生老病死，卻對她病情毫無好轉這件事十分傷心，遠超過當時所能理解。等我了解原因的時候，她已經走了。」

那名病人過世後幾個月，還未找到親生手足的凱瑟琳突然得知一項驚人事實：那個病人竟然就是她的妹妹。「我們差一點點就可以擁有家人，就這麼錯過了。快點打給妳妹妹吧，」她堅持要我立刻行動，「晚餐可以等。」

我照辦。艾許麗的聲音從電話彼端傳來時，雖然因為剛睡醒而略微粗啞，但仍強穩有力。她告訴我生產過程不如預期順利，但語氣不帶苦澀。她起初在分娩中心接受助產士照顧，但因為屢次催生不果，只好到醫院與點滴和生理監視器為伍。「我沒預期會發生這種事，但戈馬克的心跳一直往下掉，我也沒什麼好要求的，還好他平安無事。」

我問她生小孩是不是真的跟看起來一樣瘋狂，她只說，「瘋狂多了，我現在多了一個兒子，不知為何這似乎是最瘋狂的部分。」她的聲音帶著沉著穩定，是我從來沒有注意到的特質。那不純粹是因為疲倦，那是一位母親的聲音。通話過程中我們有數次漫長的沉默，但不是因為無話可說，而是有時候話語顯得多餘。其中一次沉默後，我跟她說了凱瑟琳的故事，說她在妹妹過世後才知道對方存在。「想像一下，要是我們一直不知道彼此存在，知道的時候已經太遲了。」

此刻，貝拉貝拉島與妹妹的消息離我們已有五十五公里遠，我依賴聽視覺在林木密布的小島間迂迴前進。我睜大眼睛搜尋海豹泛著光澤的頭部，牠們有時會浮上水面呼氣，隨後噗通一聲消失無蹤。湛黃月暈升至水面上方，我強迫自己放鬆肩膀，舒緩從肌肉蔓延到脖子的壓力。我提醒自己我會划船，雖然一片漆黑，但我做得到。

我每划一槳，臀部便上下滑動，身體也隨之前後擺動。一拉一滑，一拉一滑，一拉一滑。輕柔的吱嘎、吱嘎、吱嘎、吱嘎聲，有種令人安心的簡單節奏，彷彿鳥兒振翅飛越黑夜。重複的動作緩解我緊繃的神經，向前移動則帶來某種平靜。身體怎麼做，心就怎麼追隨。海流此時變得有利，我們在夜裡輕鬆航行。我一度自鳴得意，但隨著柔和飄渺的月光映射在狹窄峽灣的兩側山壁，一股敬畏之情油然而生。

我試著化身電話那頭冷靜沉著的艾許麗，並想著她陣痛時我和派特在哪裡。那天，我們幾乎推進了六十五公里，全身肌肉酸痛，極度不適。雨水轉為凍雨，海水沖刷起了水泡的雙手，我划得更深，盼能擠出體內不存在的力量。當時艾許麗也用盡了身體的每一絲氣力。那天稍晚，我們在黑夜中跌跌撞撞，又濕又冷，擔心船隻被水帶走；艾許麗跟她的孩子初次見面。

思緒漂入黑夜，我注意到空中傳來某種微弱聲響，於是駐槳傾聽。可是那聲音不論是來源還是方向都不甚清楚，我懷疑自己是不是因為疲累和黑暗，導致幻聽。但我隨後發現幾個小黑影在月光映照下飛過，立刻知道這趟午夜之旅並不孤單。許多鳥類會選在深夜飛行，橫跨水域和陸地。這是另一項跟遷徙有關的冷知識。夜間飛行的原因很多，譬如白天有較多進食機會、亂流較弱、氣溫較低水分不易蒸發，以及避開掠食者。鳥類也是觀星高手，可以藉由星星判斷方位。

我將船槳沒入漆黑的海水中，同時想起掛掉電話前艾許麗說的話。「我們現在的生活很不一樣，但某種程度上來說又是一樣，天天都有全新的體驗，讓我們永生難忘的體驗。」她說得沒錯。每當我們以為摸透大海，大海又會呈現出另一番面貌。

在黑夜中划過近十年來最大的一波潮汐，就是今夜，就是此刻。成為母親或許也是差不多的事，每個瞬間都因為稍縱即逝而彌足珍貴，每天都是那麼獨一無二。妹妹剛剛踏上了與孩子為伍的旅程，那孩子很快會開始蹣跚學步，她會聽見他吐出的第一個字詞，見證他踏出的第一步，並學著了解成家是怎麼一回事。划船前進的我們，則會目睹夜空中飛行的鳥類，划經每年僅出現數日的大片黃澄鯷魚卵，體驗讓我們心生敬畏的潮汐。這是人生僅會發生一次的旅程。前方還有許多挑戰，但我不禁想像孩子能帶來什麼深夜划船給不了的成就感。儘管凱瑟琳表現得熱情好客，但她在晚餐時表現出的傷感是如此深刻。對她來說，少了想望中的家庭這件事，留下了一個填不滿的坑洞。不像懊悔那麼簡單，而是更深刻的事物。那是失之交臂，是「本該可以成真」的理想。

三小時後，我們抵達一座有狹小沙岸的小島。我們把船拖上岸，從防水袋掏出一小塊白切達起司佐鹽巴和半袋Ｍ＆Ｍ花生巧克力。我和派特吃到手上沾滿色素，地上還有一點紅色碎屑，然後沉沉睡去。

隔天早早爬出睡袋。退潮後的沙灘比昨晚看到時大了十倍。看起來雪白細碎的沙子誘惑我們躺下曬曬太陽，慵懶度過今晨。我一邊收拾爐子，一邊感受鳥兒在黎明前的薄霧中逐漸靜默下來，我提醒自己不能停下腳步。此處仍有雨水和大樹。北極依然遙不可及。前方還有四座山脈、兩片海域、十餘條河流等著我們。該出發了。

我們若要趕上進度，不能單憑一己之意，而是必須遵循大海的時間表。潮水在內灣航道肆意進出狹窄水道，海流強勁。若是忽略這項事實，將會遭逢逆流，難以前進。有時還會遇到更可怕的後果：充滿暗流的洶湧水道可能會毫不留情地吞沒輕率的划船者。

今日，我們與海流的戰鬥必須智取，不能依靠蠻力。不遠處即是皇家公主海峽（Princess Royal Channel），這段長度超過六十公里，兩側陡峭，看起來很像射入群山的利箭。這裡的海流稱不上太強勁，但已足以阻礙我們前進，或是讓我們以兩倍速往前衝。在這條航道中，潮汐會將海流從兩側推擠至中間，導致不同方向的水流交匯，產生逆流。換言之，我們必須根據潮汐來安排行程，漲潮進，退潮出。這件事不像聽起來那麼容易，尤其若要把握有利的潮水，我們得在離日出還很久的深夜出發。

隨著我們划離營地，一道微風拂落幾縷髮絲到我眼中，耳邊傳來某個細微的熟悉聲音「又來了啊……」我真心希望能夠有一天是順利度過，不必啟動任何備案。可是在天氣多變的春季，這似乎是個過分的要求。我們雖然仔細計算了海流和潮汐，但還有一個重要因素，那就是風。蠢蠢欲動要推翻我們任何計畫的風。在這一小時內，海流對我們非常有利，但風向極不利。我轉身望向海峽前方，結果臉上硬生生接了一記強風。風與潮汐相互衝撞，激出一道道令人挫折多過害怕的白頭浪。我們顯然還要花上一段時間才能抵達今天的中繼點。派特大喊，但言語全被風吹散了。他往最近的海岸揮舞手臂，我試著猜測他的意思。

碰上這樣的日子，反抗是徒勞的。有屏障的海灣不多，我們趁還找得到紮營地點時上岸。那裡有座舊罐頭廠遺址，因此整個下午都在想像這地方一個世紀前是什麼模樣。派特饒富興味地研究崩塌的磚牆，我用衛星電話打給妹妹。她接起電話時，我聽到背景裡有新生外甥的哭聲，派特正好湊了過來，我連忙把電話放到他的耳邊。他瞇起眼睛，意識到那是某個嬰兒從一千多公里外傳來的哭聲後，露出了一抹微笑。一群雪雁自我們上方飛過，我將電話舉向天空讓艾許麗聽那振翅聲。藉由訊號時有時無的衛星電話，我們交換了彼此生活的聲音片段。

那晚在帳篷裡，我和派特討論著生小孩這件事。我們一直認為有一天會成為父母，但這個「有一天」好像愈來愈近。真的生了孩子會怎麼樣？我和派特自問。生活會如何改變？若是不生孩子呢？我們會不會總是在想自己是不是錯過了什麼？這些問題今晚都得不到答案。眼前，我會細細品味艾許麗傳來的照片，看著她的兒子日益茁壯，並跟她分享我看過的鳥、海洋，還有風吹過船首的感覺。

海洋的規則

我們跨越加拿大和阿拉斯加的無標記邊界後，在小島環繞的細長沙地「狐狸角」

（Cape Fox）上岸歇息。此時的大氣壓急劇下降至九百四十八毫巴以下，開始起風。無線電傳來預報，預計今夜到來的暴風雨是「氣象上的反常」。在北太平洋沿岸，這只代表一件事：強風。我們紮營的地點位於兩座鰭狀沙灘之間，滿是麋鹿和貂的足跡，直接面對迪克森海峽的開闊水域。這裡是整段內灣航道最缺乏天然屏障的地點之一，西邊是近萬公里的廣袤海域，一路直行即可抵達密克羅尼西亞。幸好營地四周有長滿大片青苔的雪松擋風，我和派特才能棲身帳篷中，聽著外頭啪搭啪搭的雨聲睡去。

隔日一早，超高頻無線電劈哩啪拉地傳來外海浮標的偵測資料。我們聽到海上時速達一百一十公里的陣風，以及近八公尺的大浪，便立刻往睡袋內鑽得更深一些。當天的渡輪全數取消，風暴潮及大浪讓我們所處的沙灘布滿漂流物，有從海床遭連根捲起的巨藻、塑膠水壺、成千上百片棕白羽毛，還有死去的雪蟹。很快地，會有更多生物遭逢一樣命運。幾個月前，一場大海嘯襲捲日本，重創沿海城市。遭遇此番災難的日本人失去許多，可是毫無所得。而太平洋這一端，長卷浪則會帶來許多前所未見的東西，估計有數以百萬噸計的漂流物將向東橫跨數千公里的水域而來，包括漁船、木材和玻璃浮球。

新聞報導了不少大眾感興趣的故事。有顆足球漂流到阿拉斯加灣的米德爾頓島，後來輾轉還給了丟失這顆球的日本男孩；一台裝在箱中的哈雷機車被沖上加拿大卑詩省的海達群島；一位美國船匠回收了一艘幾乎毫髮無傷的日本手工小船。幾乎都是失而復得的正面故事，但大海更多時候是取而不還。這些被拾獲的物品，都凸顯著某種失去，可能是性命、房屋，或是因為「災難只會降臨在他人身上」的信念破滅所失去的安全感。

我回到帳篷等待風雨過去，整個下午都在讀《冷靜的恐懼：絕境生存策略》（*Deep Survival: Who Lives, Who Dies, and Why*），書中描述諸多駭人的災害事故，從邏輯上說明乍看是一連串不利情況所導致的悲劇何以發生，試圖解釋為什麼有些人能全身而退。我當然樂於相信人類可以憑藉理性脫離險境，相信明智抉擇和壯碩體魄可以克服一切，但他的論述並未說服我。我太常與滑雪、攀登和划船愛好者為伍，我很清楚運氣往往比技巧還重要。野外本來就會有風險。即使這些地方看似安全熟悉，但就像爸爸失去好友的那條河流，人仍舊可能遭遇不幸。關鍵在於找出平衡，在於判斷回報是否值得冒險。對我們來說，這道方程式此刻無比簡單。面對變換不定且無情的大海，等候就代表安全。

我爬出帳篷小解時，看到一大群鳥飛過。我才在外頭一兩分鐘，即有一群天鵝（swans）從上方飛過、數百隻小型岸鳥沿著海濱巡航，還有眾多海鷗升至島嶼上空。牠們通通要往北飛，前往北極的繁殖地。我們從衛星追蹤得知暴風雨對遷徙鳥類既是祝福也是詛咒，對的風力可以讓牠們輕鬆橫跨上千公里，然而要是風力過強，牠們也可能中途喪命。跟我們一樣，牠們必須掌握最佳時機，勇敢出擊。

愈來愈多證據顯示，鳥類可以預測氣候。不論是鶯還是雁，多數遷徙鳥類似乎知道該何時出發。例如號稱「空中超馬選手」的斑尾鷸往南遷徙時，幾乎全程順風。但牠們究竟如何判斷，至今仍然沒有定論。大規模的天氣型態變化多少可以預測，鳥類數千年來的演化或許讓牠們習於變化的規律。鳥類具備獨特的感官能力，堪稱會飛的小型天氣站。翅膀上的毛囊附近有感受器可充當行進間的風速計，讓牠們得以判斷地表上的風速或飛行間的空速。牠們也對氣壓變化相當敏感，可以像氣壓計般察覺到即將來臨的暴風雨系統。

不過，鳥類仍會出錯。時常和各種因素對賭的牠們，難免也會遭風浪反噬。遷徙鳥類被大雨、冰雹或大雪擊落的事情，在學術文獻裡屢見不鮮。鳥類因暴風雨相關因素而大規模死亡的公開紀錄，最早可追溯到一八八一年四月二日。有位生物學家在大風中沿著密西西比河往南航行近五十公里時，目睹二十幾種鳥類（數量從「不少」到「極多」）在風雨中掙扎，慘遭溺死，雖有不少飛上他那艘單桅帆船的甲板，最後仍被海浪打落水中。順帶一提，這次觀察也證實了陸鳥也會飛越墨西哥灣的開闊水域。二十五年後，明尼蘇達州的數座小鎮也發生鳥類慘劇：一百五十萬隻鐵爪鵐在三月的一個下雪夜全數死亡。這些北極的遷徙嬌客飽受暴風雨打擊，方向感混亂，身體虛弱，可能受到鎮上的人工照明吸引而墜落地面。隔天清晨，殘破不堪的棕白身軀遍布庭院、人行道與結凍的湖面。極端氣候雖然不是新現象，但對鳥類的影響可能日益加劇。氣候變遷導致天氣愈來愈難以預測，暴風雨也更加猛烈。愈來愈多證據指出，這類氣候狀況已造成鳥群的數量下滑。牠們演化而來的智慧，或已跟不上時代變化。

到了早上，風勢減緩，太陽也從白雲後探出臉來。我們迫不及待想上路，但仍眺望海面有無白頭浪蹤影，並收聽海上預報。這時已算進入阿拉斯加，因此收到兩個不同的氣象電台。阿拉斯加的海上預報表示克奇坎以南沿岸一帶的風力中等，浪高約一公尺，並祭出「小艇警示」。稱不上是最理想的划船條件，但過去碰到類似狀況我們也是照划不誤。加拿大的海上預報則警告強風可能造成每小時八十公里的風速及兩公尺高的海浪，維持一貫明確具體、甚至有點過度保守的態度。簡單解釋，強風指的是「令人退避三分的大浪」，小艇警示則會讓我們保持謹慎，但不至於留守陸上。

過去五週來，我們都是仰賴蒲福風級（Beaufort scale）做決策。我們會蹲伏收聽天氣預報，彷彿那是我們的探測棒。那劈啪斷續的聲音將宣布我們每日的命運，該留？該走？可以安全無虞地划船嗎？好天氣會維持多久？到了北方海域，因為海上預報往往涉及很大範圍，若碰到任何警示，極大程度上需要各地民眾自行解讀。因此，我們每天都慎重其事地聽著預報，再根據眼前的海面狀況，做出決定。如果情況明朗，做決定並不難，介於灰色地帶則會讓人進退兩難，就像今天的情況。我們再聽一次天氣預報，最後決定遵從比較樂觀的阿拉斯加版本。畢竟，我們在阿拉斯加嘛。

收拾完畢後，我們便划往紮營地和近岸小島間的平靜水域。我沐浴在陽光下，覺得活力充沛，陶醉於划過清澈海面的感覺，因久待狹小帳篷而僵硬的肌肉也漸漸舒展開來。我聽到鼠海豚的噴氣聲，見到牠們逡巡於廣闊的太平洋。我看著活潑愛玩的鼠海豚優游水中，轉過第一個彎，竟迎面而來近一公尺的捲浪。這浪稱不上特別兇猛，但還是嚇了我一跳。畢竟剛剛透過望遠鏡看，海面似是平靜無波。這種觀察上的落差，提醒了我仍只看到自己想看的事物。

我和派特並肩划行，靜靜地克服一道又一道浪。這是我們最近碰上不利情況時的習慣，也就是兩人都不讓焦慮有發聲的機會，希望只要忽略顯而易見的情緒，它終將煙消雲散。我開始更仔細觀察沿岸。我們上路前認真研究過航海圖，上頭顯示這十五公里左右的開闊海岸有不少曲折處，但無法判斷有沒有可以靠岸的沙灘。到目前為止，機會似乎不太樂觀。每個看起來或可提供庇護的地形均有小島阻擋，四周還有暗藏的礁石，海水撞擊時會激起大浪。這些礁石彷彿神話中的海龍，會先貪婪吸入大量海水，隨後兇猛大吼，吐出滿是泡沫的沸騰怒水。由於背向划船的視野不佳，我們必須冒著最後一刻才發現暗礁的危險，一個不注意就可能導致船隻翻覆，以肉身撞上礁石。我愈觀察周遭環境，愈覺得在這裡翻船可是糟糕透頂。

數個世紀以來，出海航行往往會有各種奇想。當人類還認為地球是平的時候，坊間流傳著詳盡的航海規定，水手若不遵從便會遇上危險。船上不得放置香蕉、不要在週五出發、出航前避免紅髮人士、絕對不要替船隻更名，還有別在操舵室裡吹口哨。誠然，那些不幸得跟大批香蕉出航的水手，常常一去不復返。十八世紀，絕大多數沉沒的船隻上都載有加勒比海一帶的水果，劇毒蜘蛛經常藏身香蕉之中，瞬間即可取人性命。此外，對溫度敏感的水果易因高溫發酵，釋放足以使人中毒的甲烷氣體，導致包括奴隸在內的貨艙人員喪命。至於許多其他規定則是穿鑿附會。舉例來說，遇到來勢洶洶的颶風時，船隻是唯一重要的角色，因此就跟其他故事的重要角色一樣，船值得擁有一個固定名稱；耶穌基督是在星期五遭釘上十字架，而當船員生命危在旦夕時，犯不著對基督不敬；吹口哨會引來大海之怒，紅頭髮的傢伙也是如此。即使到了今日，現代水手雖已掌握詳細的衛星圖像和複雜的氣候模型，往往仍是迷信和科學兩者兼信。我也不例外，不過今天迷信似乎更勝一籌。

我邊划過層層疊疊的海浪，邊思考我們可能違反了什麼禁忌。我們沒帶水果、沒見過紅髮人士、今天是週一，而且我的嘴唇太過緊繃，就算想吹口哨也吹不出聲音。

不過，我想起了一項關於山崩和其他山地災害的數據：相較起來，有女性參與的登山隊伍較少遇到致命意外。不論那是因為女性直覺敏銳，或是女性天生較為謹慎，結果都相當清楚。我不曉得這項數據是否適用划船，但這個念頭在心中縈繞不去。

「派特，」我大喊，聲音傳過重重海浪，「我們得掉頭，我覺得不太對勁。」

「妳確定嗎？」他問，「現在情況不太糟啊。」他瞥頭看向前方海域。他從不是迷信的人。

「夠糟了，」我帶著莫名的自信回應，「我們要是在這裡受困就完蛋了。如果風勢緩下來，等等還可以再試一次。」若在這一段海岸線落難，可說毫無獲救希望。我們的手持式超高頻無線電傳出的信號不夠遠，大概沒人接收得到。而且我和派特已經好幾天沒看到另一艘船，此時也還不到捕魚的季節。衛星電話既不防水，收訊也慢，在海浪中毫無用武之地。我們毫無外援。我想立刻回頭上岸，但派特顯然想繼續前進。

這不是我們的危機雷達第一次意見相左。派特很少認為情況真的糟糕透頂，我從沒聽他說過自己可能會喪命。我不覺得自己是容易陷入非理性恐慌的人，但仍忍不住將恐懼一路推導至最終結論。今天，我看到大浪擊中座艙，兩艘划槳船翻覆，兩具小小身軀在無情大海中載浮載沉。我看到爸爸的好友從船中拋飛出來，隨即被一度熟悉友善的河流吞沒。我看到下次和媽媽去另一條河釣魚時，她站在河畔時害怕的神情。

我看到鳥兒在暴風雨中迎來生命終結，衛星畫面上的追蹤點隨即消失。我看到許多畫面，足以肯定我們必須返程。

派特沒有回話，只是默默跟隨我掉轉船頭。不過短短幾分鐘，風勢開始劇烈拉扯我的髮辮，我感到憂慮。浪花濺上我的手和臉，海岸線隨著船隻上下擺動而忽隱忽現。我彷彿誦經般複述一連串有關航海術、划船和冰冷水域生存的要訣。別讓浪從側面打上船隻。放輕鬆，槳葉不要離開水中。我緊緊攀附著一個個吐出來的字詞，正如我緊抓著船槳般。

我看向後方的派特，短短幾秒鐘後，我便強迫自己把視線移開他那劇烈搖晃的船身。接近原本的紮營地點時，為了對抗不斷將我們推離陸地的海流，只能拚命划槳。海浪在近岸處碎裂成淺灘處的水旋。終於，船隻碰上沙灘，我跳入擾動的水浪中，雙腳因為底下凹凸不平的片岩和沙子而歡欣鼓舞。我把划槳船拖至浮力所能及的最遠距離，隨後卸下裝備。

「掉頭是明智選擇，」派特緊接著上岸，並向我致歉。他的頭髮又濕又亂，我告訴他，我很高興能離開海上，沒提到自己也因為決策正確而鬆了一口氣。幸好沒讓這一天因為我的怯懦而全盤皆毀。

回到安全的陸地上後，我們坐看天氣變化。近晚時分，一如預期到來的強風徹底發威。加拿大的預報正確。海上浮標很快傳來浪高九公尺、颶風級陣風的回報。大風再次呼嘯，派特走至前方拍攝海浪，我則躲進帳篷裡看小說。兩人不再聽更新後的氣象預告，反正現在該知道的事，大海都已經告訴我們了。

我們等待暴風雨平息。將近八小時，我只爬出帳篷三次，一次小解，一次加熱水，還有一次是調整營繩，我對自己的久坐能力感到訝異。我從不斷向前挺進，到如今離廢人只剩一步之遙。

到了第三天深夜，帳篷因大風而鼓動的聲音總算轉為雁群的合唱曲。風勢漸弱，我在帳內靜靜躺著，數百隻鳥從上方飛過，聲音響徹雲霄。隔日黎明，天空彷彿一直那麼平靜，陽光明媚，就連保守的加拿大氣象預報也下了放行訊號。我們在細軟沙灘上慵懶地整頓行李，轟然撞擊的大浪及碎浪帶來的急迫感已不復存在。

一天半後，我們已快抵達克奇坎（Ketchikan），晴空萬里。在這年降雨量高達三千八百毫米的地方，能碰上溫暖和煦的週日下午，相當值得慶祝。當地氣溫高達攝氏十度，雖僅比水溫高三度，但岸邊已有不少戲水的孩童，淺水處有兩個女孩正在用狗爬式游泳，時不時埋頭入水，兩束馬尾全濕，還有個短褲男子躺在內胎裡悠悠漂過。我和派特受到這股熱情，也脫去好幾層衣物，數個月來第一次袒露這麼多肌膚。我注意到自己的身體和六週前離開柏令罕時有很大的差異。現在的我線條分明，肌肉結實，瘀青滿布的雙腿冒出細毛，僅袖子與手套間的腕關節處有日曬的痕跡。天生身強體壯的派特則練出卡通人物似的壯碩二頭肌。

我們抵達碼頭時，報關員也忍不住露出微笑，心不在焉地問了我們幾個問題。有位漁夫坐在藍白相間船隻的甲板上，用薩克斯風吹奏活潑輕快的曲調。雖然天氣預報表示會下雨，但此刻沒人理會。我和派特把船停在碼頭，上岸逛逛，向當地人微笑問好。還不到旅遊旺季，碼頭旁的旅館房價很便宜，我們決定省下餐費，在房裡用野營爐煮通心粉，使用免費網路查看電子郵件。我離開前投稿期刊的論文通過了，但感覺像是某個平行人生捎來的消息。比起這件事，我更期待到附近超市大吃冰淇淋哩。

隔日清早，我們再次收好防水袋，將髒衣服套上乾淨身體，前往碼頭，在補破網的漁民們的好奇注視下啟程出發。前方還有六十五公里，不過因為風勢較弱，浪也不大，算是相對輕鬆的一天。

傍晚，我們在遍布碎貝殼的沙灘紮營。遠方隱約可以看到沐浴在北方漫長晨昏中的威爾斯親王島（Prince of Wales Island）。我正要燒水喝茶時，聽到海邊傳來沉悶不清的咕噥聲響。過去幾個小時，我們目擊到好幾隻熊，所以聽到不熟悉的聲音便緊繃不已。派特正在後頭的樹林裡搭帳篷，我連忙喊他過來。他才剛到我們就聽見前方水面傳來拍打聲，漣漪以同心圓向外擴散，煙霧般的水花隨後濺起，再加上一道暮色中幾乎看不清楚的水柱。漲升的潮水離我的靴子只有幾公分距離。我專注看向水面，但見大量泡泡冒起。突然間，四隻座頭鯨破水而出，張開大嘴。

「派特，泡泡網捕食法！」一小群座頭鯨為了覓食，有時會頭尾相連地形成一張巨大的泡泡網。我在書上讀過這種行為，但從未親眼目睹，真是魔幻至極。鯨魚會控制吐納，在水中畫出一道圓圈，圈住成群結隊的鯷魚、鮭魚苗或蠟魚，隨後衝至水面，張嘴吸入上千加侖滿滿小魚的海水。我們站在原地觀賞這番奇景，直到冰冷海水淹上雙腳，黑夜朦朧了視線。

吃完晚餐後，我和派特坐在營火旁，一邊休息一邊聆聽海上鯨魚傳來的聲音。我們用拾來的漂流木翻攪餘燼，天空中突然出現陣陣電綠色光，那是晚春時現身的極光。很快地，夏季的午夜太陽將會取代黑夜。

我在帳篷中輾轉難眠，耳邊傳來派特的鼾聲，佐以潮水節奏有序的拍打聲。今晚，我們彷彿回到派特小屋裡的初次約會場景，回到那些在雲杉號上度過的美好日子；今晚，我不必思考要不要小孩，或是失去熱情的生物學家有何意義，或是我們到不到得了北極。今晚，我不需要知道答案，我只要活在當下，與浪潮一起呼吸。

第三部 育空

進入群山

划了近兩千公里後，終於抵達我和派特在林恩運河畔一起蓋的小木屋，我們離開柏令罕後便心心念念的地方。小木屋看來一如往昔，毫無變化。

現在，這間小屋只是臨時休息的地方，我們會把划槳船留在此處，補給物資，為接下來橫跨白雪皚皚海岸山脈的旅程做準備。我們必須將滑雪和登山裝備放上充氣艇，並鼓起勇氣以這兩艘不如划槳船適宜航海的充氣艇航行十二公里。但此時此刻，我們只想好好享受柔軟的床鋪、溫暖的烤火，以及真正的食物。

數週來飽受春浪拋來扔去的派特和我樂於窩在小木屋內，無視外頭的天氣狀況。夜裡躺在棉製床單上，聽著金屬屋頂傳來雨聲，以及屋外枝葉沙沙作響。白天，我們看著穿透薄霧的陽光皺起眉頭，聳聳肩，忽略拍打岸邊的滾滾海浪。我們坐在柴爐旁看著雲層快速掠過，遠眺運河旁的冰蝕群山。

一個氣氛慵懶的下午，我瀏覽著停靠上一個小鎮朱諾（Juneau）時下載的電子郵件，突然注意到一封來自美國國家科學基金會的信件。這封信只可能跟一件事有關：獎學金申請結果。這種獎學金競爭激烈，我早已做好被拒絕的心理準備，但才掃過信件開頭，便看到「恭喜您獲選本次博士後獎學金」的字眼。這是大好消息，可是除了心中短暫閃過一絲自豪，驕傲自己竟有足以說服一群評審的像樣點子外，完全沒有當年獲得博士研究獎學金的興奮，甚至因為要決定是否接受這份獎學金而略感恐慌。對現在的我來說，學術成就彷彿是另一個世界的產物。

再次動身上路的前一天午後，我和派特到小屋後方的森林散步。初次見到這座森林時，柔和的色調和樹影，透過樹冠層灑落的日光，就讓我深深著迷。我們沿著好幾世代的灰熊踩踏而成的青苔小徑步行，接著經過三角葉揚樹，我駐足尋找鷹巢，注意

到一隻小型鳥正在啄木。我舉起望遠鏡，令人意外的景象映入眼簾：石板色的背部、臉頰上有塊白毛，還有相當顯眼的黑色頭部。

是黑枕山雀。我過去幾年費心研究的鳥類，這是我首次在小木屋附近發現牠的蹤跡。栗背山雀在沿岸森林很常見，喜好內陸樺樹林的黑枕山雀則鮮少在此出沒。看到熟悉的黑枕山雀，感覺像是見到疏遠已久的童年好友，提醒著我一段曾經美好、但日漸變質的關係，半是欣喜，半是遺憾。我下意識地檢視鳥喙，確定沒有畸形後，我先是鬆了口氣，可是腦中卻接著閃過一座座鋼製籠子，以及一隻隻被我解剖的山雀。我再次感受到研究的矛盾，猶豫著是否該接受那份獎學金。

那隻山雀朝我飛來，吱喳叫個不停，彷彿要我別動這林子或牠同類的主意，讓我開懷大笑。不管在哪碰到山雀，這些體型嬌小的鳥類總是活力充沛，像妄自尊大的人類一樣確信自己在世上的意義和地位。我甩開煩人的研究和工作，專注觀賞這隻山雀。牠先是倒掛樹枝尋找昆蟲，隨後輕快飛到上方另一根樹枝，再次鳴叫：奇卡—滴—滴。奇卡—滴—滴。滴—滴。山雀的叫聲有音調和長短差異。面對掠食者或侵入者時，「滴」的數目反映威脅程度。今天的我顯然只值得兩聲滴，只算得上是某個惱人的存在。這隻山雀對我的不屑一顧讓我心安。我不曉得未來幾個月會發生什麼事。這趟原野之旅會不會讓我重返學術？享譽盛名的獎學金能否抑制我對原野的渴望？只有一件事毫無疑問：驕傲無禮的山雀總能讓我謙卑。

上路當天晴空萬里，我們清晨五點起床，準備出發。手錶鬧鐘響起時，我不滿地咕噥了幾聲。出發意味著必須和溫暖的柴爐、喝不完的咖啡、優美的風景，以及昨晚的螃蟹大餐告別。取而代之的是狹小的帳篷、輕薄的露營睡墊和稠黏的即溶燕麥片。儘管我們渴望踏上這趟旅程，也全心投入其中，但我們終究是人。床鋪還是睡袋？沙發還是雪地？安全的小屋還是危機四伏的山口？到了最後，問題很快變成「我們當初到底在想什麼啊？」

不過在小木屋舒服待了五天後，已經沒有滯留的藉口。積雪近兩公尺高，雨勢已停，預報顯示途中的天氣轉好。我們把划槳船留在小木屋，改用輕便充氣艇穿越林恩運河。這種充氣艇不大，放氣之後可以捲收，相當容易攜帶，我們抵達運河另一端後會拆解船槳，背著它徒步上山。接著我們會滑雪穿越冰川，經過無人巡邏的邊界進入加拿大內陸，前往育空河上游。

我們穿上滑雪靴小心走過濕滑的海藻，拖著背包和小艇到岸邊，現在是退潮，風勢平穩。但一脫離曲折海岸線的屏障，便碰上強勁的北風。小艇因為載了沉重的背包和滑雪板，顯得力不從心。這類輕型小艇在大風中毫無優勢，沒比車輪內胎好多少，只要稍為逆風就難以前進。

我們暫時停槳，討論不同的情境和各種可能結果。「也許只是這裡有風，」我懷抱希望，「今天的風不該大成這樣。」

「我們可以往島嶼那邊過去，或許能得到一些屏障，」派特回應，「困在這裡可不是好事。」

「也許該盡量沿岸前進，雖然不是最快的路線，但如果有必要，隨時可以上岸。」

「我們總是可以選擇等待幾小時。」

「要是情況變得更糟呢？」

派特和我會這樣反覆問答，找出多個可行方案，梳理各個方案的優缺點，直到事態略有眉目，或是直到我們厭倦漫無邊際的對話，改以在心中拋硬幣決定為止。但我們很少有不容變通的答案。事實上，世界上也少有不容變通的答案。如果我們等理想條件滿足才採取行動，現在多半還坐在加拿大卑詩省的某座沙灘吧。

小艇隨風而行，我們考慮著要前進還是撤退。就在這時，一隻鯨魚打破了僵局。我們遠遠看到海面有一道水花濺起，緊接著又有兩道水花濺起。那是一隻座頭鯨，厚重黝灰的身軀每次幾乎都是全然躍出海中，隨後墜回水中，讓整條運河餘波盪漾。我們花了好幾分鐘觀察牠破水而出、稍為翻轉身軀，並搖擺寬闊胸鰭。沒人知道鯨魚為何破水而出。海洋生物學家提出幾個可能原因：為了甩掉身上的寄生害蟲、為了與其他鯨魚遠距溝通，或是為了震昏一群小魚。不過，我今天觀察這頭四十噸龐然大物彷彿視重力如無物，以每小時三十公里的速度破水而出後，倒有另一番見解：牠們似乎只是因為好玩而已。

動物和人類一樣喜歡玩樂。舉例來說，白腰鼠海豚會乘著經過船隻所激起的水浪嬉戲。烏鴉和水獺喜歡反覆衝下濕滑的斜坡，就像人類喜愛滑雪。弓頭鯨會用腹部滾動原木，彷彿那是尺寸過大的玩具，而寬吻海豚則會用突出口鼻將失能的獵物拋至尾鰭，玩起拋接遊戲。我想不出座頭鯨有什麼原因不喜歡這般嬉鬧玩樂。

我觀察座頭鯨時，發現海面平靜許多。我把望遠鏡交給派特，尋求他的意見。「我也沒看到任何白頭浪，」他說，「可以試試看。」十五分鐘後，我們已經快到座頭鯨現身的地點。風勢平息，周遭也沒有鯨類蹤跡，但某隻比我大上六百倍的生物隨時可能破水而出的念頭卻縈繞不去。過了一陣子我才放心，鬆開緊握船槳的十指，享受這趟晨間划行。

沒多久，一群橫行霸道的青春期海獅加入我們，時而躍出水面，時而潛至小艇下方。我看著牠們在清澈海水下來去自如，離我們只有三十公分左右的距離，不禁想起幾年前我和友人的對話。他參與一項研究北海獅的計畫，負責用手持式套索在水下捕捉這些生物。據他所述，他的日常工作就是穿上與海獅偶會捕食的海豹相似的黑色潛水服，潛入水中。「順利的話，那些海獅會用嘴碰你，但不會咬你，只是想玩。」他這麼說道。

我數了數，周遭共有十二隻翻來躍去的海獅，彷彿把這艘鮮豔的充氣小艇當成海灘球。儘管海獅只想玩耍，但這些重達三百公斤的肉食動物只要利齒一咬，就可以使小艇沉入大海。我一直留意水中情況，實在沒心情跟一群海獅同游。

又划了兩小時，來到運河另一端的陡峭海岸，上方岩塊遍布海草，在陽光下顯得閃耀滑溜。我踏出小艇時踩碎不少藍淡菜和白色小藤壺。我們互相幫忙穩定小艇，努力將行囊舉上岩架邊緣。上岸後我們盤點行李，將食物、滑雪板、冰爪、繩索、安全帶、船槳和捲起的充氣艇背上肩頭。儘管因為長時間划船而變壯一些，但之前多半由浮力承擔裝備重量，現在得背負將近三十公斤的裝備，我只能一臉痛苦，跌跌撞撞地往森林前進。進入林中前，我默默向灰綠色的太平洋道別。這片大海陪伴我們近兩個月，接下來我們要走陸路前往加拿大育空地區。要是一切順利，不到兩週即會抵達該區首府白馬市。

雪線位於我們上方數百公尺。我們手持登山杖，喘著氣，奮力穿過濃密的灌木叢，並沿著長滿苔蘚的斜坡往上爬。五月中旬，這裡的森林才正要擺脫冬日桎梏。只見刺參幼芽從剛解凍的大地冒出，黃綠相間的地衣彷彿霓虹飾物般高掛樹枝。大地一派生機盎然，這是我在阿拉斯加最喜歡的季節。

汗水浸濕衣物，背上的滑雪板愈發沉重，我們停下來喝水和吃點心，稍作休息。四面八方的鳥兒正在歡慶春天到來。我三兩下吃完燕麥棒，躺在柔軟的落葉上，看著上方茂密的樹冠層，側耳傾聽。一隻盤踞上方樹枝的太平洋鷦鷯，突然爆出熱情四溢的叫鳴。這種鳥的肺僅有皇帝豆大小，但聲音宏亮，潮濕的林中霎時填滿如瀑似瀉的唱鳴。附近一處灌木叢傳來長而單調的刺耳鳥鳴，「我聽到雜色地鶇的聲音。」派特得意地宣布。我先前教過他分辨鳥鳴，現在正是測驗的好時機，但歷經冬季漫長的靜默後，這些記憶已模糊許多。我聽到一群黑臉黃眉林鶯以嗡鳴叫聲相互交流，一隻金冠戴菊發出低沉的「嘰－嘰－嘰」聲，林中有隻隱士夜鶇，美洲旋木雀繞著鐵杉的枝幹上下飛舞。

我研究過這些鳥，可以說出牠們在哪過冬、產多少顆蛋，以及怎麼哺育幼雛。我知道太平洋鷦鷯喜歡原始雲杉及鐵杉，會出沒在鮭魚溯游的河流附近，捕食受鮭魚屍身吸引而來的昆蟲；我數過第一批從墨西哥或中美洲渡冬地區返回的黑臉黃眉林鶯數目；我發現過雜色地鶇的巢穴，一顆顆藍色的鳥蛋安穩坐落在青草和苔蘚鋪成的床上；我也曾瞪著電腦好幾天，試圖判斷為什麼刺鶯特別喜歡森林中的某個區域；我還曾在實驗室中煞費苦心地數著種子數量和分析血液樣本，只為解答某一隻鳥的晚餐吃了什麼。枯燥乏味是工作的日常，不過此時此刻，我沉浸在土壤和雲杉針葉散發的香氣中，一張張圖表和計算彷彿消失了。置身大自然，我是生物學家，也是謙卑的學徒。我將實驗室的種種拋諸腦後，也同時拋下想要量化事物和抑制害病蔓延的念頭。在大自然中，我重新開始「觀察」。

觀察，傾聽，學習。這是早期博物學家信奉的原則，也是世界各地原住民的本能，畢竟他們從大地習得的知識將決定自己能否存續。我對鳥類和大自然的熱情也源於這些基本原則。我愛上大群三趾鷗同時完美劃過天空的景象，深受山雀那似乎預示著環境情況的畸形鳥喙吸引，並訓練雙耳判斷刺鶯唱鳴聲中的細微差異。吸引我一頭栽入研究的不是嚴謹的統計數據，也不是某隻生物的基因密碼藏了何種祕密。吸引我的，從來都是鳥類本身。

觀察讓我們得以見識驚奇，觀察也是一切科學探問的基礎。沒有觀察，我們將難以理解另一個人、另一種生物，甚至整個生態系。但對包含我在內的當代研究者來說，單單觀察已不再足夠。日新月異的科技讓大多仰賴肉眼觀察的傳統科學研究技術變得毫無用武之地。我們不必再花費上千個小時盯著望遠鏡，只為了判斷某隻鳥吃什麼過活。現在，只需要分析鳥類糞便，即可獲得相同資訊。現在也不必費心調查每一畝草地，因為航空影像即可提供地景的實時視圖。遠在天邊的衛星可以直接將動物遷徙資料傳至電腦，社群媒體和網路平台也為我們帶來無數分散各地的觀察者，提供單一研究不能比擬的超大樣本數，徹底改變我們的工作方式。

科學也步上數位時代中許多事物的後塵。高科技，以電腦為中心，渴求資料。我們相較以前知道了更多事情，但也花更少時間觀察。對許多生物學家來說，帶著背包、筆記本和望遠鏡漫步林間，彷彿不再是必要，而是某種新奇體驗。但對於泡在實驗室裡整整五年的我來說，這是此刻最迫切需要的體驗。

置身刺鶯和鷦鶲之中，我強迫自己思考獎學金的意義。以大多數的標準衡量，那都不失為大好機會。我可以嶄露頭角，開展研究生涯，親炙許多研究發現足以形塑人類集體知識的學者，享有阿拉斯加給不了的豐沛資源。問題只有一個：我不確定常春藤盟校可以提供什麼樣的驚奇體驗。

我們愈爬愈高，蜿蜒通過白雪和青苔遍布的地景，時而滑雪，時而步行。滑雪板先是置於背上，接著踏於腳下，最後又回到背上。我們躍過地上原木，低身避開赤楊枝幹，不時改變身體姿勢。地勢愈高，春意便愈退回冬寒。大地靜寂，地面總是白雪皚皚。傍晚，我們抵達連接加拿大冰原的冰川。

我們在小木屋時研究過的山口昂然聳立於上方，令人生畏。鄰近的山坡下堆滿大量冰雪，顯示最近有雪崩。我們先前已用鑑識望遠鏡看過這處斜坡，但近距離看更顯傾斜陡峭，雪崩似乎也更加恐怖及威力無窮。上次下雪是幾天前，再加上近來回暖，我們因此假定易滑動的雪塊早已溜下山坡，但現在看來似乎言之過早。

兩人的神經不由緊繃起來，派特默默立起帳篷，從背包拉出睡袋和睡墊，我則用登山爐融雪。然後我們坐在背包上，狼吞虎嚥地吃下灑了奶油與起司的通心粉。我想像此刻置身小木屋，坐在那張以漂流木為腳的桌子邊，一邊傳遞小鹽瓶，一邊用盒子暢飲紅酒。我試著不去想我們將好幾個月無法享受如此特權，但我真正想忘掉的其實是明天不得不克服的隘口。我詢問派特雪崩的風險，他表示雪況確實不如預期中穩定。我雖然知道，但聽他大聲說出這件事，還是讓口中的通心粉多了幾分苦澀。

山中以「滑落危險」指數為指標，沒有正確答案，只有比較好或比較差的選擇。我們沒有指南可以遵循，沒有雪崩預測可以參考，也沒有人可以詢問路線資訊。我和派特規劃這段路程時，除了查閱過去的日誌報告，上網搜尋資料，也詢問當地人，但完全找不到有人曾經挑戰相似路線的紀錄。夜裡，我夢見腳下大地忽地消失，我拚命抓緊雪地邊沿以免掉落，裸露的雙手傳來刺骨寒意。當晚我被大風驚醒數次。

隔天早上，我努力抗拒賴床的慾望，爬出帳篷燒水準備早餐。我們更仔細地觀察斜坡，發覺昨晚沒有新的雪崩發生，於是決定爬到更高的地方評估雪況。水滾了，蒸氣繚繞，我多開一包即溶咖啡，若想順利度過這天，咖啡因可不能少。

我提議由我來開路。我一邊慢慢往上爬，一邊用滑雪杖戳測積雪的密度與結構，嘗試找出可能發生雪崩的地方——通常是凍雨形成的雪殼，在濕雪覆蓋下會很滑。我反覆以之字形路線前進，愈爬愈有自信。雪況沒什麼改變，我夢中那場雪崩也就此煙消雲散。派特跟在我後方百公尺處，給我足夠空間去評估雪況並選擇路線。我回頭時，他會向我比讚以示肯定。我們終於抵達隘口，早上的毛毛雨已轉成大雨，讓我們視線模糊。跟其他許多山峰高點一樣，這裡不適合逗留。迅速查看地圖後，我們決定沿著山坡降至下方冰川谷地。

每每遇到可能發生雪崩的地形，我們總是一次僅一人出發，以免有人引發雪崩，導致另一人被埋。我們也充當對方的眼線，隨時注意周遭，避免發生意外。要是有人遭遇雪崩，能否迅速判斷他的大致位置將決定生死。即使遇難者持有可以傳送訊號給救援人員的雪崩發報器，要確切找到他仍可能花上好幾分鐘或好幾小時，但這種情況分秒都不容浪費。幸運的話，遇難者有氣穴可以呼吸；但要是運氣不佳，冰雪重壓臉部，不用多久即會窒息身亡。

這裡視線不佳，而且中途缺乏有屏障的觀察點，導致派特和我必須在對方視線以外滑雪。我不喜歡這樣，但也清楚這是最安全的選擇。派特自告奮勇打頭陣，我沒有反對。他往下滑，我的視線跟著飄向下方的灰濛霧氣，盡可能追隨那件紅色外套的軌跡。我強按下恐慌，看著他輕鬆閃過一片緩慢移動的濕雪，隨後為霧氣吞沒。等我猜想他已順利滑至目的地，便動身出發，但內心清楚要是出了什麼意外，派特絕對看不到我。我將注意力集中在滑雪上，背上沉重的裝備可能讓我失去平衡。每一次轉向，都是給我疲憊不堪的股四頭肌加諸壓力。我瞇起雙眼，透過護目鏡看向前方的茫茫白雪，不小心引起迷你雪崩，幸好很快停下，我沿途都在擔心會引發大型雪崩。終於，我隱約看見在下方平坦冰川上的派特，頓時精神一振。

一到他身邊，我立刻把背包扔到他的背包旁，坐下來調整呼吸。

「我不喜歡這樣，」我說。

「但繼續往上走不會比較好。」派特接話。要是我們循原路線，就必須繼續往上爬，雪崩風險極可能增高。我們先前走的向西山坡似乎較為安全，剛剛滑雪下來的這處則不是如此。我們不必再討論，就知道改變計畫有其必要。

因為出發前不知道當地雪況，我們在地圖上畫了一條替代路線，取道海拔和角度較低的地段，我們得滑下一處冰川，再爬上另一座冰川。一般來說，應該避免經過冰川與岩層之間的過渡區，因為冰川終點往往是陡峭的冰層，既無路可上，也無路可下。此外，這條替代路線距離也較長，意味著要走更多天，食物配給更少。但因為雪況不穩，這似乎是唯一的選擇。

我們向下滑行時會穿過幾處冰隙，最終來到一處狹窄山谷，冰層至此戛然而止。我們脫下滑雪板，再次邁開步伐前進。此處布滿碎石不太好走，背上的重量可說雪上加霜，我納悶著究竟能否跨越群山。在舒適小木屋度過的日子彷彿已是上輩子的事情。「我們到底有什麼毛病？」我低聲抱怨，「花好幾年在海邊蓋了一棟房子，卻好像沒辦法好好坐下來享受一番。」

幾分鐘後，一顆小圓石從頭上颼颼掠過，我抬頭看見上方極遠處有隻山羊正踏上一座瀑布的險峻邊緣。我提醒前方的派特小心。那隻山羊在一小塊苔蘚上佇足片刻，然後探頭到那道直墜百餘公尺至下方冰川的瀑布喝水，頭上那對大角與地面平行。牠怡然自得地喝了一口又一口。

山羊姿態優雅，群山是牠的家，我們僅是笨拙尋找出路的過客。山羊再次動身，我們也繼續往下走。突然間，我感覺腳步踏實許多，背上也輕鬆不少。我雙手拿著登山杖，小心翼翼地沿著一處狹窄冰舌往山谷底部過去。這個地方充斥陡坡、雪崩，以及汽車般大小的巨石。可是，這裡也是魔力無限的地方。我默默向那隻山羊道謝。

跨越邊界

幾天後，我們在加拿大邊界附近某座不知名冰川的側磧石上紮營過夜，醒來時我望向帳外，看到的是一片單調光景。我眨眨眼，試圖尋找昨天還清楚可見的山峰。但看不到山，也看不到天空，只看到幾顆立於湛藍冰層、角度歪斜的巨石。我們的營地位於碎石山脊，是整片白茫中唯一可以識別的地景。我們已經重回通往育空內陸的冰道，但天氣讓人絲毫沒有慶祝心情。天上降下大雪，我拉開帳篷向外探頭，感覺臉上流下雪水。「不——」我邊抱怨邊靠向派特，把頭埋入羽絨睡袋中感受餘溫。

「看起來很糟，但實際上或許沒那麼糟，」派特樂觀得令人惱怒。他趁我撤退回睡袋時穿起了衣物，先是套上工作服和外套，接著邊碎碎念邊穿上結凍的靴子。我們這座臨時住所的空間太小，一次僅容一人穿衣著服。不管是要套上襪子和褲子、拉上外套拉鍊或是轉身，都會占去所有的空間。我們爬過彼此時，手肘很難不撞上對方背部，膝蓋不頂到對方大腿。第一個出帳篷的人負責點火準備早餐這類輕鬆工作，另一人則得為懶散付出代價，負責收起潮濕的睡袋和結霜的帳篷，往往一天還沒開始，就把雙手凍得像是不屬於自己。

我的眼睛和關節還沒完全醒來，但還是抓起衣物，扭動身軀穿上冷冰的運動內衣，套上微濕的襪子，再多加一層長內衣。等我著裝完畢出帳篷時，水也差不多滾了。我跪在寒冷的地面上拔營釘，膝蓋疼痛不已。

「妳來看顧爐子，」派特堅持。我心虛地抗議幾句，但很快就心懷感激地坐上爐子旁充當椅子的大石。

「謝謝。」我微笑看著他抖落外帳上的結霜。在原野中，所謂的慷慨不是物質上的贈與，而是善解人意，懂得減輕他人的負擔。

我們大口灌下即溶燕麥片和咖啡，隨後綁好滑雪板，背上背包，邁開沉重腳步出發。驟然颳起的風將雪往山下吹，即使天空看不到太陽蹤影，雪地反射的日光仍讓我們視線不清，只能透過太陽眼鏡瞇眼觀察前方路況。派特領路時，我會聚焦他的身影，低頭盯著他的足跡，偶爾閉上雙眼。換我領路時，我會提醒自己研究滑雪板的軌跡，或是回頭判斷方位，在一成不變的地景中找尋出路。我內在的指南針瘋狂轉動，眩暈感讓我腳步踉蹌。

當天早上其他時間，天空低垂沉滯。我們前往分隔太平洋和白令海流域的隘口，滑入一道逆風，那風拂去了額上汗水和雙唇水分。群山依舊隱身霧中，沒有藍得刺人的天空，也沒有清晰可見的雪白山峰。不管我轉向何處，入眼盡是單調柔和的灰白色。

我聽著滑雪板持續發出颼颼聲，思緒漫無邊際。我想像妹妹和她兒子在家的模樣；我好奇爸爸每次通話時那些樂觀話語背後的真實情況；我想著小木屋附近的黑枕山雀如何在同類稀少的森林間尋找伴侶；我想起兩晚前沿著冰川往海岸走、行經我們營地那頭毛色油亮的美洲黑熊。

最後，我的心飄到這趟旅程結束後會發生的事情。我有個迫在眉睫的決定要做：我必須在兩週內回覆國家科學基金會是否接受獎學金。數天來，我嘗試想像自己在秋天現身美國東岸，全心投入開發有關鳥喙的模型，有時興奮不已，有時又感到恐懼。我得利用在美洲大陸另一端所拍攝的山雀相片，設法推導並建立一個個數學方程式。我原本覺得這件事非做不可，此刻卻似乎無關緊要。我見過那些山雀翱翔，目標明確，我不再確定自己的研究和牠們的關聯何在。如果派特和我要離開最深愛的地方，移居到數千公里之外的東岸，那有什麼意義？即便只是一小段時間而已？這趟旅程真的能帶我回到學術界嗎？我一想到自己得再花上數年泡在實驗室或電腦前，遠離大自然中的各種鳥類，就覺得下頜緊繃，垂頭喪氣。身體顯然已經給出明確答案。

天空漸亮，左方有座波光粼粼的冰蝕湖露了出來。我看到浮冰在湖面上閃閃發光，湖邊似乎有塊灰色石頭。隨著距離拉近，那顆「石頭」突然轉過頭來，顏色也變成白色。我眨眨眼，拿起望遠鏡，竟然在近一千五百公尺遠的遼闊冰原上看到一隻號手天鵝正在自顧自地梳洗。牠遠離繁衍生息的低地池塘和湖泊，以及供給飛行能量的植物，卻彷彿身處棲地般舒適自得。天鵝伸長脖子看向我們，然後繼續沐浴。我低頭在地圖上標出遇到天鵝的地點，並注意到我們幾乎已跨過美國和加拿大的邊界，只是對我們和天鵝來說，這條界線毫無意義。

這次的意外遭遇，提醒我要更常抬頭觀察，沒過多久我就發現多了其他旅伴。我先注意到一小群逆風飛行的燕子，採取之字形策略在狂風中忽進忽退。雲層浮升至山巔上方時，我又看到一隻老鷹乘著氣流升至灰濛濛的天空。不一會兒，其他遷徙鳥類也紛紛經過。岸鳥發出叫聲，雁群高飛。突然間，這裡顯得不那麼荒涼冷僻。我意識到這條路線也是鳥類從太平洋沿岸前往內陸的合理路線。綜觀海岸山脈，我們都會選擇阻力最小的路線，取道崎嶇地勢中的低點、重重屏障中的細微間隙，其實並非意外。鳥從林恩運河出發，經過凱薩辛河（Katzehin River），飛越群山，就跟我們一樣。

每次跨越冰川，都會看到遷徙試煉遺留的證據。譬如雪中的孤伶羽毛、冰磧石上的斑頭海番鴨頭骨，還有冰上動也不動的小刺鷯。我會猜測牠們為何遭遇不幸，也許是被暴風雪吹離原有航道，也或許只是體力耗盡——橫跨阿拉斯加和中美洲或南太平洋之間的數千公里，終究累垮了牠們。不過，今天遇到的鳥類看來精力旺盛，目的地明確。我為牠們的熟門熟路感到驚艷。這些鳥如何不靠地圖、指南針或GPS，就能找出橫跨大海和冰川、大陸和山脈的路線？

我們已經知道鳥類會把太陽當作指南針。這個概念看似簡單，即使方向感最差的人都知道太陽東昇西落，但跟自然界的許多現象一樣，這可不是靠基礎啟發式教育即可達成。太陽不是時時刻刻處在地平線上，所以鳥類必須因應一天不同時間調整方位。早期的研究發現，當鳥類的生物時鐘因光線明暗變化而改變時，會因應新的時間點做出適當調整，並朝著理論上正確的方向前進。鳥類也可以從陰影和色調中推導出線索，就跟我們繪畫或拍照時一樣。但太陽沒辦法解釋一切，牠們遇到雲層、暴風雨、黑夜或永晝時怎麼辦？數十年來的研究指出，鳥類會用不同方法找到出路，譬如靠星星或風向定位，或是回應來自磁感或嗅覺受體的訊號。不過，在許多案例中，若要解釋鳥類如何找出從甲地飛往乙地的路線，真實答案往往是「我們不知道」。

這片冰雪大地蘊藏著教科書、期刊文章或電腦均難以捕捉的魔法。對任一隻鳥來說，遷徙從來不是按部就班的任務。每個季節都不一樣，每趟旅程都獨一無二。牠們必須學習跟隨變化多端的噴射氣流，設法度過積雪山道，避開春季來勢洶洶的暴風雨。不間斷飛行超過一萬一千公里的斑尾鷸「E7」之所以名聲大噪，不是因為做了什麼斑尾鷸所不能之事，而是因為牠讓我們知道鳥類的日常多麼驚人。鳥類為了抵達繁殖地，願意冒上一切風險，實現一項非凡無比的平凡之舉。

正是這種時刻，讓我覺得自己最像、也最不像生物學家。鳥類讓我著迷。無論人類對鳥類遷徙多麼了解，其核心永遠會蒙著一層神祕面紗。兩百五十年前的博物學家認為燕子冬天會躲入泥地冬眠，有一部分的我也將永遠抱持和他們一樣半信半疑的態度。畢竟，冬眠以外的另一個選項實在太過不可思議，難不成那些鳥會振翅翱翔在海洋和冰川上方，跟著某張隱形地圖飛行數千公里？今天，即便電腦螢幕上的衛星軌跡圖提供無可爭議的遷徙證據，仍然難以想像這些嬌小的有翼嬌客可以勝任這一壯舉。這些細微末節沒辦法產製學術論文，也沒辦法吸引補助款，但都是我珍藏於內心深處的知識。今天，我只想好好觀察這一切，接受魔法為魔法，以知識交換敬畏。

近晚，我們抵達這處緩坡的頂端，也是太平洋和美洲內陸間的高點。我和派特互相擁抱以示慶祝，隨後輕推滑雪板，往下方的育空河流域前進。滑下冰川的過程意外輕鬆，我們還目睹足以收進教科書的典型雨影效應。來自太平洋的溫濕水氣來到海岸山脈時，山脈會變成一塊巨大海綿，不斷從空中擰出水分，將大部分水氣留在山脈西側。突然間，我們周遭不再是高聳參天且地衣垂掛的帝杉及西加雲杉，而是乾燥的松樹，空氣中不再瀰漫水氣，原本難以辨識的地勢稜線也變得線條俐落，差異十分驚人。就連太陽都露出臉來，照得冒出一株株葇荑花的結霜柳樹枝閃閃發光。

隔天，我們來到史旺森河（Swanson River）上游的谷地，時而步行，時而滑雪。在這春意漸濃、冬日漸遠的過渡地區沒有所謂完美的行進方式，想全程徒步前進的話有太多雪，要全程滑雪又嫌積雪不夠多。此外，史旺森河流經一處冰封的狹縫型峽谷，划船也是不可能的選項。我們手腳並用地攀過原木，穿行散落松針和鬆脆棕色蕨類植物的地面，腳下的滑雪板彷彿是無用的附屬物一樣。兩個小時過去，我們用盡全力，汗流浹背，卻只走了不到一公里半。

走著走著，史旺森河變得平緩，兩側也從陡峭峽谷轉為礫石淺灘，背上的充氣艇開始嘲笑起我們不敢「搭便車」。儘管乘船抄近路的想法非常誘人，但因為不知道前方情況，我們不敢貿然行動，只能繼續以鬼打牆般的速度穿過重重灌木，再走了一公里半。然而，順流而下的誘惑太過強烈，我們最終決定一試。每到一處河彎，我們會輪流靠岸，探勘前方狀況。我看著河水翻攪潑濺，緊張地握住划槳。雖然我們不時靠岸探查，但順流前進還是飛快無比，沒多久就到了一處沿岸芳草如茵、水流緩和的水道，先前的急流不復存在。至此，史旺森河的濁流如水彩顏料般消融發散在碧綠澄澈的塔吉什湖中，河口還有一隻天鵝在沐浴梳洗。雖然沒法確定是不是我們在冰原上看到的同一隻天鵝，但我還是因為這個想法笑了出來，真是有潔癖的鳥啊。

抵達塔吉什湖讓我鬆了一口氣，肚子跟著咕嚕叫起。過去幾天來，我們因為食物不足，嚴格控制糧食配給。跨越海岸山脈途中無法補給，我們必須將所有東西背在身上。食物不可或缺，但也很重，要餵飽兩個飢腸轆轆的人兩週需要的食物超過三十一公斤。從划船轉為健行，多增加一公斤對身體都是負擔，食物突然成了有限資源。

上路前，派特聯繫了塔吉什湖附近一間鄉野旅舍的經營者，詢問能否向他們購買食物。派特表示對方口音很重，但聽起來沒問題。我原本想多帶一些食物，以防溝通出錯，但考慮重量之後便放棄了。「那是旅舍耶，一定囤積了很多食物。」派特說。對當時身處舒適小木屋的我們而言，少帶點糧食似乎是相當合理的選擇。

然而當我們抵達旅舍，見過那對和善的年輕夫婦後，我不禁懷疑派特是不是沒有準確傳達「物資補給」這件事。他們在碼頭迎接我們，帶我們參觀一間間客房小屋，最後指出湖邊一處可供紮營的沙地，過程中完全沒有提到食物。兩個小時後，男主人到營地來邀我們共進晚餐。

晚餐非常美味，但份量極少。我從沒見過一塊如此迷你且「客氣」的牛排，簡直像是拿一罐頂級貓糧來餵食餓狼。他們提到移居育空地區之前，是在歐洲大城市擔任旅館經理和高級旅遊公司主管，我們則分享旅行經歷，四人就這麼聊到深夜。期間我們一直努力克制肚子不要咕嚕亂叫，回帳篷前，我從自己的食物袋中抓了幾把綜合果仁充飢。

「你到底跟她談了什麼？」我問派特。我唯一放手讓他幫忙的物資補給任務，似乎完全搞砸了。

「我不知道啊，我跟妳說過她的口音太難理解，我還能怎麼辦？他們明天一定會給我們更多食物。」

隔天早上，我們和屋主夫婦共飲咖啡，略帶尷尬地提起食物的話題。

「噢，」女主人說，「我不知道你們需要食物。通心粉好嗎？燕麥棒？」呼，我暗想，事情總算有點進展。

她拿出一磅通心粉、六小包即溶燕麥片，還有八根燕麥點心棒。這份量連一天也撐不了。我們沒有晚餐了，只能拮据分配剩下的點心。至少還要三天才能抵達育空地區的首府白馬市，那裡有超市和我們事先郵寄的食物。

「看來是不錯的開始，」我說，試著用笑話隱藏失望。「要是你們有什麼客人不喜歡的東西，我們很樂意接收。」

她似乎沒聽出我的言外之意，「人們只要處在比較艱困的環境，就會突然享受起很多東西啊。我們這裡沒有挑食的問題哩。」

派特和男主人一言不發，把談判交給女人處理。

我盡量圓融，「有沒有可能多拿幾磅通心粉或米飯？也許多一罐鮪魚？這樣應該就沒問題了。我知道要求比較多，但我們真的有點缺食物。」的確，要是沒有補給，我們可能得挨點餓，但要是繼續審慎配給食物，我們還是撐得下去。

昨晚聊天時，那對夫婦談及北方的食物價格很高，以及用大卡車和船隻運送物資有多複雜。「你們也在荒僻的地方住過，一定知道是怎麼一回事，」男主人說。我們確實清楚箇中困難，但我也清楚自己有多餓。

我一再表示想付費購買食物並謝謝他們招待，但女主人婉拒了。我們造訪的目的是購買食物，這點顯然沒有好好溝通，導致如今提出要求顯得尷尬。「我就說事情不像你所說的順利」我怒視派特。女主人又從食物儲藏室裡搜刮出兩罐鮪魚、一罐煙燻沙丁魚，以及一袋白米。「抱歉，沒辦法分享更多了，」她說，「今年春天的物資供給會有些困窘。」

好吧，我們不至於餓死，但接下來一百一十公里的船程，肯定滿腦子都是食物。

隔天晚上，我們划過一處泥灘時看到幾隻岸鳥，湖畔還有幾隻中杓鷸看向我們，那矮胖身軀和獨特的下彎鳥喙，即便距離遙遠也十分容易辨識。後來有一位生物學同行告訴我，有研究者讓中杓鷸配戴衛星發射器，發現牠們的遷徙路徑和我們從華盛頓出發的路線一致。或者應該說，是我們的路線和牠們重疊。儘管我們在時間和空間上相似，但也僅此而已。中杓鷸的堅忍完全超出我能想像。牠們從遙遠的南方出發，足足比我們多跨越數千公里，而且只帶了儲備脂肪，不像我們攜帶大量食物和裝備，卻還是常常感到飢餓。牠們直闖暴風雨，我們則是等待暴風雨過去。我透過望遠鏡觀察牠們在泥地中覓食，既欽佩又忌妒。牠們讓移動這件事看起來如此簡單，彷彿與生俱來。我則肚子空空，只剩滿腹對派特的埋怨。

我在睡袋中輾轉難眠，一方面是因為晚餐只吃了一點米和一罐鮪魚，飢腸轆轆，另一方面是因為那筆獎學金。我愈來愈找不到理由接受。要是我壓根不在乎自己的研究，跑去備受讚譽的學術機構工作有何好處？如果學術生涯將使我遠離原野，那似乎更像詛咒，而非值得珍視的資產。當我想像派特在紐澤西郊區的模樣時，看到的是羽翼遭剪、無處可藏的可憐鳥兒。

離開小木屋前，我也獲得在安克拉治聯邦機構工作的機會。那是份政府單位的研究工作，雖然有附帶條件和限制，至少還在阿拉斯加。我知道那裡的新同事會跟當初帶我走入生物學領域的人一樣癡迷鳥類，精通野外生活。否則還有哪種工作會吸引願意終其一生追逐岸鳥和鴨群，穿越險惡地形的人？這些人可不是為了成名或發財。儘管我對重返研究工作有所保留，但不能否認一件事：知道鳥類遷徙得飛上多遠距離後，在春天看到牠們更令人驚豔。

我終於在中杓鷸彷彿貓頭鷹般的鳴聲相伴下入睡。我夢見鳥兒飛躍遍布浮冰的海域、派特和我划船順育空河而下，外甥在妹妹的臂彎中沉沉睡去。此刻，這些事情都遠比學術追求重要。隔天清晨，中杓鷸已經離去，留下我們追逐其腳步前往北極。

在育空的日子

划船抵達白馬市時，我心中早已羅列好食物清單，包括冰淇淋、新鮮蔬果和起司，冷凍乾燥食品和即溶燕麥片當然榜上無名。我們無力跟觀光客一樣花大錢吃馴鹿香腸和阿拉斯加鮭魚，只能穿上雪靴到超市採購。穿梭在一條條閃閃發光的走道間，我們貪婪地搜刮架上的各式商品，貝果、奶油乾酪、酪梨、番茄、洋芋片、餅乾、巧克力和香蕉，看起來全都美味至極。我們把購物籃塞滿，結帳後跑到城中公園的長椅上大啖三明治，痛飲啤酒。酒足飯飽後，因為公共露營區人滿為患，我們在公園旁就地紮營，睡了一頓好覺。

早上，我先心滿意足地吃了優格加燕麥，又喝下將近一公升巧克力牛奶，等冰淇淋店開門，立刻跟派特造訪。接下來，我前往圖書館查看電子郵件，派特則再度前往超市補給。雖然已經吃了不少，我還是忍不住思索午餐要吃什麼。到圖書館後的第一件事，就是寫那封不得不寫的信。我點開來自國家科學基金會的郵件，開始打字：「感謝貴單位提供博士後獎學金，我深感榮幸，但由於生涯規劃有變，我不得不婉拒這份獎學金。感謝貴單位給予科學發展及後進學者的諸多協助。」反覆思索長達兩週後，我終於決定放手，著實鬆了口氣。我不確定安克拉治的工作是不是正確抉擇，或我是不是已準備好再次投入任何形式的研究工作，但無論如何，我會待在阿拉斯加，待在我的歸屬之地。即使身處阿拉斯加的最大城市，只要走出辦公室便能置身原野。

我回信時，派特正為下一段育空河行程大肆採購，簡直像是在準備婚禮宴會。我在超市結帳區找到他時，他買了四十二袋小餐包、四大包洋芋片、好幾盒雜牌巧克力餅乾、三磅切達起司、兩球生菜和十二顆蘋果。在此之前，他已經到酒類專賣店購入三公升的便宜紅酒。他邊吃著第一盒餅乾邊露出燦爛笑容。「這理論上是我們的假期，對吧？」他問。

我們事先寄出的補給箱多半是乾燥食物，所以到達補給點時通常會購買起司、奶油、一兩天份的新鮮蔬果和療癒點心，還有慶祝用的半打啤酒。在內灣航道一帶和白馬市，購物並非難事，但越往北走，商店越少。貨架上很快就看不到新鮮蔬果，起司也是一樣，就算有賣也是塑膠封膜的單片起司，每磅價格比紐約餐廳裡最頂級的龍蝦還貴。過了道森市後，連啤酒也買不到了，因為途中每個北極聚落都禁止賣酒。所以，有酒當喝直須喝。

派特迅速寫了明信片給爺爺奶奶，現在這是我們落腳城鎮時的例行任務。他會先把內容抄在便條紙上，然後請我幫忙檢查有沒有拼字錯誤。

「現在到了有名的育空河。跟淘金潮的礦工相比，我們的旅程算輕鬆了。我們走水路，跨越山脈，接下來要前往內陸，也許會見到一些灰熊吧。愛你們的派特。」

從白馬市划獨木舟到道森市是當地經典路線。每逢夏季，育空河會迎來許多旅客，最好的紮營地點很快就會客滿。旅行指南詳述這條路線每一公里會碰到的各種事物，讓我們沒有太多自行探索的機會。通常，我們寧可獨自探索無名冰川，也不想跟一群童子軍走一條別人規劃好的路線。但跋山涉水數週後，我們迫切需要放假，這趟獨木舟之旅正是完美方案。比起那兩艘過度負載的充氣艇，獨木舟既有挑高的坐位，還有多餘空間，堪稱奢華享受。流線型設計的獨木舟也快很多。在荒僻的地方，我們可以容忍充氣艇的缺點，但在這裡，租艘獨木舟是相對便宜方便的做法。我們可以在白馬市取船，道森市還船。我和派特到白馬市的郵局寄明信片，並領取食物箱，然後準備出發。

我們在河邊十餘艘出租獨木舟中選了一艘看起來廉價且飽經風霜的，派特立刻替它取名叫「賈絲柏」，作為我們橫渡這一段先前不屑一顧、此刻卻迫不及待想出發的旅程夥伴。離開前，我用公共電話打給爸媽。他們計畫在道森市和我們會面，幫忙把不用的裝備運回安克拉治，並將下一批補給送到育空北部的墓碑山公園管理處。

我們規劃路線時意識到兩大後勤挑戰，第一是跨越冰川後轉為划船，第二是從划船轉為健行以及划充氣艇。我們必須先把滑雪板、登山杖、塑膠滑雪靴、冰斧、吊帶、繩索和其他登山裝備送回安克拉治。然後在道森市和麥克弗森堡之間找地方補給，因為這一段路程得走三週，我們無法帶那麼多食物。所以當爸媽答應到道森市和我們見面，並且開車把補給箱送到公園管理處時，可說一次解決了兩大難題。他們提醒我，何謂無私的愛。這趟往返長達一千六百公里，意味著他們開車的時間比和我們見面還長，但我幾個月前開口求助時，他們二話不說答應了。

「我們等不及要見到妳。」我媽說。

我爸從另一個聽筒插嘴，「一切準備就緒，需要我們出發就說一聲。」

從白馬市出發後，我和派特時而划槳，時而放任獨木舟隨流移動，同時大嚼各式美食：夾上厚厚起司的小餐包、洋芋片、餅乾、蘋果和巧克力，至於補給箱裡的燕麥棒和花生醬則乏人問津。我們還玩起記憶遊戲，回想離開柏令罕後每個紮營點。要是碰到特別輕鬆的河段，我們甚至會一人划槳，另一人做日光浴及看書。

因為空閒時間太多，也不太需要查看地圖或應付急流，我們的心漸漸漂離這條河，甚至漂離這趟旅程。我和派特談論婉拒獎學金的決定，以及可能會接下安克拉治的研究工作。派特則思索某人委託他回去後執行的建案該如何進行。我們又回到那個徘徊不去的大哉問：孩子。我三十三歲，派特三十二歲。儘管還有時間，但已不再是二十幾歲那種生兒育女還可以等上十年的人。自從外甥出生後，擁有小孩的念頭比以往更常浮現腦中。派特和我一直覺得我們有天會生小孩，而這個「有天」似乎逐漸逼近。當然，我們可以寫出好幾頁「現在還不是時候」的藉口：還有很多山要爬，很多地方等著探索，職涯上也有種種挑戰需要應付，經濟狀況和田野研究時間等等也得納入考量。生小孩跟我們生活的任何面向都顯得格格不入。

除此之外，我從來沒有真正萌生過母愛衝動。我不會被嬰兒哭聲觸動，也不羨慕懷孕婦女。事實上，我一想到這身體要孕育生命就害怕。我在不少朋友身上看過生育後的轉變，知道身體往哪走，心就會跟著往哪去。有人過去偏愛原野，現在熱愛兒歌；過去熱愛馬拉松，現在滿足於推嬰兒車散步；過去投身博士訓練，現在全心關注孩子睡眠。

還在林恩運河那座小木屋時，我每天都會打電話給妹妹。兒子出生後，她的聲音多了歡欣，每次接起電話，我都能在聲音中聽到快樂，但也聽到疲憊。她所踏上的這趟旅程，有無數不眠夜和髒尿布，一棟充斥待洗餐盤和衣物的房屋，還有好多雙她還沒辦法重拾的慢跑鞋。我沒提到自己的身體狀況空前良好，也沒問她是否後悔。不過每次聊完天後，我都想像自己的身體從分娩中恢復是什麼模樣，多上十三公斤的負擔和不得不受一個嬰兒制約是什麼感覺。一想到派特出外探險時我只能待在家中，我就萬分難受，我想不出我們如何繼續一起做彼此熱愛的事。

某種程度上來說，派特似乎比我能適應孩子。「我想我們可以再等個幾年，只是我想不出有什麼理由一直等下去。大家都說這件事沒有完美時間點，」他這麼告訴我，但我提醒他，適用母親的生物法則可能不適用於父親。我當然希望有轉圜餘地，但我們逃避不了生物法則。我不可能享盡一切好處。

「我知道很多適合家庭的冒險活動，」派特說。

我試著想像我與派特和孩子一起外出冒險的模樣，那會是我們從未嘗試過的旅行形式。但如果要在冰川或河流中確保孩子的安全又不至於太無聊，那得帶多少東西啊？至少需要一頂夠大的帳篷、充足的食物，還得想辦法保持溫暖。即使有這些物資，我也不知道如何帶幼兒滑雪或划船，以及怎麼考量風險？我和派特冒著雪崩和急流風險跋山涉水是一回事，帶著孩子又是另一回事。

我顯然必須為此放棄不少事物，卻不清楚有何收穫。其他人承諾「孩子值得犧牲」，連兩個月前才剛成為母親的艾許麗也這麼說，但我有時覺得這句話會不會只是迷信，讓我們幻想一切都是有好處的。當我聽到她有時忙到只剩洗澡和套上衣物的時間，就更加深懷疑。然而，我和派特又擔心將來會後悔，所以不斷討論。二十年後，我會不會坐在另一艘獨木舟上，思索自己這輩子錯過了什麼？生命中有些事物，錯過即不再來。

當然，生育不是唯一會讓生活翻天覆地的事。目前為止，我們的關節還挺得住困難地形所帶來的種種折磨。我們很幸運，或說小心謹慎，或是兩者兼具，至今還沒有因為意外而必須打石膏、動手術或拄枴杖。目前為止，我們身體狀況良好，而且尚稱年輕。只是這兩具身體能撐多久，誰也不知道。

近晚時分，由於這條河流相對無趣，再加上無法回答的問題太多，派特和我有點煩躁，最後決定暫且把生小孩這件事擱置一旁。

爸媽不知道我們何時抵達，也不知道我們會從哪裡上岸。不過，幾天後我們來到道森市時，我仍期待看到他們站在岸邊迎接。我們拖著獨木舟走上泥濘不堪的登陸點，我巡視一旁的木棧道，尋找有沒有一對身材適中、六十出頭的夫妻正在跟當地孩童聊天，或饒富興趣地讀著自助式導覽告示牌上的內容。沒有他們的蹤影。我們先去歸還獨木舟，然後前往艾多拉多旅館。我爸在衛星電話上留了訊息，說他訂了一間足

以容納全部人的大房間。

我們先行登記入住，淋浴後走出旅館就看到我爸媽正在停車，他們養的小黃狗從後座車窗探出頭來咧嘴嘻笑。爸媽總是準備好要出發探險，而且十分隨和。他們樂意登山健行，也不介意在觀光巴士人擠人，就算要睡在地板或飛機上亦不抱怨。退休後，他們的生活步調反而愈過愈快。這次沿著顛簸的丹普斯特公路開一兩天的車來見我們，可說是一趟恰到時候的夏日出遊。不過，大家都明白，像這樣的旅行總有一天會變得不再可行。爸媽雖然絕大部分的人生都維持體態良好且健康，但我們也清楚這一切可能轉瞬即逝。

媽媽緊緊擁抱我們，稱讚我們容光煥發，完全無視身上已經穿了一週的髒衣服。爸爸也給我們一個擁抱，說著獨木舟之行想必很順利，才能先一步抵達旅館並洗了澡。他曬得黝黑，滿臉笑容。去年春天以來，他似乎沒有太多變化，讓我稍稍放心。但我還是很難不注意到他的肩膀逐漸瘦削，以及舉手投足間的顫抖。我強忍傷心，試著放下憂慮。

我們一直逃避爸爸罹患帕金森症這個話題。面對疾病，他優雅得令我自愧不如，也固執得讓我想勒死他。他對自己的要求一如往昔：早起，外出剷雪，未經我同意就幫我洗車，無論天氣如何執意騎腳踏車上班。要是他的身體不配合，或是他多花了幾分鐘完成過去習以為常的任務，我就會聽到他低聲咒罵。但他很少向他人宣洩挫折怨氣，總是自己默默承受。

有天下午，我們在家裡附近一間咖啡廳小坐，我首次提起他的病情。我才開口說了幾句，就忍不住紅了眼眶。「我沒有問過你，得到帕金森症最可怕的事是什麼，」我說，「我曉得我不太表達自己，但要是有我可以幫忙的地方，就算只是聊聊……」說到這裡，我的聲音已經低到聽不見。

他的回應很坦承，出乎我的意料。「惡化得比我預期還快，我確實是有點失望，」他說，「但每個人的情況都不太一樣。」

「一定很辛苦吧，」我毫無說服力地說，「不過你還是這麼活躍，比一般人還活躍一百倍，要改變你的預期肯定不容易。」

「我最擔心自己變成負擔，」他說。至此，我已放聲大哭。「噢，親愛的，別擔心。我沒事的。而且我有完美的妻子和三個完美的孩子，真的沒什麼好抱怨。人生多的是比這還糟糕的事哩。」

他說得沒錯，但也大錯特錯，我當時這麼想。對於他這種曾登頂北美最高峰、騎自行車橫跨歐洲、每到一個城鎮就例行性地報名跑步比賽、總愛在漫漫夏夜塞滿活動的人，罹患這種會一點一滴剝奪移動能力的疾病，絕對是沉重的打擊。有時候，儘管他不太流露情緒，但我敢肯定他的內心悲傷無比。三年前確診至今，他不得不放棄慢跑和滑雪。他需要花更多時間來為一天做準備，原本簡單的任務，因為手抖和精細動作技能變差，也變得困難許多。但爸爸不願束手就擒，我看著他努力掙扎，意識到他有多麼堅韌。我和派特的這趟旅程需要毅力，但要優雅地面對慢性病，更需要無盡的力量支撐。我希望在我體內某處，也蘊藏著一點點相同的力量。

我幫爸媽把行李搬進旅館，包括兩個小背包，以及一個為我和派特準備的大型保冷袋。他們帶來自製餅乾、起司、自己種的蔬果，還有啤酒，完全知道我們渴望什麼食物。車裡還有為我們準備的數箱食物、健行裝備、郵件及一疊書，以免我們沒東西可讀。那晚，爸媽請我們吃鮭魚燒烤和冰淇淋，這些夏日的完美食物讓吃了一整週小餐包和零食的我們歡欣不已。回到旅館後，我們開始為下一段旅程整理行李。

我們打包時，爸媽在一旁瀏覽數位相機裡的照片。媽媽一如往常不斷發出噢哇的驚嘆聲，爸爸則邊看邊對照地圖。他看到一張老鷹照片時，忙不迭跟我們分享他在安克拉治家附近的潟湖看過一隻翠鳥。「潛鳥的寶寶也長大了，」他說。過去幾週，他一直跟我更新家中附近一窩潛鳥幼雛的成長狀況。儘管他和媽媽都不是熱愛賞鳥的人，但因為我，他們盡一切所能學習辨識鳥。雖然敘述不總是正確，可是因為他們每每自豪無比，我也很少加以糾正。我曉得他們的目的在於對女兒的熱忱表示尊重，而不是「我看過這一種鳥，可以從待看清單上劃掉了」。我選擇的職業算不上循規蹈矩，但他們從未暗示我應該改學其他專業，也從未抱怨我總是出外調查，回家時全身臭得像腐臭的蛋，或是埋怨我為何拋下學術工作，跑去野外胡來。他們對我們想徒步、滑雪加上划船前往北極一事，就算有所疑慮，仍設法不表現出來。

隔天早上，爸媽跟我們一起走了三公里。我們沿著一條車行小路來到第一座火警瞭望台，接下來，我和派特就要離開道路，穿越美加邊界，進入墓碑山。那天早晨氣溫暖和，裝備感覺輕了不少，我們擁抱道別。我們計畫一天走約二十五公里，五天後便可抵達墓碑山公園管理處，甚至可能更快。爸媽把物資送到公園管理處後打算在那待上幾晚，所以我們途中若沒有重大延宕，應該會再見到他們。

一踏出泥濘道路，進入潮濕苔原，我們的雙腳便開始大力抗議。好幾個月來，我們不是穿橡膠靴就是硬挺的滑雪靴，不是這種在濕滑地面上吱嘎作響、東滑西動的輕便登山鞋。這趟旅程先是划船，再來是滑雪和乘獨木舟，少有步行機會。所以當我們拖著沉重腳步走過前十公里時，便察覺到這會是一段異常痛苦的過渡期。短短幾個小時，我的腳底便冒出水泡。我甚至不必決定是否要戳破水泡，因為它很快就破了，傷口沾滿髒垢。

從遠處看來，墓碑山似乎是完美的健行地點。實際行走時才發現盡是交錯的赤楊木、時不時勾住衣物和肌膚的野玫瑰，以及泥濘不堪的車轍小徑，通往春季融冰時無法跨越的河流。沒有想像中的枯乾山脊和易行步道。當時正值六月中旬，夏季還未來臨，所以我們每次向上爬想避開重重灌木時，就會遇到深及大腿的殘雪。我們的小腿肌膚磨破了，鞋子陷入積雪，只能徒手挖掘解困，導致袖子裡塞滿一顆顆粒狀雪。接著來到不穩定的碎石坡，雪面也逐漸變得堅硬滑溜時，只好用登山杖充當冰斧行進。溪谷的水勢湍急高漲，我們的進度極其緩慢。

我們在險峻地勢掙扎行進，我的情緒跟身體能量一樣逐漸低落。原本千方百計要忽略的擔憂和悲傷，此刻再次湧現。我無法不去想帕金森症會如何重創爸爸，重創我們每一個人。行程第三天，我才走了約五公里，就告訴派特我必須坐下來休息。我的頭很暈，疲憊不斷襲來，而這種疲憊不單是因為跋山涉水。跟在派特後頭，即使是最輕鬆的灌木叢穿行路段，我也覺得力不從心，喉嚨中彷彿有個腫塊日漸增長。這是我和派特至今第一次真正的健行，但我的狀況很糟。我到底怎麼了？要是走不下去，該怎麼辦？

後來派特告訴我，他知道我的狀況後，滿腦子想的都是我們離開道森市前不久在遊客管理處跟前台接待小姐的對話。那位小姐身著淘金潮時代的服飾，加上花卉妝點的帽子，帽子下方藏著用銀色髮夾後梳的赤褐長捲髮。不論怎麼看，她都不像經驗豐富的原野旅行者。但我們才簡略敘述接下來的行程，她便立刻攤開一張張地圖，並在我們仔細端詳墓碑山的等高線及通往溫德河的水道分布時，一一指出數十個她去過的地方，包括她和丈夫搭屋形帳（wall tent）待了一個冬天的溪谷。我們轉身要離開時，她拋下一句，「小心啊，在那裡可千萬小心。」我原以為她是指會有熊出沒或小心失溫，因此點頭表示我們會注意，沒想到她接著說，「我是認真的。我和另外三個朋友都是在哈特河那邊懷孕的。那地方有種魔力。我和丈夫本來想多多探索環境，結果卻多了個女兒。」

過了一天，我的月經前來報到，讓我徹底鬆了一口氣。但如果不是因為懷孕，我為什麼會那麼疲憊？難道光是艱困的旅程就足以讓我頭暈想吐，還是一切只是想像？

我想著爸媽就在一兩天路程外的營地等候，嘗試讓自己分心。雖然已經三十三歲，但我有時仍然迫切需要他們的愛。這次也不例外。我知道爸爸不在通話範圍，但還是打電話留下一則語音訊息。離開道森市前，我建議他到墓碑山公園管理處後檢查一下訊息。我設法讓留言聽起來雀躍無比，而不是懇求意味濃厚。我解釋行程有點延誤，但一兩天後就會抵達，希望能再見到他們。

隔天晚上，我在距離丹普斯特公路只剩三公里時提議紮營。那難以解釋的煩躁感已經消失，但我的雙腳痛得彷彿被絞肉機折磨過，「晚一點或早一點抵達丹普斯特公路有什麼差別嗎？」我抱怨。派特的雙腳也一樣痠痛且起水泡，所以我稍加勸說，他就同意休息了。

我們隔天早早起床，繼續往丹普斯特公路前進，然後沿公路走了幾公里到墓碑山公園管理處和營地，堅硬的路面讓我們早已破皮的腳底更加疼痛。我看到公園管理處的告示牌時，立刻滿懷期待地尋找爸媽的身影，但沒看到他們，也沒看到他們的車子。我和派特跛著腳走過停車場，將背包放在遊客中心入口，進去詢問前台的女巡查員有關物資補給箱，「噢，沒錯，補給箱都在樓下。您的父母非常親切，能接待他們是我們的榮幸。他們今天早上剛走呢。」她說。

她看我臉色難看，繼續說，「抱歉，您原本預期他們還在嗎？我問過他們要不要使用電話，但他們不想麻煩我們，所以婉拒了。」我喃喃道謝，走出管理處，為自己不爭氣地向公園巡查員或派特露出如此孩子氣的眼淚而困窘不已。爸媽回家，我們拿到補給箱，事情十分順利。但我整個人像垮了一般。幾個小時前，就在我們走完剩下那三公里時，爸媽恰好驅車而過。我要好長一段時間後才會再見到他們。

「他們留給妳這個，」巡查員遞給我一張便條紙。我一邊吃著蘋果，一邊讀起爸爸的字跡：親愛的卡洛琳和派特，抱歉我們沒能等到你們。這是個美麗的地方，不難想像你們為何喜歡置身其中。你們真是厲害。愛你們的爸和媽。兩人均留下簽名，媽媽是雜亂無章的草書，爸爸則是工整的工程師風字體。媽媽後來告訴我，她和爸爸在等待我們期間，每天都會造訪一條登山步道，往預期我們會過來的方向健行。而且爸爸在返回前，會用半悠得爾唱法半大喊的方式叫道，「卡洛琳——！」

突然間，生兒育女似乎不再是世上最可怕的事，想念卻見不到父母才是。如果為人父母可以激起我此刻感受到的緊密連結，即便相隔遙遠也無法抹滅半分，那麼也許妹妹說得沒錯。也許比起突破重重灌木和探測積雪深度，生兒育女確實更加重要。也許家庭確實勝過原野。也許這由生、死、病、愛所構成的一切終究不可避免地交織在一起，彷彿是每座山坡上都看得到的赤楊翠綠葉柄。

溫德河

走了上千公里後，我總算來到一個熟悉的地方。那天是夏至，距離我們首次看到溫德河，已幾乎過了十年。要我憑記憶畫出河岸景色，我會不知道從何畫起，但若從世界任何地方把我空降過來，我絕對可以肯定告訴你「這地方我來過」。我和派特在溫德河與小溫德河水勢湍急的交匯處附近紮營。二十分鐘前，我們划船朝這裡過來時，彷彿回到了二十三歲那年，每一絲細節都深深烙印心中。險峻的峽谷山壁，汙濁的河水，怪模怪樣的棕褐色河岸，沙子乍看頗似細細研磨的胡椒。還有派特乘著水浪抵達兩河交會處時，臉上那如孩子般迫不及待的笑容。

我們離北極圈不到一百六十公里，太陽頑強地坐落在鄰近的紅棕色山崖上方，沿天空劃過一道淺弧線。接下來兩個月，我們將不見黑夜。加拿大的北育空地區是極限之地，這一秒還冷得椎心刺骨，下一秒便熱得令人難熬。那天下午大半時間，我們沿著小溫德河划艇前進，觀賞橘色及板灰色錯落的鵝卵石在清澈水下轉旋，在抵達大小溫德河匯合處之前，還漂過一座兩公尺高、顯然是寒冬產物的水冰，因為陣陣寒氣而發抖。一到溫德河，小溫德河清澈冰冷的河水即遭捲入泥濁的漩渦之中，消失於泥沙滿布的溫德河。我們來到小島上的紮營地點，卻發現岸邊有大群蚊子聚集，空氣沉悶靜止。悶熱的夜晚，我和派特滿身大汗，我忍不住想像雙掌觸碰河冰的沁涼感。

紮營時，我回憶起當年的獨木舟之行。那時的我們，不過是兩個在河畔用雲杉樹皮製作獨木舟，盡情徜徉在原野中的孩子。曾經那是唯一重要的事。

近十年後，我們再次歸來。派特和我已不是孩子，也不再猶疑是否要共度未來，然而對於冒險的渴望一樣濃烈。每天早上我看到派特在身旁，對這段關係的未來便日益確定，但對下個轉角會碰到什麼仍感好奇。第一次旅行時我們之間的種種事物都還新鮮無比，欠缺穩定，這條河與其說是不可或缺的存在，更像是我們關係的背景帷幕。不過我現在看來，溫德河的意義更加重大。原野是我們婚姻的沉默第三方，而這裡就是故事開始的地方。

吃完佐以油鹽、淡然無味的通心粉後，我和派特熱得睡不著，裸身躺在帳篷裡，開始幫彼此回憶過去。我提到那隻馬的故事時，派特笑倒在睡袋上。那隻該死的馬，那隻差點讓我放棄這段關係的馬。離開梅奧後幾天，我們在乾枯的山楊林中發現一具秋天死亡的馱馬屍體。龐大黝黑的身軀倒在滿是苔蘚的地上，脹大的腹部和空空的眼窩布滿蒼蠅大軍，十分醒目又有點荒誕。我們停下腳步研究那頭死馬，派特用令人又愛又恨的好奇語氣問，「何不考慮做獸皮筏？」當時我們正愁找不到足夠的樺樹木材打造獨木舟，生怕計畫就此泡湯。在那具我只想到各種惡兆及熊類攻擊的屍首中，派特竟只看到機會。

我們交往過程中最嚴重的爭吵於焉展開。我告訴派特，他如果真想在有熊出沒的地方用一匹腐臭死馬來製作獨木舟，我就要退出。我到底是答應跟什麼瘋子在森林裡度過夏天啊？他靜靜聆聽我的不滿，接著毫不退縮地解釋起馬皮的好處。這匹死馬就在面前，唾手可得，而且附近可能找不到任何樺樹。我們帶的那本書也有說明如何製作獸皮筏，雖然用的是駝鹿皮，但馬皮應該也相去不遠。他看著我，一臉嚴肅地說他看不出哪裡行不通。我再次表明我要退出，附帶憤怒的淚水，派特的態度才軟化下來。回想起這個故事，有一部分的我希望自己也可以在最不可能的地方看見機會。派特擁有敏銳的洞察力，總是樂於冒險，就算面對腫脹的死馬也照闖不誤。

隔天早上，我們在大批蚊子侵擾下整理裝備，那些蚊子惱人至極，迫使我們放棄例行的早餐儀式，改到河上速速解決一根燕麥棒了事。接下來，我和派特各自划著充氣艇經過當年雲杉號獨木舟曾經歷的湍急水流，在礫石淺灘與礫石淺灘間來回擺盪，尋找熟悉地景。

「那是我們躲避暴雨的山洞，」派特說。

「那裡可能是我們抓到一堆茴魚的池子，」我跟著補充。

我們逐漸接近下游的皮爾河，途中遭遇一場大雷雨，不僅狂下冰雹，陰沉天空中還出現一道道忽明忽暗的閃電。近晚，大雷雨的影響恍如隔世，陽光曬得我們全身發暖，我和派特脫到只剩T恤。前方不遠即是皮爾谷的湍急河段，以及接連不斷的駐波

（standing wave）。約一公尺半高的水浪襲來，我們彷彿坐上了遊樂園裡的雲霄飛車。

我們曾在上一趟旅程划過這段急流，但因為是臨時打造的獨木舟，幾乎沒有容錯空間。那時有一對紅尾鵟在高空盤旋，牠們的尖嘯完全捕捉了那一刻的激昂情緒。其中一隻紅尾鵟伴我們橫渡急流，身影在陡峭的岩壁上搖曳生姿，一直到水勢緩和的河段才飛離。順利通過湍急水浪後，派特替我拍了一張照片。照片中，我將手作船槳高舉過頭，黑色運動內衣下的背肌線條明顯，映襯著峽谷反射的橘光。另一張照片中，派特望向天空，將船槳置於下巴，努力維持平衡，得意洋洋地慶祝戰勝急流。

此刻，我們在充氣艇中絲毫不必擔心翻覆。上方傳來鵟的叫聲，抬頭只見牠從峽谷山壁騰飛而起，恰如十年前的那一對紅尾鵟。紅尾鵟的壽命可達二十四年，甚至更久，夏季往往會回到同一築巢地點。不過就算是大型猛禽，在大自然討生活也不容易，所以這個築巢點可能早為另一對紅尾鵟所用。儘管如此，我仍傾向相信今天看到的紅尾鵟是當年那隻紅尾鵟，多年來都在此守望，準備再次迎接我們安全通過峽谷。離開湍急河段後，我們放鬆下來，讓水流帶著充氣艇漂往下游。這一段河道寬闊且流速快，不太需要刻意導航。我伸手探入水中，發現水溫意外溫暖，突然心生靈感。「派特，你可以划到我旁邊嗎？我想游泳，」我們這時大汗淋漓，也因為近日的蚊蟲叮咬而痛癢難耐。況且，我們真的該洗個澡了。

他揚起眉毛，聳聳肩。「要是我們輪流的話，應該沒關係吧。」

我褪去衣服，滑入水中，彷彿蒙受洗禮。河水流過黏膩的身軀，洗去髒汙和汗水，也洗去更多事物。我爬回充氣艇，讓陽光曬乾肌膚，全身充盈一股突如其來的強烈喜悅，幾乎沒法睜開雙眼。派特看我如此享受，也決定效法。之後我們還順手洗了衣服。

陽光輕拂胸部，溫暖我的腹部和大腿，讓我突然想起了赤裸身體的美好滋味。這股全新的潔淨感受，喚醒了先前遭蚊蟲、泥濘、寒冷及疲憊掩蓋的強烈慾望。我望向同樣赤裸的派特，考慮著是否要爬上他的充氣艇。但因為水流仍快，也想不起前方會碰到什麼情況，只好打消念頭，開始尋找適合的紮營地點。直至晚上才找到適合登陸的小島，但一上岸便陷入及膝爛泥，同時又遭蚊蟲大軍攻擊，我們連忙穿回衣物和防蚊網狀面罩，並以最快速度煮好泡麵，端入帳篷。

晚餐才吃一半，我和派特再度裸裎相見。不必言語，我們知道彼此想的是同一件事：稍早的沐浴讓我們渴望比食物還進一步的事物。在這條最早見證我們關係的河邊，慾望勝過一切，完全不顧泥濘或蚊蟲。那一刻，世界只存在這頂帳篷中，我們的身體以一種既熟悉又截然不同的節奏震盪擺動。

第四部

北極海沿岸

馬更些三角洲

世界一片灰暗單調，空氣中瀰漫著腐爛的氣味。水勢看似奔湧，實則進退不得。大風吹得我們連連倒退，卻吹不走惱人的蚊子。河道曲折蜿蜒，泥沙崩垮掉入水中。跟河岸一樣，我也正在崩垮瓦解。

充氣艇撞上河道兩側的蘆葦時，我瞇眼看向多如積雲的蚊子。放棄。好想放棄。正要放棄。我咀嚼著這幾個字，感覺它們來了又走。我將滿是沉積物的水裝入瓶中，然後迅速吞下，試著忽略齒間的泥沙，以及泥炭帶來的苦味。派特則稍稍拉起防蚊面罩，咬下一口燕麥棒，並看了我一眼。他一邊把食物送入嘴中，一邊設法防堵四周蠢蠢欲動的蚊子。

離開溫德河與皮爾河交匯處後第八天，我們抵達馬更些三角洲南邊，那時的蚊子最多只是煩人，還不到危險。現在，這些吸血生物日夜來襲。我的雙手滿是抓破的傷口，左眼腫得僅能微微張開，耳朵不斷嗡嗡作響。歷經起水泡、雪崩和六尺巨浪後，蚊子似乎不是什麼了不起的事情。但牠們找出我們所有的弱點，時而飛入T恤或褲管，時而鑽入鞋子，還會直接從緊貼肌膚的衣服縫隙下手。我和派特幾乎失去理智。我哭泣尖叫，接著放棄抵抗，拚命划槳。派特會陷入低潮，憤怒，長時間不發一語，質疑選擇三角洲這條路線是否大錯特錯。我們必須輪流安撫對方，才能持續前進。有時我會試著扮演樂觀的一方，大聲宣告我們一定可以抵達海岸，儘管聽起來是個昭然若揭的謊言。但今天，我和派特都提不起勁。

理論上，我們的任務很簡單：從育空北部的溫德河前往北極海沿岸。馬更些河向北流，與我們的方向相符，唯一挑戰是末端的三角洲地帶。馬更些三角洲綿延八十餘公里，範圍廣闊，龐大的水系滋潤了加拿大五分之一的陸域，從外太空也可清楚看見。當地有大群蚊子、泥淖、死水，還有錯綜複雜的水道，岸邊柳樹林立。

我們一年多前規劃路線時，就知道馬更些三角洲水流遲滯、蚊蟲兇猛，令人生畏。但即使我和派特在阿拉斯加原野打滾多年，仍然沒有真正體會「令人生畏」是什麼意思。幾天前經過阿克拉維克（Aklavik）時，只要跟當地人提到要划船前往北極海沿岸，對方無不是一臉驚呆，顯然是因為我們的愚蠢而震驚無比。夏天時，當地人打死也不會想以時速三公里划經這一塊區域，只要負擔得起，絕對會選擇搭汽艇，讓大風驅散蚊蟲。

就連美洲馴鹿都比我們聰明。每到蚊子盛行季節，牠們就會逃往沿岸或風勢強勁的山脊避難。要是不這麼做，下場就是遭蚊蟲騷擾至發狂，甚至更慘。研究美洲馴鹿的生物學家估計，蚊子二十四小時內可從一隻動物身上吸取多達十盎司血液，差不多等於一杯正常容量的咖啡，這意味一天被蚊子叮咬六萬次。面對如此高強度的吸血行為，小牛犢遭蚊子叮死的傳聞似乎有幾分真實。事實上，北極圈每年有一小段時間，蚊子群體的重量會超過美洲馴鹿族群。換算起來，一頭馴鹿約等於兩千萬隻蚊子，將此數字乘以成千上萬隻馴鹿，可說相當驚人。不過我不用數學指點，只要看看滿是傷口的身體，也知道後果有多嚇人。此時還待在下馬更些三角洲一帶的美洲馴鹿可說是活得不耐煩了，而此時還待在此地的人類，則是我們。

儘管這裡充斥各種令人退避三舍的事物，還是有一項足以力挽狂瀾的特色：鴨群。馬更些三角洲是全世界最適合水禽繁衍的一大地區——至少我是這麼聽說的。置身其中，除了防蚊面罩內部、一望無際的濕地，以及陡峭且灌木叢生的河岸，幾乎看不到什麼其他東西。我只能安慰自己，至少對某些生物來說，這裡並非人間地獄。

派特吃下最後一截燕麥棒後，我們停下槳確認位置。他指向地圖上的一道彎線，我則數了數在他手上逗留的蚊子，共十六隻。我們一分鐘後抬起頭，卻發現充氣艇已往上游漂流了一百公尺。因為下游水位較高，加上從北極海吹來的強風，導致這裡的水流將我們逆勢往南推，而不是向北前進。換句話說，這裡堪稱是一台龐大的「液態」跑步機，而且沒有清楚可見的盡頭。

我痛恨這個地方。我痛恨自己輕易就被蚊蟲、泥淖和大風擊倒。「我不想浪費時間做這種狗屁倒灶的事了，」我跟派特說，「我想回家。」

派特沒有回答，但我看得出他很憂慮，苦惱不已。我說出了不該說出口的事情。在數千小時的旅程中，我們聊過許多話題，但從未提過放棄。只是「放棄」就像擺在節食者面前的布朗尼、遞給戒酒人士的朗立可蘭姆酒，或是現在問我要不要淋浴和溫飽一樣，是難以抗拒的誘惑。言語和行為的界線很快就會變得模糊，所以我們往往不會說出心底最深處的疑慮，或承認可能的失敗。今天，我一點也不在乎。我想不到繼續前進的理由，想不到繼續待在這裡的理由。幾個月來讓我露出笑容的各種畫面——圓嘟嘟小外甥的照片、候鳥的飛行路徑、躍身擊浪的鯨魚——只會讓我更加想念其他想去卻去不了的地方。

但無論我多想放棄，目前也難以脫身。最近的城鎮在上游約一百六十公里處，而下一個目的地是這片沿岸地區最北端的赫西爾島（Herschel Island），那是一座面積不大的省立公園，出名的偏遠。若想脫身，就得請求緊急救援，但無論以失血或發瘋，或兩者兼具作為理由，我也不認為「蚊蟲騷擾」算得上是緊急事故。所以，事實是，我可以盡情高喊放棄，卻不必真的承擔放棄的後果。派特很好心地沒有戳破我的虛張聲勢。下定決心要做一件不可能的事，有時只是在宣洩情緒。今天，我宣洩多少算多少。

我們繼續向前划，直到逆風將原已緩慢的速度降至幾乎靜止才停下。我看一下ＧＰＳ，發現時速僅一百六十公尺，照這樣下去，要四百個小時才能抵達。因此，我和派特決定上岸步行，但才踏上岸便陷入及膝爛泥，聞起來像是糞便和濕草的混合物。我們設法爬到一片濃密的柳樹林，希望避開難以應付的爛泥，但該處纏結的木質莖讓搭帳篷變得相當困難，很難打營釘固定。最後，我和派特只好盡量踩平灌木叢，然後用最快速度把裝備搬進帳篷，以免放入太多蚊子。

帳篷內的臭味令人難以忍受。我們已經超過一週沒洗澡，身上沾滿乾掉的泥巴、汗水和壓扁的蚊蟲。我的腳趾甲被土染成棕色，皮膚滿是叮咬痕跡和紅腫傷疤。拉上帳篷門後，我們展開蚊子大獵殺。打、再打、用力打。蚊子會躲藏，於是我們搖晃睡袋，掃動帳篷角落，以便逼出牠們。終於殺完蚊子後，我鬆了一口氣，睡意慢慢襲來。我處於一種反向的陶然感，沒有刺激，沒有舒適，沒有不舒適，什麼也沒有，只是單純地存在。這片三角洲讓我退化回爬蟲類。

這時是晚上十點半，但除了太陽角度稍有不同，幾乎看不出跟一天其他時段有何差異。一般來說，我非常喜歡北極的永晝。但在這裡，永晝僅是提醒我們，時間多麼容易悄然流逝。原本用來界定一天的三餐已成了奢侈體驗。畢竟要在群蚊亂舞的泥濘大地，尋找本已不多的乾燥木材，再升火煮食，簡直難如登天。今天的晚餐是一袋綜合果仁、冷凍黑豆，以及切達起司。我有個一夸脫大小、用來放食物和舀水的塑膠優格桶，因為先前裝過馬更些的泥水，所以我把脫水黑豆丟進去前，先用T恤一角擦去裡頭的雜草和泥沙。

半夜因為尿意而醒來，我伸手去找帳篷的拉鍊，但隨即意識到此刻身處不善之地。紗網上全是蚊子，帳篷因為牠們嗡嗡作響而微微顫動。我辦不到，我絕不要把臀部再露給蚊子一次。這時，我有個放肆的想法。尿液大致上是無菌的，對吧？我決定尿在優格桶裡，再倒出帳篷，期間只讓兩隻蚊子飛進來。我不敢相信自己沒有早點想到這個方法。我已經毫無羞恥心了。

隔天早上，我先用河水沖洗優格桶，才加入乾燥燕麥片和冷水。即溶咖啡的細渣卡在我的牙齒上。這一餐從頭到尾都令人作嘔，但我很高興不必在外與蚊蟲作伴。

兩天後，我們總算接近目的地，再二十公里即可抵達北極海。一整個早上，途中看到的灌木叢愈來愈稀疏，但我仍設法壓抑期待。北極海感覺仍舊遠在天邊。離開紮營處後幾個小時，我們遇上一連串湖泊。我和派特划過其中一座，朝著顯而易見的出水口過去，卻發現又遇上逆流。我想伸展一下雙腿，而且其他行進方式似乎都比充氣艇來得快捷，再加上河岸看來連續，我決定做個快速的實驗。我跳下充氣艇，背包上肩，開始步行。地面意外堅實，我輕鬆地拖著充氣艇。在派特掙扎對抗逆流時，我慢慢趕上了他，等我一超過他，立刻耀武揚威起來。步行顯然比划船還快，派特很快加入我的行列，可以步行就步行，碰到小池子和濕地就跳入充氣艇划行。我們就這麼走走划划好幾個小時，路上遇到一群正在換羽、無法飛行的白額雁，牠們的動作和我們相去不遠：划水、搖擺步行、划水、搖擺步行，周而復始。

傍晚，派特和我終於抵達陸地盡頭，多草的河岸在此併入汙濁的北極海。這裡和馬更些三角洲完全不同。因為海風很強，蚊子不會靠近，我們得以拿下面罩大口呼吸，重見光明。我們腳下是一層粉柔色的虎耳草花，上方則是色調深淺不一的藍天。望向地平線，我們注意到一連串白點，近看才發現是悠然漂於水面的天鵝。我拿起望遠鏡掃視計數。十隻、二十隻，水面上共有六十隻天鵝。附近的小池子有瓣足鷸繞圈泅泳，池子邊緣則有長嘴半蹼鷸像運作中的縫紉機般尋覓食物。此外還有哼唱著甜美音調的鐵爪鵐，以及一隻踏著誇張步伐搖擺前進的沙丘鶴，彰顯牠從史前至今的優雅姿態。我想像中的北極圈，正是這番模樣。

我們繼續沿著海岸向西前進，在苔原上步行了好幾個小時。從空中俯瞰，這片地景彷彿是一座古怪的高爾夫球場，入眼盡是淡綠色的多邊槽狀地形。這種蒙太奇般的景色是永凍土所造成：冰楔入侵土壤後，會隨著每次結凍及融解週期而擴大，漸漸形成小型排水道，再匯成小池子和濕地，也就是我們見到的槽狀地形。這裡的潮濕地面上覆蓋著叢生的羊鬍子草，搭配上蓬鬆盛開的白花，看起來十分可愛。但事實上，這些植物會形成不太穩固、容易讓人扭傷腳踝的小丘，而且彼此距離遠得讓人無法跳躍行進，堪稱北極地區徒步旅人的災星。不過相較於馬更些三角洲的蚊蟲試煉，就連羊鬍子草都顯得和藹可親。

我們緩慢移動，偶爾停下腳步看中賊鷗長長的叉狀尾羽一閃而過，或是矛隼翱翔天空。派特觀察入微，經常能察覺到我錯過的細節。哇，看看牠的腳。牠的眼睛顏色好美。牠們飛起來像在水下游泳哩。分享彼此的觀察是結伴旅行的一大樂事，比起獨自旅行，我可以看見更多不同事物。

我舉起望遠鏡想尋找更多鳥，卻發現海岸停著黑色物體。陽光此刻是低角度入射，所以我不確定自己看到了什麼，一直到那神祕物體移動，我才意識到那是一隻正在刨抓地面、皮毛如漣漪般隨風擺動的大灰熊。我放下望遠鏡，灰熊恰好抬起頭來，就在此時，我突然發現自己錯判情勢。我太習慣用望遠鏡放大遙遠事物，因此當我看向望遠鏡時，大腦自動判斷那隻灰熊距離很遠。

事實恰好相反。那隻灰熊不但很近，還很大隻。牠突然朝我們衝來。

灰熊愈來愈近，我們使出學過的招數：抬頭挺胸，揮舞雙臂，大聲喊叫。但灰熊似乎不受影響，轉瞬之間我們就要面對衝擊。但牠在前方十二公尺處停下，雙腳站立，嗅聞起空氣，我甚至可以看到牠上揚鼻孔的邊緣。我們一動也不動，雙手高舉，彷彿稻草人。灰熊面對我們，過了彷彿永遠那麼久的幾秒。四周綠草閃閃發光，微風輕吹我被曬暖的雙頰，遠方傳來鶴的粗嘎叫聲。我雖然看不到，但可以清楚感受到派特的緊繃。接下來，正如牠氣勢萬鈞地衝過來，灰熊突然轉身，僅回首看我們一次，便邁開大步橫越苔原，消失無蹤。

派特和我互望，咀嚼著差點被灰熊痛宰的事實。不過我們還沒來得及消化恐慌情緒，大團烏雲便朝我們襲來。閃電劃過天空，打下驚天一聲雷，嚇得我們一起跳了起來。冰冷的雨水打上臉龐，白頭浪在海面上激起陣陣泡沫。派特和我連忙衝到巨大的漂流木旁紮營，這裡離剛剛見到灰熊的地點很近。接下來兩個小時，我們呆坐帳內，聽著雨水轟然拍打外帳，並用雙掌抵著尼龍製的帳篷，阻擋大風。

暴風雨來得快，去得也快。大雨後，世界呈現出嶄新的壯闊模樣。草地上有水珠閃爍，風平浪靜，最後幾道閃電與日月共享天空。灰熊造成的驚嚇已然退去。我們爬出帳篷準備宵夜，派特負責尋找適合升火的地方，我則撈出一袋通心粉。派特略帶驚喜地回報：一隻陷入苔原地表的髯海豹屍首。殘缺屍首旁的地面剛被翻過，四周的草也被挖出來，附近還有些許失去光澤的海豹肉屑。我們原本以為那隻灰熊可能是在吃草，現在發現是在享用這隻腐爛中的海豹。我們竟然在熊的自助吧旁紮營。

出發前有人警告過我們，生活在荒蕪北極海沿岸的灰熊，往往比南方那些愛吃鮭魚、體型較大的同類來得飢餓大膽。跟北極地區的許多生物一樣，年幼馴鹿這類獵物僅會短暫出沒，所以灰熊不會輕易放過這頓海豹大餐。此地不宜久留。

我們收起帳篷，幫小艇充氣，順著一處多草斜坡滑入海中。此刻海面平靜，我沉浸在規律的划槳動作中。與鳥、灰熊和暴風雨相會過後，現在看著海面上的金黃太陽倒影，感官似乎有點過載。這一切很奇幻，令人不知所措，我彷彿正透過電視螢幕看著夜幕降臨。此刻，就連順利抵達北極海沿岸的成就感也顯得模糊遙遠，好似那是發生在別人身上的事情。放棄的想法已被我拋在那片泥濘與蚊蟲之地。

沒多久，我們繞過某處，兩個龐大棕色物體映入眼簾，牠們距離岸邊很遠，似乎浮在水面上。我瞇眼透過望遠鏡端詳，慢慢辨識出細節：寬胸，長鼻，微拱脊背，還有……鹿角？是兩隻划水的駝鹿！更往南邊的池子、濕地、湖泊和河流常常可以看見牠們的身影，但出沒鹹水地區的駝鹿倒是新鮮事，況且還是北極海？

在美洲大陸北方的外圍地帶，潮汐每日變化幾乎不超過三十公分，從河道向外延伸的大型水下三角洲會帶來淤泥和廢物，所以岸邊的水很淺，有時離岸一點五公里處也才九十公分深。那兩頭駝鹿站得直挺，僅有腿部下半泡在水中。我們試圖繞過牠們，但每次划槳都撞到水底。起初我們想取道近岸淺灘，可是那兩頭駝鹿反而好奇地朝我們走近幾步，只好另尋他路。這些四腳生物在淺灘處的移動速度比我們划船還快，所以我們打算改走離岸較遠的水域，給彼此多一些空間。沒想到牠們再次改變方向。剛開始時是每幾秒鐘前進幾步，令人難以察覺。要是在陸上我們不會想太多，畢竟駝鹿多半不會想跟獵人糾扯。派特和我開玩笑說要是北極海發生駝鹿攻擊人的事件也太荒謬。然而，隨著兩頭駝鹿愈來愈近，我們愈來愈笑不出來。

「搞什麼鬼？」我邊說邊划，船槳再次打在泥上。即使我們划到比較深的地方，駝鹿還是窮追不捨，甚至游泳跟在充氣艇後面。不一會兒，牠們只剩下鹿角和脊背還在水上，我們埋首繼續苦划。駝鹿跟我們跟了近一公里半，雙眼空洞地望向前方，鼻子頻頻噴氣攪動水面。一直到我和派特划得渾身大汗且害怕不已，牠們才漸漸放慢腳步，最終放棄，留下兩個猜不透其意圖的人類繼續划船。駝鹿是最近才慢慢出沒此地，原因是暖化促成柳樹和其他牠們愛吃的灌木生長。或許牠們只是好奇心旺盛，畢竟在這附近出沒的人類肯定比牠們還稀奇。又或許，儘管聽起來可能性極低，但牠們的確具侵略性。在如此奇怪一天的尾聲，萬事皆有可能。

隨著我們往西划入太陽強光中，腎上腺素漸漸被疲憊感取代。我低頭看錶，凌晨兩點。我們選定一個地方登陸，踉蹌走過爛泥，拋下裝備，迅速搭好帳篷，並設法燒起幾根沾滿泥巴的樹枝。此時已過了午夜許久，但這會是這週來的第一頓像樣晚餐。結束所有雜務後，派特和我坐倒在微濕的地面，在沉默中狼吞虎嚥地吃完一整鍋充滿煙燻味的通心粉，接著斜眼看向太陽。

幾分鐘後，派特指向一隻站於百餘公尺外漂流木上的北極鷗，嚴肅地告訴我那是冷戰時期遠程預警系統站的巨大衛星天線。一九五〇年代起，這些預警系統站的白色球型穹頂就成為北極圈的特殊景色，從數十公里外即可看見，非常顯眼。大多數系統站皆已廢棄，不再作軍事用途，變成隼的築巢處，以及狐狸家族安身立命的地方。儘管如此，派特看到的東西跟衛星天線絕對沒有關係。我觀察他是不是在開玩笑，但他十分認真。要是在其他地方，他出現這種反應必定會讓我擔心不已。但此時此刻，我看著那隻縱身飛起的北極鷗哈哈大笑。在單調的地景中，人們比想像中還容易把一隻重一公斤多的鳥類誤認為是直徑十八公尺、狀似高爾夫球的大型預警系統站。這是因為前方景物中幾乎找不到可辨認的地標，所以我們的雙眼難以辨別尺寸或距離。這就是北極的視覺戲法：眼見不一定為憑。在這片少有樹木的地景中，我和派特靠坐在漂流木上，抬頭望向遼闊的弧狀蒼穹。此刻，我們真有可能到了世界盡頭。

翻覆

「北極海真的算是海嗎？」我問派特。這不是問事實上算不算海，我才不會跟已命名水域爭這種事，但這裡跟我所能想像的任何海域都不一樣。不僅一年中大多時間都是冰封狀態、離岸好幾公里都是淺灘、浪小到幾乎看不出來，而且海水鹽分也不夠多，還有著單調灰撲的地平線。綜觀美國，或許只有沙爾頓海（Salton Sea）稱得上是同樣奇異的存在。不過北極海的夏天還有永晝，冬季有永夜，放眼看去，有上百種形貌各異的冰，卻一棵樹也沒有，更顯特立獨行。

出發前，我們拿不定主意要步行或划船。原因在於我們找不到太多相關資訊，事實上，我們幾乎找不到任何資訊。但有了充氣艇，就算資訊不多也沒關係，每天可以視情況決定要步行還是划船。來到北極海沿岸後，這兩種交通方式的比例約為一半一半。今早吹微弱東風，我們便為充氣艇打氣，善用順風優勢。沐浴在陽光中，海上的小波浪顯得和藹可親，我們一邊往較深水域划去，一邊尋找白鯨蹤跡。大群雄絨鴨和長尾鴨悠悠游過，對比鮮明的黑白羽毛在水上閃閃發光。我們離岸愈來愈遠，但似乎還可以看到幾隻美洲馴鹿在苔原上自顧自地吃草。我很高興今天身在此處，身在一個對我而言永遠充滿陌生情調的地方。

僅僅半小時，我們就發現自己犯了錯。海浪愈來愈高、愈來愈頻繁，接著我們注意到風向有所改變。我們進入了附近河流的主要出海口，這裡的水比較深，水色突然由灰轉綠。太平洋和北極海幾乎毫無相似之處，數週來的水域經驗完全派不上用場。此處的風往陸地猛颳，但河流又不斷將淡水注入大海，導致充氣艇進退兩難。

我把船頭的捆帶拉緊，以免行李脫落，並把座艙中幾個鬆脫物品固定好。海水濺上雙腿，寒意透過船體薄薄的橡膠外層滲透進來。我試著運用核心肌群，但很快就變得胡亂划槳，只求船身不要翻覆。我們離岸已將近兩公里，現在非回去不可。我和派特將船頭朝向陸地，等待較大波浪間的間歇期。遙遙看去，有一段海岸線微微泛著白光，顯然細長的沙灘有大片海冰堆積。我試著忽視前方墜入水中的泥崖，這代表中間毫無緩衝地帶。我們上得了岸嗎？還是會被懸崖和大量海冰阻斷去路？噓，我大聲對自己說。閉嘴，好好划船。我專注於當下，稍停片刻，舒緩肌肉和關節處的緊繃感。我活動雙手，轉動肩膀，放鬆緊繃抽筋的臀部。狂風吹走了體內熱氣，還把幾縷髮絲吹進眼裡。

在浪與浪之間，我偷偷瞥向派特，他在我右方六公尺處賣力划槳。他乘風破浪，每划一次槳，看起來就更多一分自信，偶爾還會向我投來鼓勵的微笑。我們就這麼並肩划了彷彿數小時之久。當一道特別大的浪襲來時，我感覺船槳在水下被一股力量帶走，差點把我拉離充氣艇，整個人嚇了一跳。恢復平衡時，我瞥向派特尋求安心感，卻看到他雙眼圓睜，先是訝異，接著轉為震驚。

他恰好與浪平行，因此撞上一道高一公尺半的海浪。他先往左划，用船槳對抗水勢，設法保持直立。幾秒後，又一道波浪從下方掠過，他轉而往右移。這次，他沒辦法順利脫身。彷彿以慢動作播放，他的船身傾斜，海水灌入充氣艇，船身隨後翻覆，他也落入冰冷水中。他一落水，我感覺肺中空氣被抽空。我只看得到小艇的底部浮在水面。

我奮力迎向大風，往派特落水處划去。船才轉過去，他就從水中冒出頭來，手上還握著船槳，帽子還完好無缺地戴在頭上，只是不斷滴水，海水就這麼順著臉頰滑落。派特抓住翻覆小艇的一角，藍色眼睛在暗沉海水映襯下熠熠生輝，看起來活力充沛，極度專注。「我沒事，」他說，「該死，不敢相信我竟然翻船了。」

海水此刻不到攝氏四度，他必須快點回到充氣艇上，否則沒多久就會失溫。但翻覆的充氣艇正隨著波浪劇烈起伏，這顯然不是容易的事。我划向派特，時而猛力划槳，時而停下來準備接受大浪衝擊，只是每次稍有進展，又遭大風吹回。我發瘋似地划槳，等我終於靠近時，派特已經翻正充氣艇並把沉重的行李放好。我伸手穩定充氣艇，讓他慢慢爬上去，先是肚子，隨後轉身面向波浪。他的牙齒微微打顫，但翻覆事故顯然讓他充滿腎上腺素，雙頰紅潤，仍然保持警戒且堅強。

派特迅速回頭看了一眼，確認我就在後方不遠處，隨即調整方向往岸上划去，節奏迅猛有力。陡崖此刻距離不過數百公尺，只見下方的波浪拍打沿岸後噴碎出陣陣白沫。這裡的海灘地勢狹長，但沒有浮冰。派特大喊說他既然濕透了，不如乾脆打頭陣。我看著他挺胸乘浪前進，然後把小艇半抬半拖地帶離水中，再衝回來示意我跟上。我等一陣大浪過去，抓住機會採取行動，但才剛抵達岸邊，一道大浪便擊入座艙，把我腰部以下通通打濕。派特握住我的手腕，使力將我拉上岸。

我們愣了半晌，才回過神來處理迫在眉睫的需求：取暖。寒意逐漸蔓延全身，我嘗試拉開裝著衣物的防水袋，但手指不願配合。派特的濕褲子緊黏肌膚，也難以更換。雖然手指不聽使喚，我仍設法拍下幾張照片。在照片中，派特裸著上身，表情猙獰，要是背景換到其他地方，看起來就像刻意擺拍。歷經一番奮鬥後，我們總算脫下濕衣物擰乾，換上乾衣服，捲起充氣艇和整理收納袋。在此期間，我和派特以揚眉代替言語溝通。有需要多說什麼嗎？若真的要講，恐怕得耗費許多能量。很高興你沒事，很高興我沒事。謝天謝地，我們上岸了。如果發生了什麼事？如果……

派特的媽媽務實多過感性，踏上這趟旅程前，她坦白告訴我，她最擔心我們之中有一人遭遇不幸，另一人卻倖存下來。起初我沒聽出言外之意，以為她只是表達為人父母的擔心，發揮保護孩子的本能。但我隨後意識到她談的不只是自己的失去，而是我和派特的失去。她無法想像我們其中一人必須活在失去另一方的創傷中，何況導致悲劇的原因是自己規劃的旅程。針對大多數的批評意見，我都有準備好的答案，只有這一點難以辯駁。

打從交往以來，「被拋下」就是我的心魔。我和派特在柏令罕初次同居時，也就是結束夏天的溫德河之行後，這個心魔幾乎吞噬了彼此。我當時剛成為研究生，常常忙得沒空跟他到處探險，他也索性獨自去攀爬結凍的瀑布，或是挑戰新的登山目標。他在山中無所畏懼，不覺得有必要為自己的行為找出正當理由。我試著接納這些當初讓我愛上他的特質，但也同時讓我陷入困惑和恐懼。過去我們是一起做出抉擇，一起承擔後果，但分開後，山的危險變得駭人。突然間，我成了要在家中等候消息的那個人，我討厭這種感覺。

我很快學會發怒比害怕更簡單，所以我讓自己擔心到極點，並對著空虛寂寥咒罵。我在那艘小帆船上料理晚餐時，會暗自計數派特還有幾小時回家，試圖拋開那些跟雪崩和失足有關的想法。他歸來後，我會刻意跟他吵帳單該誰付，該換誰去清貯物艙的霉汙。在一連串無關緊要的抱怨後，主題無可避免地會來到我們對風險容忍度的不同。他告訴我，他不覺得自己做了什麼特別危險的事，我則提醒他，過去有人正是因為做這些事而喪命。即使是最強壯的攀登者也曾受傷甚至殞落，最後留下另一半或整個家庭獨自咀嚼悲傷。重點不在於我信不信任他的能耐，我只是不想活在必然會失去他的陰霾中。

長達數個月，我們時而規劃未來，時而感覺關係瀕臨崩解。在吵得最嚴重的日子裡，派特感覺窒息，我則覺得被遺棄。他試著更頻繁地打電話回來以舒緩我的擔憂，並留下鉅細靡遺的路線資訊和日程表。我會藉由外出長跑或聚會讓自己分心。一直到春季學期到來，我們開始籌備夏天的划船及攀登行程後，這種進退不得的情況才有所改善。我們對於風險管理的解決之道，就是一起承擔風險。

但此時此刻，我清楚意識到派特的母親說得沒錯。結伴同行並不保證安全。我們愈勇敢，風險就愈大。

當天下午其他時間，我們都沿著那條狹長沙灘前進，一邊是北極海，一邊則是平坦沿岸平原上突然升起、高達三十公尺的懸崖。在其中一個特別狹窄的沙灘區段，我看到黑雁一家在前方搖擺行走，有兩隻成鳥和三隻毛絨可愛的幼鳥。

我們邊走，那幾隻黑雁邊向前移動想避開這兩個不速之客。兩隻成鳥或前或後地飛奔，黑炭般的頭部不停擺動，發狂似地將幼鳥趕在一起。黑雁幼鳥沿著激浪帶的沙灘邊緣踉蹌小跑，看來像是長了腿的大型絨毛球。對離巢不過數日的幼鳥來說，這裡並不好走。牠們難以越過漂流木，也不適應細軟沙子，走起來十分笨拙。一隻遊隼從崖上俯衝而下，兩隻成年黑雁連忙張開翅膀保護幼鳥，嘶嘶發出徒勞無功的警告聲。黑雁家族隨後轉向海域，但看到轟隆來襲的海浪又連忙退回。

派特和我坐在一根木頭上休息，邊吃燕麥棒邊討論如何繞開這群黑雁。那幾隻幼鳥顯然體力不足，沒兩三下就疲憊不堪。要是我們繼續逼迫牠們前進，成鳥可能會拋下幼鳥，讓牠們自行決定哪個選項比較危險：大浪還是遊隼。我們沒辦法攀登陡崖，不但過於聳峭，泥塊也不太穩定。依照黑雁家族目前的速度，要等牠們離開可能要花上不少時間。

我們決定直接超車，如此一來，這些黑雁理論上不會繼續橫衝直撞才是。派特和我在沙灘上小跑起來，到了一處泥濘高地後，才發現有兩隻小黑雁已在波浪間無助地浮沉掙扎。一道大浪將牠們推向岸邊，讓牠們跌跌撞撞地回到沙灘上。兩隻親鳥和最大隻的幼鳥仍繼續向前跑，幾乎已經離開視線範圍。天空除了原本那隻遊隼，還多了一隻北極鷗和一隻毛足鵟，全都虎視眈眈地想飽餐一頓。

我們必須做出抉擇：把遭遺棄的幼鳥送回爸媽身邊，或是坐視牠們成為掠食者的盤中飧。只要是跟鳥類有關的事，派特總是以我的意見為準。我一邊喊道我們該把牠們送回父母身邊，一邊追起比較小的那隻，很快把牠圍困在一堆漂流木中。與此同時，另一隻幼鳥想奔上陡崖，卻後繼無力地向後跌入派特的雙手。我教他把幼鳥的頭塞入袖子，幫助牠保持冷靜，並以帶著裝備加上這兩個柔弱嬌客所能承擔的最快速度往親鳥的方向衝刺。

我們才剛追上，就看到牠們躍入海浪。小黑雁跟著父母潛入水中，翻滾數次後經過了浪區。現在我們手上有兩隻幼鳥，牠們的父母則在陣陣波濤之外，難以企及。「該死，我搞砸了，」我說。派特聳聳肩，建議下水追追看。我們游到膽量所及的最遠處，一起數到三，把兩隻幼鳥拋向牠們的家人。但兩隻成鳥發覺我們靠近後便一邊嘶叫一邊飛往灰濛天空，消失無蹤。我和派特躲在一根木頭後觀察，我暗罵自己怎敢自認為聰明的鳥類專家。現在我們趕走了兩隻成鳥，還把幼鳥送入幾小時前弄翻充氣艇的大浪中。我不曉得要怎麼跟其他生物工作者解釋這件事。我不曉得要怎麼跟妹妹說我淹死了兩隻黑雁幼鳥。太荒謬了，我感覺要崩潰。

突然間，上方傳來鳴叫聲。我抬頭望去，兩隻成鳥再次現身，在空中盤旋搜尋幼鳥。一看到水中的幼鳥，牠們愈叫愈大聲，隨後撲通一聲降落在幼鳥身旁。我頓時激動起來，這雖不是最佳解方，但若有父母在旁，幼鳥必定多了不少存活機會。現在幼鳥離岸有些距離，猛禽和北極鷗也不再虎視眈眈。黑雁家族一旦通過激浪帶，抵達湧浪區後即可自在悠游，等待風勢減弱、海浪變小時再上岸。事實上，現在的風浪相較早上已是平靜許多。

派特和我多觀察幾分鐘後，再次回到風雨欲來的海岸。當天下午的其他時間，我時不時會望向大海，祈禱那幾隻黑雁幼鳥最終會跟我們一樣：飽受驚嚇，但安全無虞。

變革之地

　　抵達北極海後八天，我們抵達歷史悠久的赫西爾島（Herschel Island）。和柏令罕相差二十一個緯度，過去這四個月像是一輩子。我們當初請搭機來值班的公園巡查員幫忙帶補給食物時，衛星圖上的赫西爾島看起來像一滴淚珠，像一塊永遠到不了的小小陸地。在忙碌的籌備過程中，我只專注於解決待辦事項：打包不必冷藏也可存放多個月的食物，聯絡公園巡查員，填寫海關表格。從沒想過有一天會真正踏上這座小島，一側是美洲大陸，另一側是大海。

　　赫西爾島兩側各有一片狹長的嘴狀沙洲，像是兩道往美洲大陸延伸的砂礫飾帶，也讓整座小島看起來彷彿突然伸入波福海（Beaufort Sea）。一年中絕大多數時候都是冰。我們於七月十二日抵達，圍繞島嶼的最後一片冰在兩週前讓位海水，如今只剩一點浮冰。派特和我在鬱鬱蔥蔥的苔原上歇息，看一對半蹼鴴嘈雜地照顧幼雛。那幾隻拳頭大小的幼雛在碎石堆上來回奔跑，脖子上亮黑的「項鍊」在日光下閃爍。岸鳥有一種千錘百鍊的卡通式走法：一對細瘦鳥腳迅捷地踩踏前進，上半身卻直挺不動，簡直像拔腿飛奔的鳥版威利狼（Wile E. Coyote）。

那兩隻半蹼鴴想要防止我們接近幼鳥，其中一隻成鳥怒斥我，另一隻則假裝折翼，這是牠們用於分散注意力的典型行為，藉此將掠食者引離脆弱、無法飛行的幼鳥。半蹼鴴是雙親照護制（biparental care），也就是父母共同撫養幼鳥的學術說法。公半蹼鴴會固定和伴侶交換孵蛋工作，讓另一半可以外出捕食。母半蹼鴴向南遷徙後，公半蹼鴴也會留下來照顧幼雛。這種行為模式有其道理：孵蛋非常耗費能量，父母共同承擔是事半功倍的做法，而且母鳥生蛋後也需要補充營養。撇開演化論或客觀條件不談，這種習性也相當迷人。綜觀各種鳥類，我寧願嫁給一隻忠誠且不計較男女尊卑的半蹼鴴，也不要嫁給一隻獨來獨往的絨鴨。後者只會換上一身華美羽毛，交配完即離去。

我們從旁觀察，只見那三隻幼鳥飛也似地躲入「折翼」成鳥身下，但空間顯然太小，導致牠們的粗短羽翼和小巧鳥喙露了出來，看起來可笑又可愛。雌雄半蹼鴴長得一模一樣，我沒辦法區分，但我還是做了猜測：「老爹，幹得好。」

溫暖的天氣讓我們暫時忘記冬天即將來臨。我和派特穿著T恤和短褲在陽光下放鬆，刻意忽略還有將近兩千公里才會抵達終點科策標。在礫石灘上，我的腳趾滑過光滑的鵝卵石，感覺腳下有上千顆小小的忘憂珠（worry bead）滾動。趁著天氣好，我們讓雙腳透透氣，自從幾個月前上路後，鞋內的雙腳就從未乾過一整天。

那幾隻鳥匆匆飛出視線範圍後，我們綁上鞋帶，前去和當地公園巡查員碰面。因紐特族的巡查員李伊．約翰（Lee John）和我們握手，隨即介紹起這座島嶼。半世紀前，他在赫西爾島西邊約六十五公里的卡姆克海灘（Komakuk Beach）出生，成長過程中，衣櫥裡總有結合動物毛皮與市售衣服的實用服飾。他的母親會縫製襯有毛氈的海豹皮靴子，還會將合成棉拼接馴鹿皮大衣。每年夏天，他們全家會造訪這座小島，而他如今在此工作。

儘管赫西爾島位處偏遠，幾乎終年冰封，但一直是這片區域的變革核心。因紐特人的祖先視這座島嶼為狩獵和季節性居住之地，島上最古老的建築可以追溯至千餘年前。不過如今已難看到早期的草皮住屋，反而是整齊排列、鑲有紅邊的隔板建築，映襯著島上的風化漂流木和單調苔原地景，看起來格格不入。

十九世紀末，許多人湧入北極圈尋求鯨鬚和鯨脂，而赫西爾島作為阿拉斯加北部唯一的天然港，順理成章成為捕鯨船過冬的地方。這座島嶼迅速成為熱鬧的捕鯨重鎮，充斥著傳教士、加拿大皇家騎警、球隊和宴會。這些一夕之間興起的人類活動，也吸引北極圈西部各地的因紐特人、因紐皮雅特人和哥威迅人步行或用狗拉雪橇，跨越一千六百公里來此販售動物毛皮、肉品及勞力給捕鯨人。對自然資源的渴求很快造成環境破壞，連帶也影響當地居民。棲息此處長達九萬年的麝牛便因過度捕獵而滅絕，現在見到的麝牛都是後來引入的。許多原住民也因為性病、麻疹和流感等疾病而死亡，傳統生活方式更受到酒精等外來物和現金經濟所影響。

因為鯨魚數量下降，價格崩盤，還有外部利益轉為動物毛皮等其他商品，短短二十年後，當地捕鯨業便崩垮。一九一五年，哈德遜灣公司（Hudson's Bay Company）在島上設立據點，一方面向當地人販售日常物資，另一方面則收購動物毛皮銷往南方，但此一時期相當短暫。李伊出生時，赫西爾島的商業活動已落幕，唯一一座加拿大皇家騎警的前哨站也已關閉。之後，赫西爾島回復寧靜，成為一座偏遠的省立公園，只有少數勇敢的外國遊客和附近村莊的因紐特獵人會偶爾造訪。

我們跟著李伊穿過一座座老舊建築，聽他描述他母親小時候跟白人貿易商打交道的故事，一邊想像這裡不久前曾是非常不一樣的地方。當時拍下的模糊黑白照片有著破冰船、裹著毛皮大衣的捕鯨船員，還有手工細紮的狗拉雪橇。曾經用於存放鯨鬚的低矮棚屋，後來成為貿易公司員工住處，接著變成李伊家的夏季小屋，現在則是省立公園的倉庫。商業捕鯨活動落幕一個多世紀後，這座偏遠小島再度重回全球經濟一環。因為冰融，原本船隻無法通行的西北航道漸漸成為開放水域，預計數十年後將會變成無冰水道，各國都在搶著插足北方的運輸通道。赫西爾島地形特殊，且有天然屏障的港口，在「嶄新」的北極圈中必將佔有重要地位。

下午，我們領了補給箱，為明天展開的行程整理食物和裝備，並沿著寶琳灣（Pauline Cove）北邊的狹長灘岸散步。隨著泥崖愈來愈高，我們小心行進，同時研究海水如何俐落切割島上的凍土。在一層薄薄泥炭之下，厚達數公尺的巨大冰透鏡體宛如冰淇淋蛋糕內層般自泥崖突出。海灘很快變窄，導致我們必須沿冰冷海水行走，腳趾慢慢凍麻。在返回較乾燥的陸地之前，我們注意到兩個淺色物體倒在離水線僅一公尺左右的深灰色泥地上，仔細一看是兩隻棒球大小的絨毛幼鳥。我以為牠們死了，於是用手指碰了一下體型較大的幼鳥，牠睜開黃澄雙眼向我投來銳利視線。我認真檢視較小的幼鳥還有沒有呼吸，但牠雙眼緊閉，一動也不動。抬頭望向懸崖，濕潤的泥土中有道痕跡，顯然是牠們滑落的地方。

過去幾天來，我們遇過好幾十隻遊隼、矛隼和毛足鵟，牠們總把鳥巢築在懸崖上，不如鳴禽巢穴精緻或渡鴉巢穴花俏，至多是泥土小洞，或是苔原上的淺坑。我們的耳朵已經習於猛禽發現入侵者時的粗啞鳴叫。某天清晨三點時，我們被兩隻矛隼的叫聲吵醒，早上出帳篷一看，就發現沙裡有熊的足跡。

我和派特蹲下看著泥地上的兩隻幼鳥，周遭的寂靜顯得震耳欲聾。沒有尖嘯，沒有俯衝，也沒有憤怒鳴叫。我巡視天際試圖尋找親鳥，但什麼都沒看到。對沒有受過訓練的人來說，很多猛禽的幼鳥都長得差不多，雙眼旁羽毛不生的肌膚顯然源自爬蟲類，鳥喙小而灰。我見過的猛禽幼鳥不多，所以也辨識不出來，但附近一隻頭部被咬掉的北極旅鼠提供一絲線索：隼會狩獵其他鳥類，毛足鵟則吃小型囓齒動物。毫無疑問，這兩隻是毛足鵟幼鳥。但即便食物近在咫尺，目前的牠們也不太可能活得下來。冰冷海水隨時會淹沒牠們，附近也可能有狐狸、貂或熊。此外，兩隻幼鳥從二十幾公尺高的陡崖掉下來時或許已經受傷。

我雖然受過良好的客觀規範訓練，但此刻我只想捧起這兩隻幼鳥，帶回公園巡查員的屋子照料。較大的幼鳥頭部有一團絨毛，一雙大眼凝視著我。牠的翅膀大得不合乎身體比例，嘴邊有一道黃色喙裂，看起來好像在微笑。這些古怪部位湊在一起，看來荒誕又惹人憐愛，但真正讓我難受的原因，不在於牠們的可愛，或是牠們已無存活機會。真正讓我難受的是牠們無依無靠，而我卻無能為力。

生物學的首要原則就是「順其自然」，但這也是數一數二難以貫徹的原則。我第一次到威廉王子灣田野研究三趾鷗時，就公然違反這項規則。當時，我每週都得造訪多座鳥巢追蹤幼鳥的成長情況，很快就發現海鳥棲地的生活十分殘酷。牠們會產下數千顆鳥蛋，而傷亡數量卻遠遠超乎我的想像。我從沒想過要當三趾鷗的養母，但當那隻灰撲撲的絨毛幼鳥搖擺向我走來，並自顧自坐在我的靴子之間時，我不知道自己還有什麼選擇。這隻幼鳥沒了父母，輾轉來去不同鳥巢，遭到其他鳥啄擊並騷擾，相當不幸。那天跟我搭檔的前輩隨口說道，我們團隊過去每季都會收養一或兩隻境遇特別悲慘的幼鳥。這下我有了正當理由，便用毛巾裹起那隻幼鳥，帶回營地，親手照料牠到羽翼豐滿、從後廊飛走為止。

現在的我懂得欣賞野生動物救助和田野生物學的不同。我了解若要滿足一個物種的需求，光是照顧單一個體並沒有用。我為了研究抓捕山雀時，心中清楚知道牠們不可能重返自然，但我這麼做是為了幫助所有山雀，為了探究這麼多山雀出現神祕的鳥喙畸形症的原因。只是儘管有十餘年的科學研究作為支柱，我仍不免質疑每個將「知識」置於「同理」上的研究行為。那個在小木屋角落照顧山雀的十九歲女孩從未遠去，每當她現身，我都暗自欣喜。

今天面對這兩隻毛足鵟幼鳥，我的感受更加複雜。在表面的憐憫或慈悲之後，我知道包括自己在內的每個人或多或少都有值得責怪之處。崩垮的陡崖、暖化，以及這座正一塊塊滑入大海的島嶼，我們每個人多少都得負點責任。我知道自己能為這兩隻幼鳥所做的事不多。就算我想幫忙，也沒有小屋可以飼養或旅鼠可以餵食。轉身離去前，我小聲向牠們道別，強迫自己不能回頭。

返回村落途中，我們經過許多體型矮壯、有雙紅腳的黑鳥，在陽光下熠熠生輝。這些鳥從老舊教堂的窗戶飛進飛出，那裡曾是島上居民舉行禮拜的地方，現在成了黑海鳩的棲地。牠們並不是唯一棲息於人造環境的黑海鳩。我告訴派特，阿拉斯加庫珀島有另一座類似的鳥類棲地，鳥巢都築在用於運送電子產品的硬殼防水箱。那是一位叫喬治・迪沃基（George Divoky）的古怪生物學家的心血結晶，他因為擔心海冰融化會導致北極熊往陸上移動，威脅到鳥類生存，所以打造了這個充斥防熊箱的鳥類聚落。

三十年前，迪沃基偶然在庫珀島上發現一處黑海鳩據點：一些原本習慣築巢於較南端的岩石縫隙的黑海鳩，輾轉落腳於島上的舊海軍遺址。由於地點新奇，加上鳥巢容易觀察，迪沃基決定到此研究黑海鳩的繁衍。十幾二十年後，他發現這些黑海鳩有更多可以學習的地方。這塊小小的鳥類棲地驚人地反映了氣候變遷的影響。氣溫上升，海冰融化，暴風雨愈發頻繁，愈來愈難捕食北極鱈魚，而北極熊也愈來愈常登門造訪。有一季，北極熊幾乎毀掉所有鳥巢，迪沃基就是此時冒出防熊箱的想法。幾年前，我在安克拉治的鳥類生物學研討會上看過防熊箱內部遙控攝影機拍下的影片：巨大的黑鼻子湊過來嗅聞塑膠製的防熊箱，而黑海鳩穩坐其中孵蛋。影片播放時，迪沃基站在講台旁，露出燦爛笑容。儘管這些箱子看起來十分古怪，而且更多是迪沃基對「他的黑海鳩」的情感表現，但面對不尋常的情況，或許這些不尋常的作法才是解方。防熊箱無法改變北極海生態系統面臨的危機，但至少庫珀島上的黑海鳩可以少擔心一件事。

回到據點後，我們把那兩隻幼鳥的照片給李伊看，他用手遮光，仔細檢視，最後確認是毛足鵟雛鳥。據他所言，赫西爾島是毛足鵟在北極圈繁衍密度最高的地方，他也見過幾個巢掉入大海。隨著氣溫上升，苔原下方的永凍土融化，海岸線更會大規模陷落，島上有些地方甚至以每年三十公尺的速度倒退。

「除了把這些觀察記錄下來，我們能做的事不多，」他說。我們站在巡查員小屋外，他邊說邊掃視海面，接著指向遠方空中的海鷗，示意那裡可能有白鯨出沒。我們尋找白鯨蹤影，他繼續說著最近發生的野生動物傷亡事件：馴鹿過冬後變得消瘦且毛髮蓬亂，每年歸來的數量愈來愈少，以及海邊發現十餘隻死亡麝牛。我很難想像要多麼險惡的天氣才能穿透麝牛的毛皮，牠們的毛髮幾乎長及地面，在四條腿和腹部間嗖嗖擺動，形成一個可比環境溫度高上攝氏六十五度的微環境。我們幾天前才目擊一隻公麝牛站在嘴狀沙洲上，一如想像中堅忍不拔。不過殺死麝牛的並非寒冷，而是不合時令的溫暖。冬天的凍融循環愈來愈頻繁：從南方吹來的溫暖奇努克風造成融冰和下雨，攝氏零度以下的氣溫又將大地凍結。一夜之間，動物活生生成了冰雕，原本用於保暖的毛皮卻凍得堅實。這些循環跟美國東北部的冰暴其實相去不遠，只是這裡的動物沒有避難處。

當天稍晚，我們和幾位在赫西爾島上研究永凍土變化的科學家用餐。他們除了想深入了解氣候變遷和凍土，也想替島上的公園管理處和歷史建築尋找嘴狀沙洲被海水淹沒後的替代場址。這件事發生只是早晚問題。根據目前估算的暖化速度，加上愈來愈頻繁的風暴潮，這片嘴狀沙洲不到五十年即會沒入水中。赫西爾島坐落在僅僅數公尺的冰層上，易受侵蝕，要找到替代地點並不容易。在這裡，「歷史保存」的意義完全不同，因為就連島嶼本身都注定要流逝無蹤。

身為在阿拉斯加工作的生物學家，我對氣候暖化的影響當然不陌生。在阿拉斯加，能引起更多關注的議題可不多。但我的想法正在逐漸改變。這趟旅途中遇到的人、鳥、陡崖和暴風雨，讓我見識到截然不同的事實。當地人無意討論假設性問題，因為氣候暖化的影響顯而易見。我們印象中的北極是一片冰雪大地，也是海象和北極熊的家鄉，但這個印象正在迅速成為傳說。亙久存在的凍寒，那些冰封在萬年凍土中的祕密，正一天天流逝。學界做了許多模型和研究，但沒人預測得到接下來會發生什麼事。這是一場變因極多，但沒有標準或對照組的實驗。唯一能確定的，就是無論個人或政府相信與否，改變都會發生。

離開赫西爾島後，我們朝阿拉斯加邊界前進。幾天後，我們一起床便看到海上遍布浮冰。短短一夜之間，北風竟將大如一座城市的浮冰群從地平線彼端吹至沿岸地區。突然間，氣候暖化這事似乎變得令人發噱。這裡冷死了！夏意短暫浮現後，冬天再次降臨。空氣冷冽，溫度不斷下降，我們不得不穿上更多衣物。原本一望無際的天空褪成雨點和濃霧，我們掏出帽子和手套，擠在煙霧瀰漫的篝火旁取暖，最後才心不甘情不願地爬進濕氣沉重的睡袋，在夢中與藍天豔陽相聚。

在冰層還沒厚到必須全程徒步時，我們取道一連串狹長嘴狀沙洲和沿岸小島，踏著沙礫前進。從空照圖來看，這些離岸沙洲島嶼長得很像修長的石蛇，恰與美洲大陸平行對望。有些島嶼相距僅數百公尺，最多也不過幾公里。我們每到一座小島底端，就會替小艇充氣，划向下一個島嶼。我們攜帶的地圖最後一次更新是一九五六年，由於海岸線倒退，現在已無法如實反映實際地形，所以我們只得在不確定的情況下，勇闖遼闊的灰色海域。此處有多條美洲大陸的河流會往北將沙石帶入海，同時暴風雨和浮冰則不斷侵蝕僅比水線高幾吋的沿岸。這些小島多變的樣貌，可說是與大自然拔河的結果。

霧氣很重的早晨，我和派特邊聽著冰塊融化時發出的詭異劈啪聲，邊來到努納里克嘴狀沙洲（Nunalik Spit）的末端卸艇划行。濕潤的空氣消去了划槳聲並放大來自遠方的雜音。一群海番鴨飛掠上方，風呼呼吹過牠們的羽翼；一對白嘴潛鳥來回發出粗嘎叫聲。我們總算抵達鄰近另一座島嶼，捲收充氣艇時，派特注意到十五公尺外的海面出現漣漪，接下來一陣波痕，然後，我們瞥見一道亮白色的脊背。白鯨！三隻泛著光澤的白鯨穿行灰濁海水，彷彿三道快速移動的倒影。牠們繞圈游了兩次，隨後消失於霧氣之中。

我們開始徒步行進，沒多久就撞見上千隻動物骨架。腳下無處不是褪色的白骨，彷彿有間古生物博物館把全部館藏都倒在這裡。如同那些從遙遠草木茂盛之地來到北極的漂流木，這些動物遺骸也是被大風和海流安放於此。這是北極為我們上的一堂自然史，也是海洋運輸學的研究，更是一場生死見證。

我們先在一隻弓頭鯨的下顎骨旁駐足。我立起微曲的下顎骨，發現鯨魚的嘴巴竟然比我還高。派特彎腰想搬起鯨魚的脊椎骨，但只能抬到膝蓋高度。弓頭鯨不僅巨大，也是地球上最長壽哺乳類的紀錄保持者。有人在捕獲的弓頭鯨身上發現維多利亞時代的魚叉尖頭，據科學家和因紐皮雅特族的長老估計，弓頭鯨的壽命可能長達兩百年。鯨魚骨架旁是一隻沙丘鶴的骨架，相較之下顯得輕盈。牠專為飛翔而生的中空翼骨，似乎隨時會被風吹起。與鯨魚一樣，沙丘鶴也很長壽。鶴存在地球上已至少兩百五十萬年，是數一數二古老的鳥類。儘管人類對地球的影響重大，但我們存在的時間並不算長。放眼四周，到處是骨頭，我們試著猜測它們是什麼動物：沙上有個直立的馴鹿頭骨，一對鹿角指向天空；狀似手指的骨頭似乎是髯海豹的鰭肢；短短的管狀骨頭看起來像是鴨子的股骨。

幾分鐘後，一隻藏身礫石坡後的雌性歐絨鴨，突然從腳邊振翅冒出。這種身材矮胖的海鴨喜歡在北極海的離岸沙洲島嶼繁衍，巢穴往往藏在大堆漂流木內。派特和我趨前觀察沙坑裡的四顆橄欖綠鳥蛋，我撥弄了一下巢中的羽毛，還留有那隻歐絨鴨的餘溫哩。

我之前唯一一次造訪北極海的離岸沙洲島就是為了絨鴨。當時我參加的研究團隊在北極國家野生動物保護區邊界以西的偏遠區域，花了一個夏天研究絨鴨的繁殖模式。六、七月時，我們每天都坐船去追蹤絨鴨築巢的進度。然而，就在雛鳥破蛋而出時，暴風雨來襲。一連五天的大雨和強風捲起沙子，潮水上漲了約一公尺。

等我們終於能重返其中一座島嶼，只見到流離失所的雌絨鴨徘徊，彷彿突然失去每日花上二十三個小時孵蛋的意義。牠們的巢不是遭浪捲走，就是深埋沙中，雛鳥的殘骸散落各處，細小的鳥喙結凍，身上絨毛泛著水光。其他小島一樣慘烈。短短兩天，整個繁殖季就毀滅殆盡。這裡一直是暴風雨肆虐之地，但近年來更加嚴重，新的氣候模式帶來更多不穩定性，這些離岸沙洲島首當其衝。水域更開闊，表示浪變得更大；海冰減少，則表示愈少屏障。

那隻雌絨鴨遠遠注視著我們，並繞著一根大型漂流木搖擺徐行，等待我和派特離開。此刻，牠顯然只想做一件事：孵育下一代。我無法改變暴風雨或氣候變遷，但至少可以為她盡這一小份心力。我替鳥蛋覆上羽毛，以免失溫，然後和派特速速離開，躲到遠處偷偷觀察。不一會兒牠回到鳥巢，再次如大石般坐定。牠會在此等待，等到雛鳥破殼而出，或是等到大浪沖去一切。牠會一直在此等待，全心相信這座位處地球邊緣的小島就是歸屬，無論風和浪潮再怎麼洶湧，這裡就是家。

巴特島

離開赫西爾島十天後，我們即將抵達卡克托威（Kaktovik），這是位於落巴特島（Barter Island）上的因紐皮雅特小村，也是我們領取下一批補給的地方。今天是我們在北極海沿岸的最後一天，接下來就要往南進入群山。此時順風，進度良好，但波浪愈來愈大，大到我們乘浪多於划槳，我的雙手也因為緊握船槳而隱隱發痛。來到距離卡克托威約一公里的離岸沙洲島時，我們上岸休息整頓，評估最後這一段船程。北極日照和大風刺痛我的雙眼，划槳挑戰則讓我神經緊繃。

我拖著充氣艇沿著沙岸行走時，注意到兩組熊的足跡，一大一小。一路以來已看過不少熊，即使這是一對母熊和小熊，也沒有特別引起我們注意。但過了一分鐘，我突然想起，唯一會在離岸這麼遠的沙洲島上出沒的就是壯碩的北極熊。我們仔細一看，才發現整座島上都遍布爪印。大的、新鮮的爪印，有些看起來不過是數小時前留下的。這座島嶼顯然是北極熊會經過的地方。有人警告過這一帶有北極熊出沒，因此我們往西前進時絲毫不敢鬆懈，畢竟在濃霧中很難分辨前方有沒有熊，我們可不想直接撞上牠。不過，這是我們第一次有真正值得擔心的理由。

我不斷來回掃視，視線所及都沒有熊的蹤影，但天曉得海面會不會突然冒出一隻北極熊。我們此時面臨兩個令人不快的選擇：下海面對大浪並祈禱安全渡過這段航程，或是在島上等到北極熊現身為止。兩個選擇都不吸引人，但我還是投下神聖的一票：立刻出發吧，我可不想徹夜等待某個不速之客到來。派特稍微思索，也同意我的決定。

有一隻白嘴潛鳥正在島嶼附近，顯然不受大浪影響，也對附近有北極熊出沒無動於衷。跟我們不同，潛鳥天生就是游泳好手。牠們的骨頭密度高，可以耐受水下壓力，而且氣囊數較其他鳥類少，加上專為潛水而生的肌肉，非常善於下潛。但這些特色並非毫無代價。潛鳥若難得要在陸地上移動，就會反覆撲倒。但此刻受困離岸沙洲島、面對強風大浪的我，寧可用步行速度來交換牠在水中的優雅姿態。

進入風強浪急的海面，我們奮力划過那隻白嘴潛鳥，並暗自希望每一道白浪都不過如此。我想見北極熊，但不想在充氣艇上見。隨著巴特島愈來愈近，一座造型奇特的建築物映入眼簾。遠遠看起來很像二戰時期的半圓拱形活動小屋（quonset hut），並有九根平行的弧形大橫樑，靠近點才看出那是一座鯨魚肋骨所構成的巨大籠狀結構。我們後來知道這個居民捕鯨後堆放殘骸的「骨堆」是永久設施，是當地的重要地標，也是北極熊的點心吧。卡克托威的人類和熊類在此達成某種奇特的停戰協議，只要北極熊吃喝無虞，往往不會造成危害。所以居民打完獵，都會將殘骸拋至此處，除了供北極熊享用，也吸引世界各地的旅客來此一睹這種神祕生物的進食畫面。謝天謝地，今天沒有熊，那些骨架都已吃得清潔溜溜，要等到秋天才會有新貨。

我們平安划抵巴特島，途中沒有發現任何北極熊。抵達陸地並接近人類聚落讓我鬆了一口氣，況且還是一處會邀請熊來作客的聚落。先沿著飛機簡易飛機礫石跑道行走，隨後轉入一條小土路進入村落，沿途有數座破敗荒廢的建築，以及夾板搭建的樸實小屋。有些居民向我們點頭示意，但跟其他村莊不同，沒有人微笑或開口打招呼。卡克托威的居民早已習慣觀光客出沒，就和夏季的安克拉治一樣。對當地人來說，我和派特不過是兩個來看北極熊的觀光客。

不到十分鐘就能繞完村落一圈，碰到幾台用夾板、錫和紙板隨意拼湊的拖車。看到掛著一雙木製雪地靴、寫著「沃多之手」的手繪招牌，我們走進去，裡頭有餐廳、旅館和商店，提供熱食，公用客廳和廚房間有扇小窗。這處特別的住宿要價高昂。共用廁所的雅房每人兩百二十五美金，淋浴一次十五美金，洗一次衣服則是二十五美金。在極北地區的小村鎮，商品運輸往往得用上噴射機、越野飛機、船、卡車和雪上摩托車，所以價格跟里程數呈正比。我們聽到價格有些卻步，老闆沃特和梅爾琳提議讓我們在小棚屋搭帳，費用低很多，還有空間可以攤開裝備，不必在外與流浪熊為伍。我們沿著搖搖晃晃的木棧道走到後頭，小屋看起來嚴重傾斜，內部有不少引擎零件和廢棄物。我們拿起鏟子和掃把稍微清理，集中生鏽的釘子，移開老舊墊子，再把腐爛的木樑堆起來。無論用什麼標準來看，這座棚屋都達不到可住水準，但今晚這不是問題。我們清掃完，搭好帳篷，打算到主屋享用一頓昂貴餐點。

沃特從廚房裡招呼我們，「燉辣肉醬和起司漢堡如何？反正我今晚也只提供這些餐點。」起司漢堡要價十二美金，燉辣肉醬則要七美金，我和派特商量一番才決定點餐。沃特沒聽見我說話，直到我大喊他的名字。他把燉辣肉醬倒進兩個塑膠碗，然後從小窗子遞出，指著微波爐要我們自己加熱。接下來，他哼哼哈哈地到冷凍庫取出牛肉排，再撕開兩個漢堡包，塗上包裝好的美式起司，邊烤肉排，邊分享他五十幾年前如何開飛機往返巴特島及偏遠的遠程預警雷達站，協助運送人員和補給物資。

「現在我負責煎歐姆蛋和漢堡肉，退休生活不算太差。」

我們坐在居家風格的長桌旁，跟一旁用保麗龍杯啜飲咖啡的當地男人聊天，「你們從哪來啊？」他問道。

抵達北極以來，已經有孩童、店家、村長等各式各樣的人問了這個問題不下數十次。我們起初以為對方是問我們出身何處，所以回答「安克拉治」，再來以為是問出發地點，因此再答「華盛頓州」，最後才恍然大悟，他們想聽的是我們的行程，而不是某個數千公里外的虛幻地點。當然了，一直到我去過赫西爾島，這座島嶼對我才有意義，小溫德河現在也是千真萬確存在的地方，卡克托威則是是一座有「骨堆」和在客廳提供燉肉醬的粗野男人的村落。知道怎麼回答後，答案便一一出現：阿克拉維克、布洛河（Blow River）、小馴鹿濕地（Little Moose Slough）。人們臉上不再出現困惑神情，甚至會興高采烈地分享起自己在這些地方的經驗，或講起某位兄弟或朋友轉述的故事。

那男人一聽我們的上一站是赫西爾島，雙眼頓時亮起。他說他奶奶就是在赫西爾島出生，不少未曾謀面的親戚仍住在加拿大那一端。他曾祖父母那一代會乘坐狗拉雪撬前往赫西爾島，當時的北極地區非常不同。我給他看我們拍的照片，還有幾天前經過的邊界：一根插在單調苔原地景上的金屬柱。談及未來，他彷彿甦醒過來，「我從來沒有到過加拿大邊界那邊，但聽說那裡變了很多，這裡其實也是。我現在踏的地方幾乎算不上是陸地，冰況很糟糕，天然氣太貴，我甚至不知道自己的孩子未來能不能待在這裡，根本沒什麼工作給他們做。」幾分鐘後，燉辣肉醬和起司漢堡上桌，我們享用起這頓來自另一個世界的美食。

隔天早上離開前，我們先到郵局領補給箱。那是一棟挑高的藍色建物，招牌有點歪斜，無疑又是惡劣氣候和不穩定土層的受害者。走進去後，我注意到牆上貼著數十張藍黃混雜的便條紙，看起來是負責人有事離開時的通知牌，而且使用率顯然很高。「看醫生，晚點回來」「邊疆航空今天飛不回來」「郵件整理完畢才開門」「郵件量『超級多』」「下午兩點半可能會開」「回家了，急事請電：640-1973」「邊疆航空班機取消」「下午三點再來」「視訊培訓中，請晚點再來」「出外辦雜事」「信件

下午一點半才到」，任何我們想像得到的郵局關門理由，這裡全找得到。當地人都知道，在極北小村，天氣因素勝過一切，郵政服務自然也不例外。從郵局員工到公園巡查員，獵人到雜貨店店員，都過著看天吃飯的日子。

我讀著那些便條紙傻笑時，郵局人員從窗後現身，他留著灰白長鬚，綁馬尾，穿著扎染襯衫，風格更像是一九七〇年代的南加州，而不是某個北極海邊緣的小捕鯨村落。我們表示要領取兩箱包裹，「噢，我知道了，那兩箱塞爆我的辦公室差不多三週了。」我要拿出駕照時，他哈哈一笑說只要我們能幫他擺脫那兩箱東西，他才不管我們是誰。

我們解釋之所以這麼晚才來領包裹，是因為我們靠徒步和充氣艇旅行。他打斷我們，「你們從沿岸那邊過來嗎？噢，那一定看到不少桶子吧。」我們途中確實看到不少五十五加侖的桶子，有些散落海灘，有些被浪推上苔原。這些桶子生鏽嚴重，除了高度及有點像熊的奇異外觀外，幾乎與地景融為一體。他落落長但生動地解釋這些桶子何以來到沿岸。一九五〇年代初，美國軍方為了支援空軍在此區運作及稍後設立的遠程預警雷達站，用飛機運來大量石油。但因為當地沒有儲存設施，這些石油不得不裝在鐵桶裡。石油用完後，鐵桶自然成了垃圾。到了一九七〇年代，卡克托威已經累積了成千上萬個空桶。後來軍方雇用當地人收集空桶並堆疊在飛機跑道附近的海灘，打算之後用飛機運走。他一邊描述這段故事，一邊掏出筆記本來描繪當時收集了比一座現代村落還大的桶子，還疊了兩三層。

「接著呢，」他濃密尖鬚上方的雙眼熱切地注視我們，「來了一場百年一見的暴風雨。轟！所有桶子像紙屑般亂散，這下你們知道為什麼到處是桶子了吧。東西只要來了北極，就永遠離不開了。」

二十分鐘後，我們坐下打開補給箱，除了看到兩個月前放入的乾燥食品，還有兩包來自媽媽的餅乾和一張字跡潦草的便條紙。「旅行愉快，好好照顧彼此！妳再過不久就要回家了，我們等不及見到妳！」派特和我倚著歪斜的柱子，打開第一包餅乾，上頭的巧克力已經泛白，而且一捏就碎，但每一口仍是美味無比。這些餅乾和媽媽留下的訊息，讓我突然想起了家。

回家令人心安，也令人不快。終點仍然遙不可及，但已是七月下旬，夏天正在迅速遠離。我迫不及待想見朋友和家人，但也對安克拉治的生活感到焦慮。出發前，我想過離開是什麼感覺。擔心自己想家，擔心失敗，也擔心遭逢不幸，但還沒有想過「回去」是什麼感覺。那還好遙遠，太抽象。

置身原野，光是選擇最佳路線、計算還要多久才能吃點心、留意有沒有熊和鳥類蹤影，就會耗盡能量。因為需要專注，我能暫時拋開紛亂思緒以及找不到解答的煩惱，算是這趟旅程的禮物。但我知道這個世界重視世俗平凡，不重視崇高壯美，這種心智澄明無法為我指引明路。它改變不了一天總有數不盡的待辦事項，卻沒有足夠時間完成；它不會讓爸爸的病痛消失，或安撫我面對辦公室工作的猶疑。擁有孩子將會改變太多事情，我還沒有準備好涉足這塊陌生領域。此刻，我滿足於變了味的巧克力和花生醬。其他的事，以後再說。

吃完大部分的餅乾後，我們把十天份的食物塞進背包，在爸媽的答錄機裡留言，然後踏上一條土路離開卡克托威，與那座「骨堆垃圾場」道別。路上到處可見盛行東風吹來或熊及狐狸叼咬出來的垃圾，而且就像郵局人員所說，苔原上幾乎到處都有空桶點綴。我們預計到巴特島南端後為小艇充氣，划經狹窄水道前往美洲大陸，將北極海拋在身後，往南跨越沿岸平原，進入布魯克斯山脈。

第五部

布魯克斯山脈

北極的脈動

過去四個月來，生活中少了聳人聽聞的頭條和突發新聞。透過衛星電話傳來的消息往往晚了好幾天，並且被家人朋友稀釋到只剩片段。我依然覺得自己是世界公民，只是我的世界僅止於視線所及。我們需要的資訊是風向和雨雲，手指追隨的是等高線，而非政治上的分野。這樣的日子很容易讓人忘記世界充滿分歧。邊界無處不在，區分了國家，界定聯邦管轄區和州管轄地，也隔開國家公園和私人土地，只是我們環顧四周，幾乎找不到這些界線的證據。沒有邊界巡邏站，沒有測繪標記，也沒有「禁止進入」的警告。我們抵達北極圈後唯一看過的官方告示，是一週前的一根金屬柱，歪歪斜斜，布滿彈孔，一邊寫著「加拿大」，另一邊寫著「美國」。

踏上這趟旅程前，我曾詢問有關單位如何合法從冰川或苔原等地跨越邊境，結果獲得出乎意料有人情味的答覆。我致電各單位時都猶豫著該不該報上名字，生怕對方會告訴我這種入境方式不被允許。但每次接起電話的人都親切地說：過境時跟我們說一聲就行了。

我們行經一座破敗崗哨，正式踏入阿拉斯加後，我便用衛星電話打給邊界聯絡人，最後轉接到費爾班克的某部答錄機。我按照指示留下語音訊息，「嗨，我是卡洛琳·范·希莫特，還有我先生派翠克·法洛，我們剛剛跨越美加邊界進入阿拉斯加。若有需要，歡迎跟我聯絡，只是我們接下來幾個月的通訊能力應該有限。辛苦了，謝謝。」不過我從未收過回覆，也許派特和我就跟美洲馴鹿或黑雁一樣，悄悄來去，不為人注意。

不過此刻誰也無法忽略邊界存在。我們剛剛划抵北美洲極具爭議性的土地，這裡雖然離美國首都有數千公里遠，但政治角力的痕跡非常明顯。幾乎每個人都聽過北極國家野生動物保護區（Arctic National Wildlife Refuge），但很少人親身造訪，我和派特也不例外。數十年來，這裡以兩大特色聞名：北美馴鹿和石油。不過此刻我踏出小艇，站上泥濘海岸，沒看到馴鹿，也見不著石油。

自從知道這個保護區後，我一直想要造訪，照片中的它非常驚人：無數隻美洲馴鹿迂迴跨越這片苔原，棕黃身軀幾乎覆蓋整塊大地，令人想起曾一度充斥天空但如今已滅絕的旅鴿。懷胎的母馴鹿拖著隆起腹部橫越山道、洶湧河流和冰雪大地，才能抵達繁殖地。細瘦難看且濕搭搭的初生小鹿出生不過數小時，就能搖搖擺擺地走過苔原。美洲馴鹿已經變成原野的象徵，地球上碩果僅存的大型哺乳動物遷徙。馴鹿這塊繁殖地食物充足，沒有掠食者侵擾，海風讓蚊子退避三舍，是馴鹿養兒育女、尋求庇護的絕佳去處。

儘管這片土地為人類帶來一張張快樂平和、詩畫般的照片，但最引人關注的仍是當地蘊含的分歧。政治上稱此地區為「一〇〇二區」，原因是地底下的石油牽扯到大量財富，所以重要程度不同於一般苔原，也導致其未來懸而未決。如同許多偏遠地區，一〇〇二區的命運取決於遙遠的國會和法庭，而那些人往往從未涉足北極。

諷刺的是，華盛頓特區的政治論戰往往聚焦於北極地區的特質，而不是石油鑽探可能會帶來的收益或損失。有些政治人物想讓我們相信一〇〇二區是荒蕪貧瘠的不毛之地，其他人則反駁說那是地球上數一數二富饒的地方。兩個版本都有真實之處。北極是一塊充滿矛盾的地區，光與暗，富饒與稀缺，鬱蔥草綠與冰封凍白。世上少有如此生機盎然的地方，也少有如此寂靜荒蕪的地方。任何居住或曾經造訪此地的人都可以證實這些描述，爭吵這種事毫無意義。

當地的爭執則不只牽涉政治，更關係到生活方式。地方村落往往對未來發展有不同看法，譬如布魯克斯山脈南側的北極村（Arctic Village）便反對開發。每到冬季，美洲馴鹿即會造訪這座村莊，對於仰賴狩獵的聚落來說，馴鹿等於生命。住在北極村的哥威迅人甚至稱呼這塊馴鹿繁殖地為「Iizhik Gwats’an Gwandaii Goodlit」，意指「生命初始之聖地」。然而距離繁殖地最近的卡克托威，多數居民贊同鑽油開發，因為當地經濟狀況不佳，任何工作都很珍貴。卡克托威有許多因紐皮雅特居民認為石油開發是唯一可行的發展之道，我們昨天在「沃多之手」遇見的那位男子也不例外。但無論支持或反對開發，當地的既有文化都深受威脅。

不可否認，馴鹿和石油都已在此度過漫長歷史，馴鹿的祖先見證了猛瑪象滅絕及人類增加，而石油很可能一億年前便已存在，但誰也不知道兩者未來將如何繼續共存，在什麼情況下才能繼續共存。我捲起充氣艇，望向眼前的沿岸平原，看到的不是戰場，而是沐浴在夏日午後暖意的寧靜苔原地景。

我和派特背起裝備前進，才走了幾百公尺便碰上第一隻奮勇捍衛保護區的動物。一隻成年短尾賊鷗朝我俯衝，兩隻細瘦笨拙的幼鳥則在苔原上奔逃。牠修長的叉狀尾羽飄逸，向我發出警告意味濃厚的鳴叫，聽起來介於生氣的貓咪和走調的單簧管之間。沒過多久，那隻短尾賊鷗再次襲來，邊尖嘯邊擦過我的背包。第三次，牠直接碰擊我的帽子上沿，顯然是來真的。滾開，牠彷彿憤怒地這麼說著。我才不會讓笨拙的人類害死我耗費一整季能量孵育出來的幼鳥！我只好高舉登山杖，希望牠會攻擊鋁製杖身，而不是我本人。

這隻短尾賊鷗的防衛心完全有道理。在北極地區育雛一向不容易，其中包括落落長的待辦事項：找伴侶，選擇巢址，生蛋，長達數週孵蛋，另外好幾週的餵食。這一切必須在短時間內頂著極端且無情的氣候完成。鳥抵達沿岸平原時，池水仍為冰封狀態，等到牠們準備離開，當地很可能又下了第一場雪。七月下旬，我們恰好碰到這番變化的過渡階段。大多數鳥類此時差不多已完成繁殖任務，育雛的衝動很快會變為離去的渴望。秋意漸來，夏日漸遠。當地有股明顯的急迫氛圍，這隻短尾賊鷗和其他數百萬隻來此繁衍後代的鳥一樣，正焦頭爛額地想完成哺育任務。

不必擁有鳥類學學位，任何人都看得出來這裡非常適合鳥類繁衍，即便過了夏日的高峰期也是如此。會固定到此繁殖的鳥類有數十種，短尾賊鷗是其中一種，另外還有更多來自遠方的候鳥視此地為中途停留站。我拿起望遠鏡掃視，發現無處不是鳥。一群因換羽而暫時無法飛行的雁群四下遊蕩；潛鳥在湖畔悠然打水；海鷗和短尾賊鷗在上空盤旋。與鳥類不同，馴鹿已然歸去，但地面上的腳印和糞便透露出幾週前曾有五萬餘隻馴鹿在此逗留。牠們接下來要到有樹木的地方。馴鹿族群帶著新生幼鹿跨越群山，回到布魯克斯山脈林木茂盛的南邊，除了覓食，也躲避猛烈的冬季暴風雪。

身在保護區，很難想像這裡的景觀可能會被多座鑽油平台破壞，劃上宛如傷痕的冰道。棲息此地的馴鹿多古老，這塊土地感覺就有多古老。存續千年的地衣覆蓋，永凍土下蘊藏著許多祕密，就連用細根緊抓淺土的羊鬍子草也有一個半世紀或更久的歷史。我試著想像截然不同的北極原野：初生馴鹿繞著閃閃發光的煙囪及長臂鑽頭打轉，雁群在停機坪旁築巢，還有與鳥類一樣來自遠方的輪班工人到此地賺錢養家活口。不管石油公司承諾採用多新的科技，遵循多嚴格的規範，還是帶來多小的環境足跡，都無法否認前述活動會造成的衝擊。

那隻短尾賊鷗一聲尖嘯，隨後朝我頭部俯衝而來，打斷了我的思緒。心中原本想的石油庫存和氣得臉紅脖子粗的政治人物，在牠最立意純粹的舉動前相形見絀：為人父母者為了捍衛子女，起身對抗世上的大壞蛋。

離開短尾賊鷗，讓牠安心照顧雛鳥後，我們沿著呼拉呼拉河（Hulahula River）前進。一個多世紀以前，來到此地的夏威夷捕鯨人因為想念溫暖氣候，就以家鄉傳統舞蹈為這條河流命名。我們朝上游走，前方升起了一座座陡峭山峰，還有彷彿錯置這片冰封大地的淡綠山坡及貧薄冰川。跟這裡其他事物一樣，這座山脈看起來很陌生，和太平洋沿岸山脈的蔥綠潮濕和廣闊冰原形成強烈對比。儘管眼前景色特殊，我們仍忍不住頻頻看向地面。在北極地區待上一段時間後，雙眼已經學會閱讀最細微的動物活動跡象，譬如被壓向兩側的小草、碎扁岩高蘭滲入象牙白般地衣的紫色痕漬，或是折斷的小樹枝。我們的雙腳可以察覺到苔原地面些微增加的堅實度，判斷是否走在正確的路徑上，要是偏離了，地面踩起來會比較柔軟有彈性。

如果沒有路徑指引，我們必會重重受阻。這裡廣袤又難以馴服：河岸太陡，羊鬍子草叢太茂盛，岩石也過於破碎。我們需要仰賴馴鹿的足跡。不過馴鹿沒有「從一而終」的概念，踩踏出的路徑不如人類單一，往往會東繞西彎，時而停頓時而前行。這片土地能容納多少條路徑，牠們就會踏踩出多少條路徑。在平坦易行的地形上，這些動物會呈扇形分散行進，因此路跡可能漸漸變淡，但碰到狹窄地形、山道或細窄河岸，同一條路徑可能有上萬隻動物經過，痕跡則會相當明顯。現在，我們眼前這片羊鬍子草叢生的沿岸平原屬於前者，所以有十幾條路徑可供選擇。

越過一處小山坡後，我們發現約二十公尺外有一隻年幼馴鹿。起初我只注意到牠過長的腳和斗大雙眼，連忙拿出相機想拍照，接著我看到更多細節：小馴鹿瘦骨嶙峋，而且還有幾處裸露傷口，並有牛蠅飛舞。牠正在啃草，但少了母鹿營養的奶水，牠絕對撐不下去。我和派特四處張望，沒有其他馴鹿的蹤影。牠滿懷希望湊了過來，歪頭嗅聞，「媽媽？」在繁衍結束後的慌亂大遷徙中，這隻小馴鹿顯然錯失了什麼。也許牠跟群體走散了，也許牠發育不良，太過瘦弱，沒辦法跟上其他馴鹿，也或許牠只是一時分心。無論原因為何，這都是致命的錯誤。幾個月後，當我和派特回顧這張照片時，這隻小馴鹿不是早已餓死，就是遭到獵食。我只能期望牠生命終結時不要拖泥帶水。悄聲道歉後，我們向牠道別，繼續沿著大批馴鹿踩出的道路前行。

一小時後，我們有機會一睹那隻受傷小鹿的可能下場。苔原上有另一隻年幼馴鹿的屍體，明顯成了某隻其他動物的晚餐。這場凶殺案才剛發生沒多久，可能只是幾小時前的事。為求謹慎，我們掃視苔原尋找熊或狼的蹤影，我看到小溝壑有個生鏽的桶子。我示意派特，他瞇眼說道，「奇怪，我覺得那個桶子有耳朵。」我滿頭問號，於是把望遠鏡遞給他。「噢，那絕對不是桶子，」他說。我以為的桶子，原來是一隻態。只見那隻熊起身看向我們，還有兩隻小熊緊隨在後。我望著腳邊的馴鹿屍體，胃部抽痛。牠們一直盯著我們，直到我們走到下一處河彎為止。

隨著我們攀上山麓，馴鹿之徑慢慢匯聚成五條，再來變為兩條，等地形愈發陡峭狹窄，便只剩單一路徑。這條路深深烙印入碎石堆中，踩踏起來相當堅實，我們毫不懷疑地跟著行進。路徑漸漸通往下方河流，起初和緩，後來急降而下，派特和我甚至不得不坐下滑行。馴鹿之徑在河邊戛然而止，眼前的水不深，但看起來洶湧冰冷。

派特和我穿上保暖外套，抓了一根點心棒，坐下來討論路線。

「馴鹿為什麼會走這條路，」我說，「你不覺得這是個錯誤嗎？一定有比較輕鬆好走的渡河路線吧。」

「馴鹿通常知道自己在幹嘛，」他回覆，「或許這次是個例外。」

我和派特決定掉頭爬上山坡，尋找不必涉水的路線。起初一路順暢，我們不禁得意，但三十分鐘後，錯誤愈來愈明顯。我們抵達一處窄道，只剩下兩個選項：向上攀越高達千餘公尺的山峰，或墜入下方陡壁峽谷，橫渡翻滾的河流。前方無路可通。有那麼一瞬間，我們真的相信人類邏輯可以戰勝馴鹿演化萬年的直覺。結果大錯特錯，馴鹿顯然擁有我們永遠無法理解的智慧。

布魯克斯山脈結婚紀念日

再過兩天就是我和派特的結婚四週年紀念日，我知道自己不該抱怨。我已經跟派特表明立場，但打從我到附近小溪取水，回來後發現派特將我的一個食物袋塞入自己背包以來，我已經悶了一整個早上。「你到底在幹嘛？」我問道。

「妳背太重了，」他回答，但那是謊言，他真正的意思是：「要是我多背一點，我們應該可以走得更快。」

「你知道這不只是『你的』旅程吧。」我們沿著一處陡峭山脊行進兩小時後，我突然這麼說。派特看向我，表情像是我控訴他偷了某個五歲小孩的蛋捲冰淇淋。

沉默良久，他慎重且緩慢地說，「我知道。」隨後轉身繼續前進，雙腳掠過纖弱的仙女木和首批轉紅的熊果葉。

但我不願就此打住，於是再試一次，「我想自己完成這件事，我不想只是『冒險家』的無名妻子。」

派特慢下腳步，我注意到他的姿勢有所改變。他的長手臂往往在兩側輕鬆擺動，寬闊雙肩稍稍前傾，彷彿被某種力量拉往下一座山脊或山谷。然而他此刻站得挺直，姿勢有點笨拙，並自顧自地咬著右肩晃動的小小背帶，通常是他疲憊到無暇思考時才會出現的習慣。

「卡洛琳，」派特通常只在公開場合才會這麼叫我。「卡－洛－琳。」我注意到他不自然且冰冷的音節，但重點不在於他的語調。他為我取了不少綽號，起初是出於好玩，譬如他知道我喜愛兔子便開始叫我「小兔子」。如果我有時不太討喜的嘴巴說了什麼傷人的話，他會改叫「寶貝」，另外還有「親愛的」「甜心」和「小傢伙」等等。原本玩笑意味濃厚的暱稱漸漸成了習慣，因此當他直呼我全名時，無疑迎面打來一巴掌。他繼續說道，「妳這樣說太過份了，我只是想幫忙而已。」

在我參加過的原野行程中，我往往是眾多男性中唯一的女性。要跟上同伴通常沒問題，但加上沉重行囊，差異就會愈來愈明顯，與派特相比更是如此。派特生來就像個美式橄欖球員，上身壯實，彷彿只要看著仰臥推舉器就可以長出肌肉。我則是雙肩瘦削，幾乎穿得過最窄小的窗縫，改當小偷肯定大放異彩。就連身材稱不上壯碩的妹妹也叫我「窄肩女」，聽了令人惱火，但不得不承認形容精準。

儘管今早的「食物偷竊」事件稱不上嚴重，但無疑傷了我本已脆弱的信心。我當然想放下任何「必須證明自己」的藉口，但謙遜是一道難以學習的課題。不僅個人層級的旅程如此，田野調查也往往需要成員具備能在原野扛著一週食物行進的氣力。體力勞動雖然只是工作的一部分，但我知道自己永遠無法使用獵槍如同第三隻手，也永遠無法像體型大我一倍的人那樣輕鬆搬運裝備。儘管如此，我還是想自己背負分內的重量，我希望憑自己的力量完成這趟旅程。

然而，拿回屬於我的食物包後，我驚覺自己漸漸跟不上派特的腳步。每當我沿著陡坡追趕他，感覺頭痛欲裂時，喉嚨中總是不免冒出另一股怒氣，最終以某種自怨自艾的方式流瀉而來。「你讓我覺得你好像比較需要另一個搭檔。」派特不理會我的抱怨，但示意他可以多背一點。然後，他不費吹灰之力即重拾步伐速度，我忍不住爆發，「該死，派特，你難道沒什麼話好說嗎？」

我和派特很少吵架，但今天我不戰不休。前幾天橫渡善達拉河所帶來的壓力，以及後續的放鬆，已漸漸轉為擺動雙腳的單調行動。幾天前，我們在北極村將充氣艇寄往阿納克圖沃克帕斯，但即使少了這些重量，進度還是緩慢且痛苦。低地的羊鬍子草叢讓我們跌跌撞撞，碎石坡道怎麼走也走不完。我的腳上有不少水泡，肩膀發疼，腰部被背包磨破的地方隱隱作痛，整個人變得易怒愛哭。

我們在沉默中繼續走了一小時，只有要確認路線時才會交換隻字片語，彷彿只是事業上的夥伴，而不是夫妻。不過雖然心情奇差，還是無法忽視周遭的美。陽光普照，小溪清澈，微風輕拂。放眼望去，柳葉色澤逐漸加深，葉緣彎折，傍晚時分的結霜揭示季節即將變化，鄰近坡道上的石楠亦透露漸紅秋意。我的思緒飄回善達拉河、西伯利亞山雀和穿越山谷的狼獾，感激之情慢慢磨去了憤怒。

又冷戰半小時後，我已準備好休兵。肩膀的疼痛減輕許多，重新找到步調，不再跟不上派特。這天實在太美，令怒氣很難持續。我試圖擱置爭執，但派特的沉默彷彿一把利劍。

「哇，是蒼鷹耶。」派特抬頭看向我手指之處，但什麼也沒說。

「你在北極村打電話給你媽的時候，她還說了什麼？」我試著活絡氣氛。

「她說大家過得不錯。」當天他們聊了半小時，我知道話題絕對不只如此，但這是我此刻所能得到的答覆。

「你記得下一個山道的名字嗎？」「不記得。」我跟派特保持約三公尺半的距離，給他獨處不受干擾的空間，作為某種形式的道歉。但他突然停下腳步想拔去鞋子上的樹枝時，我正好在眺望山坡，膝蓋不小心撞上他的背。

「抱歉！」我大聲驚叫。然而，我們置身寬闊壯麗的地景，卻如此在意個人空間，荒謬得讓我笑了出來。派特轉身看我，我聳聳肩，指向天空，咯咯笑了起來。他的眼神柔和下來，試圖克制嘴角揚起。

換作是交往初期，我一定任性到底，堅持為一件可能源於善意的事大吵大鬧，並且一定會要求派特道歉，才願意承認彼此的搭檔關係無法用百分比或重量衡量。我們第一次在溫德河度過的夏天，我想出按照體重分配重量的方法，意即我背四成，派特背六成。食物配給也是如此，計算簡單，公平合理。在這次旅程中，負重同樣依這個比例分配，但派特讓我理解到，重點不在於公平與否，而是互相幫助。儘管心中諸多不安，我知道這趟旅程成功與否並不僅取決於力量，還有很多關鍵因素，譬如路線規劃、熱量計算、海關文書作業及食物籌備。要是沒處理好這些，我們可能在半途就已凍死，而這些工作多半是我的責任。我和派特少了誰都不行。

羞愧感突然襲上心頭，兩天前我才因為善達拉河差點奪走派特而懼怕，如今卻輕易讓不必要的自我掌控局面。我們一起走了那麼遠，學到的課題絕對比我能否多背幾公斤，或是我能否走得跟丈夫一樣快還重要。

來到下一處山頂，我和派特往下凝視山谷，我瞥見一道殘影奔過苔原來到山坡底部。「派特，看啊，」我伸手示意，但他早已看到。

「還有第二隻，」他觀察了一下說。有兩隻狼正在往上，我和派特蹲在一顆大石後方，用望遠鏡觀察。那兩隻狼採之字形行進，時不時會停下腳步嗅聞或刨抓地面。儘管牠們的步伐不疾不徐，速度卻出乎意料地快，離我們不到一百公尺了，不過牠們似乎還未注意到此地有人類存在。

「怎麼辦？」我悄聲問。兩隻狼從側面接近，要是我們不換地方躲藏，很可能會被發現。我們不是為了逃跑而躲藏，而是想繼續觀察。近距離遇到狼與遇到熊不同，我們並不擔心狼會吃掉我們。自由來去的狼群是原野的絕佳體現，牠們很少主動攻擊人類。

派特指向附近一座大石，我們匍匐爬到這個新躲藏點，一動也不動地靜候狼隻現身。幾分鐘過去，沒有狼的蹤影，派特決定探頭出去看看，結果立刻縮了回來。

「牠們在外頭！」他悄聲說，「我想牠們看到我了。」我們從巨石旁向外望，那兩隻狼也回望我們，彼此距離只有十五公尺左右。牠們神情中的好奇多過懼怕，但還是開始向山下退去，每走幾步就會回望這兩個蜷縮在地面上的奇怪生物。

等到兩隻狼離開視線範圍，我們起身伸展四肢。我上前擁抱派特，他也回抱了我，看見狼的驚喜幾乎沖去早上的不快。我們抵達下方山谷時已近傍晚，於是在小溪旁紮營休息。

長達數月的永晝終於迎來黑暗。我在礫石岸上升火，跟派特舒服地擠坐在火堆旁，笑著回想那兩隻雙眼黃澄的狼所投來的好奇凝視。稍晚，我們回到帳篷躺下，緊緊依偎。我回想早上的爭執，不曉得該道歉還是解釋，最後決定什麼都不說。派特讓沉默填滿空氣。黑暗已經給了我們所需的諒解，過去幾個月來我們一起經歷過很多事，多到足以讓我們接受彼此都盡力了。

這個結婚紀念日，我們先辛苦爬上陡峭山道，接著謹慎走過崎嶇山脊，再跨越冰雪覆蓋的隘谷。我們奮力走上最後一段積雪上坡，風捲起陣陣飛雪，我的雙腳漸漸凍得麻木。抵達最高點後，我們意外發現一隻正愉快嘰喳叫個不停的雄灰冠朱雀，怡然自得於冰雪與群岩之間。這感覺彷彿是我和派特辦了一場私人紀念日派對，但唯一出席的是一隻鳥。相較於我們骯髒的衣物、飽經風霜的臉龐，牠那套棕灰粉色相間的夏衣顯得氣派十足。此外，牠似乎不受大風和飛雪所擾，跟我們完全不同。

從冰磧地形到冰川頂部，矮胖的朱雀往往是唯一的生命跡象，今天也不例外。我們駐足觀察，只見這隻朱雀時而飛掠，時而輕跳，最後落在離我們不遠的雪地上。牠把頭埋入雪地，張開雙翅，安穩坐落雪中，接著抖去身上雪花，用鳥喙梳理起羽毛，將每一根尾羽安放妥當。這裡海拔約一千公尺，陡峭貧瘠，似乎不適合養兒育女，但灰冠朱雀與美洲大陸上的其他物種不同，牠們習於在海拔較高且較不宜居住的地方築巢。因為如此，人類得具備紮實的登山技巧和強大的肺活量才能找到朱雀的巢，這意味著目前外界對牠們所知不多。令人意外的是，牠們夏天住在這麼偏遠的地方，卻好像不太怕人。這隻朱雀看到我們繼續前進，還時不時會飛到前方玩起蛙跳遊戲。

當晚，我和派特以茶和北非小米佐咖哩慶祝。過去幾個月來，共有六或八道餐點輪替，這是我們的最愛。數十公里外，還有其他奢侈品等著我們，想起來就口水直流。我們即將來到一千多公里路程以來的第一條人工道路，也是唯一一條貫穿布魯克斯山脈的道路，從育空地區一路延伸至阿拉斯加西側邊界。

隔天，我們走上最後一座山脊，遠方隱隱可見一條跨越群山的滾滾沙塵線，正下方則是惡名昭彰的北坡運輸道路（North Slope Haul Road），正式名稱為道爾頓公路（James W. Dalton Highway），建於一九七〇年代，用以輔助北坡地區的石油鑽探業。與道爾頓公路平行的是光滑發亮的縱貫阿拉斯加輸油管（Trans-Alaska Pipeline），總長約一千三百公里，望之頗似將阿拉斯加一分為二的蛇。這條輸油管會將原油從沒有樹木的北極沿岸輸至溫帶雨林氣候的威廉王子灣，堪稱阿拉斯加的經濟命脈。

在輸油管建設期間，以及最初十年的開採期，幾乎每個來到阿拉斯加的人都曾受益於北坡地區。我爸媽那一代的許多男人（不少女性亦然），無論保守派或自由派、支持開發或支持環境保護、貧窮或富裕，只要是長期待在阿拉斯加的人，多半曾在北坡度過一段時光。我爸爸也是其中一員。一九七四年，擁有土木工程學位的他，才新婚便跟著上千名年輕男性前往布魯克斯山脈另一端找工作，最後來到普拉德霍灣（Prudhoe Bay），前者擁有完整生態系的自然環境，後者則有規模名列前茅的油田。

等到我們出生時，每桶原油價格已是經濟穩定的同義詞，我們從不知道過去的阿拉斯加是什麼模樣。我們在阿拉斯加永久基金（Alaska Permanent Fund）的紅利文化中長大，這是所有阿拉斯加居民每年均可領取的一筆錢，共享跨國公司取得石油開採權後創造的財富。簡單來說，我們每個人都被收買了。我常常好奇，是否值得為了看一眼最初完美的自然地景，而承受目睹荒野變為油田的心碎？

派特和我穿過輸油管下方，跟著某隻北極狐的足跡，來到堅實的道爾頓公路。接下來一個小時，只有兩台卡車轟隆駛過，其中一位駕駛向我們招手示意，另一位則幾乎沒注意到兩個健行客現身是多麼奇怪的事。除了大卡車和少數休旅車，幾乎沒有什

塵車子經過。此刻距離安克拉治約一千公里，最近的城鎮要走近兩百公里——如果官方人口僅有十二人的地方稱得上是「鎮」的話。我伸長脖子觀察每個經過的駕駛人，竭力捕捉服飾、髮型和鬍子的零碎細節。獨自在原野待了夠長時間後，平凡景象也令人嘆為觀止。又一台卡車經過，但因為開得太近，除了彈起不少小石子打上背包，還揚起大量沙塵與廢氣，我們邊咳邊大聲咒罵。

抵達這條公路本身不太值得慶祝，我們滿心期待的是更實際的「事物」。有位朋友恰好要驅車北上到布魯克斯山脈狩獵馴鹿，爸爸託他運來一些補給物資，正在將近四公里外路邊的防熊置物桶等我們，裡頭有我們期待已久、非脫水或冷凍乾燥或袋裝的食物。北極偏遠商店的貨架上，多數商品的防腐劑濃度都比營養價值來得高。軟管裝花生醬和果凍、菲力多滋玉米片、十二種汽水、杯裝瑞氏花生醬、白麵包、罐裝燉辣肉醬和披薩醬。如果某個商品撐不過搭飛機、乘船和坐車的行程，那根本不值得費力運送。我和派特已經近六週沒吃過新鮮蔬果，期間唯一嘗到的不同滋味，只有媽媽偷偷塞入補給箱的小點心，但吃到嘴裡時往往已經變味。

沿著公路繼續走一小時後，總算抵達預期中會找到補給的地方。朋友在衛星電話裡留下詳盡的訊息：過一個彎後會看到排水渠上方有一株雲杉，桶子就在雲杉後方。想到即將吃到朝思暮想的食物讓我口水直流。但猛一看，有好幾棵雲杉符合他的敘述，哪一棵才對啊？朋友有提供GPS座標，但我當時沒有抄下來，此時電話的電量也快用盡。當然，這算不上什麼重大危機，但我實在沒心情進行尋寶遊戲。我現在就想吃新鮮的食物。

我用望遠鏡掃視，確定我們沒有弄錯地方。派特走到路邊，仔細看這片苔原。「應該是這裡，」他大喊。置物桶就在一塊橘色石板下方，貼著便條紙：「內有食物補給，請勿擅自拿取。若沒有這些食物，我們無法完成旅程。感謝。」

派特解開扣環，我移去桶蓋，並輪流扯掉外層膠帶，打開裡頭的塑膠袋，每個動作都慎重緩慢，享受開箱樂趣。最上層是幾位朋友寫的卡片，內容不外乎是祝福旅途順利和分享家鄉訊息，還有我爸媽捎來的週年紀念卡片：「世上再沒有比你們兩個更適合結伴橫跨北極地區的人了，這將是永生難忘的結婚紀念日！」卡片上還畫著一對比翼齊飛的沙丘鶴。一位朋友手繪微型山景，冰雪覆蓋的山頂有兩個小小人影。另一位朋友則附上各式茶包，每個茶包上都有與愛情有關的語句。卡片下方除了例行的物資，還有兩罐啤酒、一桶品客、一塊起司、麵包、一包煙燻鮭魚，以及用紅白格紋布裹著的手作杏仁棒。

這時有隻渡鴉降落在一株小雲杉頂部，看似熱切地觀察我們，還時不時伸長脖子，彷彿催促我們拿出更多東西。渡鴉生性投機，幾乎什麼地方都能存活，在有人活動的地方更是如魚得水，無論是被丟棄的起司漢堡、洋芋片、狗糧還是尿布，牠們都跟吃到莓果、鮭魚和駝鹿屍體一樣津津有味。渡鴉是速食餐廳停車場和城市垃圾場的常客，北坡油田或迪納利山側海拔約五百公尺的營地也看得到牠們的蹤影。有一次我和派特到阿拉斯加山脈，以為自己是現場唯二生物，結果有隻好奇心旺盛的渡鴉橫空出世，搶走了我一隻襪子。

渡鴉生性好鬥，也相當聰明，很快就能了解不同行為代表的意義，辨別食物的線索。渡鴉只要發現有免費午餐可吃（必要時襪子也行），就會迅速從天而降。這種習性或許是來自食腐天性：狼和其他掠食者偶爾才會狩獵成功，而且三兩下就吃光獵物，所以渡鴉的動作必須夠快，才能分到一杯羹。今天這隻渡鴉想必也有相同意圖，牠從樹上飛至地面，在空地邊緣跳來躍去，偶爾啄食我們放在三公尺外的背包肩帶。

我們在地上鋪了一塊布，將各式美味食物擺上去，打算先欣賞一番。我們舉起兩個多月以來的第一罐啤酒，乾杯，感受微微令人刺痛的泡沫滑下喉嚨。每一口食物都比上一口更美味，鹹、甜、脆、新鮮。我好想念這些食物的口感和味道。我們攜帶的食物幾乎九成是某種型態的均質糊狀物，所以任何稍具脆度的東西都彷彿來自五星級餐廳。雖然我們的文化崇尚美食，但這頓餐點永遠會是我心中至高無上的存在。

吃完午餐後，我躺在陽光下，閉上雙眼，享受酒足飯飽的滿足，享受健行一天後的喜悅和疲倦，還有啤酒帶來的陶陶然。我瞥向呈大字躺在一旁的派特——衣服上有汙漬，頭髮上有沙塵與落葉，臉上還黏著一點鮭魚肉末——接著翻身過去親吻他的額頭。結婚四年。近五千公里的旅程。我的身體從未如此強壯，感官從未如此習慣空氣、風和水。在冬天來臨前抵達科策標似乎可行，相當可能實現。歷經善達拉河的驚嚇，以及接續的挫折後，我們翻越群山的速度愈來愈快。與派特並肩前行，儘管負重稍輕，我毫不懷疑自己是他的最佳搭檔。我躺在地上，看向天空，結果又見到那隻渡鴉。這回牠叼著蘋果核，一臉得意。

品格魯克河

我們離開道路，視野頓時開闊。多座山谷在秋陽下翩翩起舞，腳下的土地堅實穩固。折騰我們好幾週的羊鬍子草終於轉為覆有地衣的裸露山坡，每踏出一步，我都感覺到肌肉伸展收縮。我漸漸理解何謂「時時前進」，就像美洲馴鹿，就像流水，就像年年遷徙的雁群。

路途中生出的焦慮，譬如回家後會如何，自己是否已準備好要回到「正常」生活等等，都再次消逝。前進時，我想的不是爸爸的帕金森症，或是我對研究工作的矛盾，而是這趟旅程還有多少可能。在我們抵達科策標之前，還得經過十二座山、四條河流，以及三次補給。即便這表示仍有不少路得走，但這些路程更像禮物，而非負擔。到了此刻，我總算可以只單純思考，今天或明天需要什麼就好了。

離開柏令罕前，我不可能這麼專注單一，甚至覺得這種做法很可笑。要是沒有完整規劃，沒有精確畫出路線，沒有妥善安排補給，怎麼可能成功？不過現在我已經知道，唯一能確定的是不確定性。日子與其說是嚴格遵照計畫展開，不如說是由相異的山谷、河流和山道所決定。我們無法確定天氣、下一座山谷的林木多高，或是何時會遇到熊或狼。我們身在此地，活在此時，就已足夠。將近五個月後，移動為我帶來平靜與祥和。

下雨了。某天下午，雨先是輕輕落下，將霧中的山坡裹上一層水氣，接著轉為綿綿細雨。站在山頂看不見數十公里外的景色，放眼只有一片灰濛。傍晚，河水漸漲，踩上潮濕苔原時一直發出吱嘎聲。我們選了一處濕答答的赤楊林紮營，連地面也汩汩出水，彷彿地泉。我和派特迫切想要升火，甚至用船槳槳葉反覆搥打泡水的木材，但

火怎樣也升不起來，最後我們只好在灌木下草草吃了燕麥棒和起司，瑟瑟發抖著幻想熱騰騰的披薩和湯。

大雨第三天，背包不斷滴水，我們來到僅有兩百人的阿納克圖沃克（Anaktuvuk Pass）。這是我們抵達終點科策標前會經過的最後一處人類聚落，接下來還有為時一個月、近千公里的路程要走。一進入村落，我們立刻前往雜貨店，詢問十來歲的櫃台少女附近有沒有學校或社區中心可以避雨和弄乾自己。她回答有一班建築團隊正借宿當地學校，並指向貨櫃屋說，「那間阿拉斯加商店裡就是旅館。」

打開阿拉斯加商店前門，迎面是窄小陰暗的走廊，跟大多數偏遠阿拉斯加村落的建築一樣低矮無窗，以阻擋冬季的風和低吹雪。一對年長夫婦正靠著牆板跟前台的男子大聊馴鹿狩獵。我們一走入室內，他們便露出燦爛笑容，那位丈夫一如往常地丟出那個問題，「你們從哪來的？」

聽到我們是從運輸道路步行過來，「真棒，徒步旅行身體好。看看我，七十幾歲還可以碰到自己的腳趾頭。」他邊說邊祭出一記右腳高飛踢，直接碰到懸在空中的手，展現絕佳彈性。我沒見過這把年紀還如此矯捷的人，況且他這麼一踢，連靴子也飛了出來，我連忙往後跳才沒被擊中頭部。他的妻子在旁邊哈哈大笑，露出缺了一塊的右邊門牙，「沒錯，我們就是貼近土地才能如此健康。你們接下來要去哪？」

「先下約翰河（John River），接著前往塔卡呼拉湖（Takahula Lake），」我回答。她皺了皺眉問，「有帶步槍嗎？」

「我們有防熊噴霧，」我怯生生地說，心知很多阿拉斯加鄉村居民看不起這種加了辣椒的東西。

我在做田野調查時經常帶槍，但多是為了遵守規定，個人行程通常只帶防熊噴霧。主要原因是帶槍跨越邊境有時是違法的，還有就算是最輕巧的槍枝也比充氣艇重。此外，人往往可以避開熊，而且從統計上來看，防熊噴霧的表現也較佳。人熊相遇時，沒有槍雙方通常會表現得比較好。當然也有例外。

「噢，旅行沒帶槍並非好事。我們有族人外出狩獵馴鹿，發現南邊很多熊哩。你們真的要小心。」

櫃台的男子打斷婦人說教，詢問我們是否要買東西。

「我們想問問旅館，」我回答。

「沒問題，跟我來。」我們跟著那男人來到某扇門前，打開後發現僅有雜物間大小，牆邊有張單人床。牆上的油漆泛黃，有陳年水痕，門框上方的壁紙脫落垂晃。

「從走廊往下走就是浴室，」他指出方向。這間房要兩百美元，是我們這趟旅程碰過最貴的房型，但我一感覺到房內的暖氣，立刻決定入住，不管價錢合不合理。

「沒問題，我們要了，」我瞥向派特，他看起來同樣被暖氣吸引。

浴室的地板和牆壁都有些殘破，鏡子變形，我幾乎無法從鏡中認出自己的模樣。兩間廁所設計古怪，馬桶高度只有三十公分，坐下時雙膝會碰到胸口。淋浴間也很小，要洗頭髮可能得連做好幾次深蹲。接下來幾個小時，我們聽著風在金屬壁板間呼嘯，在單人床上休息，整理食物，把一袋袋穀物、燕麥棒和綜合果仁堆在床上。房裡任何可充當臨時掛鉤的地方，都掛滿裝備和衣服。我和派特脫到剩下剛洗完還濕淋淋的內衣，用電水壺煮了一壺又一壺熱水，沖泡完幾乎一整盒巧克力粉，一邊喝一邊研究地圖。

隔日早上，雨斜斜打向貨櫃屋，我們慢慢地整理行李，直到用光所有拖延的藉口才心不甘情不願地上路。我先把襪子緊貼暖氣，接著才穿上，讓暖意滲入十根腳趾。往外看，溫度計顯示為攝氏三度。我們在十一點四十五分逼迫自己踏出旅館，沿著一條車轍形成的道路往南前進。因為下雨，路上滿是水窪和爛泥，昨晚費心弄乾的鞋褲全濕了，不久後，上衣也濕了。

午後抵達約翰河和狼溪（Wolf Creek）的交匯處，接下來將告別約翰河，前往布魯克斯山脈。我們往上游走，但這裡跟其他地方的溪岸一樣正在崩垮，岸邊的樹都根部外露，風雨飄搖。我們只好頻頻涉水，手勾著手步入激流，水從小腿、大腿，一路漲至腹股溝，我們立刻感受到寒冰刺骨。我踉蹌踩著溪底的鵝卵石前進，雙腳先是凍得麻木，接著轉為刺痛感，重新回到苔原地形後，一股灼熱痛感就這麼一波波從腳趾傳到腰部。

這段痛苦期間派特和我幾乎沒說什麼話。但即使絕望，我們仍溫柔對待彼此，以碰觸度過彷彿只剩寒冰的鋒利世界。我不小心絆到一堆赤楊木，向後跌倒在地，派特連忙衝過來，卸下背包，托著雙腋將我拉起，彷彿捧起嬰孩。他緊抱著我好一陣子，雖沒說話，但身體已道盡一切：我在這裡，我們會撐過去的。

接下來五天，雨勢不停，愈下愈猛烈，天空似乎以為自己是大海。這幾天看到的鳥類只有小麻雀和鶇，牠們蹲伏灌木叢，等待天氣轉好。我們在夜幕降臨時抵達品格魯克谷（Pingaluk Valley），設法爬上灌木叢生的山坡，雨仍下個不停。一隻母灰熊帶著三隻小熊現身前方山脊，我已幾乎沒力氣反應。幸好牠很快轉身離去，三隻小熊緊隨其後，讓我鬆了一口氣。

想像中的西布魯克斯山脈不是這樣。照片中，這裡的光線明朗，天空澄澈到幾乎透明。但至今看到的都是抑悶壓迫的烏雲，一點也不壯麗。我們位於阿拉斯加北極之門國家公園及保護區（Gates of the Arctic National Park and Preserve）的偏遠地點，在北極圈上方一百一十餘公里，定義上算是「極漠」。當地年雨量不到兩百五十毫米，顯然全部下在此刻。八月中旬理當是北極的冬季分野線，一天中幾乎有二十小時是白晝，黑夜稍縱即逝。但在過去一週，太陽似乎從未升起。

好不容易抵達溪流交匯處，我們尋找紮營地點。周遭一片黑暗，這座溝壑顯得眾聲喧嘩，我感覺進退不得。派特似乎也心神不寧，被我的說話聲嚇了一跳。

「這裡沒什麼適合搭帳篷的地方，」我的語氣很悲觀。

「是啊，但這裡也許可行，」派特指著一座長滿苔蘚的小丘說，哪裡似乎不會淹水。結果我們一爬上去，就看到一坨熱騰騰、寬如餐盤的熊糞，裡面摻雜莓果和青草。熊糞旁的苔蘚有明顯的外八熊腳印。這不是我們第一次必須在熊徑上紮營，畢竟熊跟我們一樣喜歡走最輕鬆的路線，但今晚我拒絕這麼做。或許是因為大雨，又或許是因為我們早餐到現在已經目睹了五頭灰熊。

「我不想在這裡紮營，感覺怪怪的，」我丟下這句話，立刻循原路走下小丘，不等派特回覆。

在峽谷某處，我聽到北方灰伯勞的囀鳴。若是一般情況，我很樂意會會這種不常見的鳥，看看牠們顯眼的黑色「面具」和優雅的鈎狀鳥喙，但今晚只有三個字迴盪心中：屠夫鳥。北方灰伯勞跟知更鳥差不多大小，是頑強執著的肉食雀形目鳥類，會用鳴聲誘捕更小的鳥類。我心想：有一隻鳥正循聲邁向死亡啊。現在的我特別容易受驚，因此滿心盼望不會見到伯勞的「食物儲存櫃」。牠們貯藏食物的方法相當駭人，總是將死去獵物穿刺或垂掛在棘刺或樹枝上。相較於山雀將種子藏在樺樹皮下供來日取用，伯勞的做法無疑失色不少。儘管這種習性在食物稀缺地區有其必要，而且牠們的獵殺方式比多數鳥類來得有人性（通常是迅速向獵物頸椎一擊，折斷對方脖子），但撞見刺鶯屍體上吊似地垂掛雲杉樹枝，或是赤楊灌木上有死田鼠搖曳，仍是令人不安的景象。

我們返回背包處，呆站了一分鐘，任憑雨水不斷從帽沿滴下鼻子。除非找到地方搭帳，否則必須繼續在黑暗中行進，但現在一側是岩壁，另一側是陡峭難行的灌木叢，根本站不住腳。

「那裡如何？」我指向小溪旁一處較高的礫石堆，盡力踩出一片較平整的空間，期望溪水不會在夜裡暴漲。

一鑽入潮濕的睡袋，我便拿起衛星電話打給爸媽，撥了兩次才接通。在斷斷續續的訊號中，爸爸說到「破紀錄的雨量」和「紅狗礦（Red Dog Mine）那邊發生水災」，隨後是一片寂靜，訊號斷了。我再撥一次，期盼聽到他的撫慰。

「你們很棒，」他用越野教練的熱情口吻說道，我們交換關於大雨的故事，我的來自濕黑的世界，他的則來自新聞報導。他說氣象預報顯示明日天氣會轉好。如果他暗自為我們擔心，那麼他隱藏得很好。他說他已經安排好接下來的補給，詢問我們還需不需要其他東西，最後用自信且堅定的聲音提醒我，這場大雨折磨跟其他事情一樣終究會過去。

儘管我努力讓語氣聽來愉悅，但仍掩不住沉重，在掛掉電話前，爸爸再度試著鼓勵我。「已經到谷底了，情況只會愈來愈好，」他保證。

「你們好嗎？」我還沒聽到回答，通訊即告中斷。不過我早知道他會說什麼——親愛的，我們都很好，好好享受妳的冒險吧。他就算背痛或手抖惡化也不會透露，他不是會抱怨的人。

我凝視衛星電話好幾分鐘，希望黑色的訊號格恢復正常，但每次撥打仍是落空，眼看電量漸低，只好把電話放回防水箱，連再見都來不及說。我必須保留一些電，以防遇到緊急事故。我和派特的睡袋連在一起，我在黑暗中靠向他，雖然已經超過一週沒洗澡，但突如其來想獲得撫慰的渴望，仍戰勝了體味和黏膩肌膚。

隔天早上起床時雨還是沒停，但雲層看起來明亮不少。我們在巨石下找到一小堆乾燥樹枝，可以升火煮水泡咖啡和燕麥片。吃完後迅速收起帳篷，再次爬上山坡，往品格魯克河前進。一小時後，雨勢漸停，我放下兜帽，開始往下朝河流前進，灌木叢愈來愈稀疏，讓我們得以加快腳步下山。我和派特時不時會聊天，主題多半環繞著佔據心神的兩大事物：天氣和食物。

當周遭陷入愜意的沉默時，我們會輪流大喊「嘿！熊！」或吹口哨，提醒任何路過的熊隻這裡有人。這天早上是派特領路，由他選擇下坡路線，我跟在他後方幾步之遙，以免遭彈回的灌木枝打臉。沒多久，雨徹底停了，西邊的天空漸漸露出一抹藍。我暗自期待今晚能抵達五十公里外的塔卡呼拉湖，也就是下一個補給點。

我思索著到品格魯克河後有沒有可能划船走水道，水量會太多，還是太少？然後突然聽到後方灌木叢傳來沙沙聲響，聲音大到我猜測是噪鴉，正高興有鳥類造訪時，聲音愈來愈大，我甚至聽到樹枝折斷的聲音。

我轉身往聲音來源看去，在約四點五公尺外的山坡上出現一對深陷雙眼、挺鼻和肉桂色的獸毛。看清現實後，我的訝異多過恐懼：熊．往我．衝來！

「嘿——！」時間只夠我發出警告，本能地高舉一手，另一手迅速拿取腰帶上的防熊噴霧。這不是一般近距離遇到熊的反應，這種情況的最佳解方應該是以冷靜的聲音回應，不帶威脅地慢慢離開，但我意識到這隻熊來意不善。我們不是巧遇，瞬間嚇到劍拔弩張。也不是一隻帶著小熊、因為我的存在而備感威脅的母熊。牠充分掌握周遭情況，從後方悄然接近。我幾乎是還沒意識到對峙的是一隻熊時，就已知道對方在跟蹤我們。

聽到我大吼大叫，那隻熊停下腳步，但跟我的距離已不到一個身長，還直直瞪著我。我尋找防熊噴霧頂端的塑膠安全拉環，用大拇指彈開，瞄準對方。派特在聽到我大喊後的幾秒內已意識到狀況不妙，也連忙拿出防熊噴霧並站到我身旁。我們有一瞬間彷彿渾身結凍，站在原地舉著防熊噴霧，暗自盼望這隻熊就此離開。結果牠一個側身，慢動作經過我們往山下走去。

我們向前幾步，監視牠離去，那愜意姿態彷彿在掩飾方才的驚心動魄。但沒過多久，牠又踱步回來，眼神依然銳利，腳步不疾不徐。看起來輕鬆自在，毫無畏懼，可是盯著我們的眼神充滿惡意。我掃視四周想找可以自我防衛的東西，附近沒有石頭，半腐爛的幾根樹枝看起來跟苔蘚差不多。我們只有兩支登山杖、兩罐防熊噴霧，以及兩顆頭腦。

跨越北極圈以來，這是我們遇到的第二隻美洲黑熊。牠的體型很像小一號的灰熊，肩部少了灰熊那與眾不同的巨大肌肉塊。牠的臉部尖削，而非盤狀，毛色紅棕，是黑熊和灰熊都常見的顏色。雖然黑熊的體型較小，我絲毫不覺得寬慰。這隻近二百公斤的野獸可輕易將我撞倒，像咬香腸般輕鬆咬穿我的身體。

掠食性熊類極少攻擊人類，但綜觀每年的少數案例，美洲黑熊往往是罪魁禍首。與灰熊多半出於防衛的攻擊不同，黑熊或許比較少對人類發動攻擊，但每次出擊幾乎都是經過縝密規劃。有研究探討北美洲的黑熊致命事件，結果發現九成都是孤身雄性黑熊的狩獵行為，跟現在的情況一模一樣。

這頭黑熊也許終其一生都被體型更大的灰熊欺侮，導致牠認為主動出擊是唯一能填飽肚子的方式。又或者牠純粹是跟我們意識到同一個現實：牠比眼前這兩個生物更大、更強壯，而且這兩個生物的體型與美洲馴鹿或幼年駝鹿相去不遠。在偏遠的布魯克斯山脈，這隻黑熊極可能從未見過人類。

既然清楚知道對方想吃掉我們，目標就變得相當明確。我們必須想辦法改變這隻黑熊的認知，讓牠知道誰是老大。隨著牠靠近，我們邊大吼大叫邊舉起登山杖作為防禦。派特點頭向我示意，我們在數到三時一起奮力將登山杖擲向黑熊，其中一支命中下巴，只是牠面不改色繼續前進，並改盯派特。等到牠的前腳進入原本登山杖的揮舞範圍時，派特發射了防熊噴霧，黑熊立刻伏低，只稍稍沾到一點摻了辣椒的噴霧，但已足以讓牠又打噴嚏，又像不想吃藥的狗般猛吐舌。但牠沒有跑走，只是緩緩踱步到這塊小空地的邊緣，讓我們得不斷轉身監視動向。此刻，我們好像成了鬥牛士，只差沒有紅旗和觀眾。

我真希望我們有把槍。

黑熊第三次襲擊時，原本的震驚已逐漸退去。對峙時間從秒拖成了分鐘。

「感覺這傢伙如果真想發動攻擊，早就解決我們了，」派特喘著氣說。

「但這是典型的狩獵行為……」我反駁，聲音聽起來渺小又遙遠。

「所以牠在等我們鬆懈嗎？」派特替我完成下半句。是的，沒錯，我們必須維持戒備。

我們再次大吼，派特還作勢向前猛衝幾步想嚇退黑熊。我感覺嘴角有唾液形成，開始對這隻想吃掉我們的野獸生氣。這次牠僅到六公尺外便停下，又慢悠悠踱回空地邊緣。嗅聞地面，抬頭望向我們，再望向他處，彷彿我們根本不是重點。

「該死，」我說，「我看不出來方法有沒有效。」

派特沉默片刻後說，「我們再觀察一分鐘看看，我想牠可能也厭倦玩遊戲了。」

我們跟隨那隻熊一起繞著空地邊緣移動，時時盯著牠的動向，幾分鐘過去，牠並沒有靠近。派特或許說對了。接下來，黑熊進入山楊林，消失無蹤。我們連忙找回剛剛擲出的登山杖，同時緊張地來回掃視空地。我的眼角餘光突然再次瞥到一團棕毛，頓時感覺一陣反胃。

「那混蛋回來了，」我指出黑熊的方位，跟派特一起在原地觀察，一手拿著防熊噴霧，一手拿著單薄的登山杖。牠很快又消失不見，數分鐘後才又出現在上坡的另一塊林中空地。雖然仍算不上是安全距離，但已是牠首次衝向我以來最遠的距離。「往河邊撤走嗎？」我問。

派特點頭同意。「這可能是最佳方案了，我們可以上船或涉水渡河，希望可以消除我們的氣味。」

品格魯克河距離這裡只有四百五十公尺左右，但走起來彷彿一輩子。派特領頭走出林中空地，我則在後方留意熊的行蹤。我們一路沉默，雖然盡量放輕腳步，但在沉寂的空氣中仍如砲火般嘈雜。我體內的每一寸細胞都在留意是否被跟蹤，派特則東張西望尋找最快的路徑。我不斷掃視後方林間有沒有肉桂色的毛髮，偶爾才往前看，以免撞到垂下的樹枝。流水聲愈來愈明顯，我努力想辨識出水聲以外的聲音。這種感覺比直接面對黑熊還可怕。我逐漸理解成為獵物的感覺。

歷經一番掙扎總算抵達品格魯克河畔，我們手勾著手走過深度及膝的河水時，我注意到派特背包上的小型攝影機正在閃爍。在我們發現那隻黑熊的瞬間，他立刻打開攝影機，好像是某種「以防萬一」的最後證言。不過，我想攝影對他來說更像是習慣，每次只要有什麼趣事發生，他都會迅速打開開關。他察覺我的視線，關掉了攝影機。

「希望『精采』的部分已經結束，」他語氣平淡，腳下水流冰冷又清澈。

一抵達對岸，我整個人只想癱在礫石灘上。雖然河水不足以讓我們完全脫離危險，但聊勝於無。那隻黑熊慢慢成了過去發生的事。我這麼告訴自己：我們「剛剛」遇到了一隻熊，但牠現在不在這裡。牠「剛剛」想要吃掉我們，可是牠沒成功。

我們往下游走，方才的驚心動魄慢慢退散，取而代之的是一股令人作嘔的厭惡感，我再也無法坦然造訪任何有熊出沒的地方，也無法不去想像：要是那隻黑熊在幽黑的溝壑中發現我們，不知道我們會有何下場。今晚和接下來每一個野營的夜晚，都將讓我憂慮。在原野待了一百五十六天後，我突然對熊產生深深的恐懼。

派特彷彿讀懂我的心，「我們幾乎不可能再遇到那種熊了，妳想想，我們至今碰過多少隻熊？沒有任何一隻帶來這種麻煩。」

理智上，我知道他說得沒錯。我前前後後在有熊的地方待了幾千個日子，但從沒受過傷害，這表示熊是寬厚的生物。光是這趟旅程我們就遇過四十七隻熊，一直到剛剛才首次遭受攻擊。驚訝嗎？當然。我們在途中遇到的那隻母熊原本在三、四公尺外吃無患子，看到我們嚇一大跳，連忙閉上嘴巴，衝入灌木叢逃之夭夭。其他熊則抱持好奇態度，多半是生平首次遇到人類。在北極海沿岸遇到的小灰熊跟著我們並行走了快一公里，時不時會雙腳站立嗅聞空氣，盯著這兩個奇形怪狀的「駝背」生物看。在馬更些三角洲衝向我們的那隻熊感覺困惑多過威脅。過去幾個月遇到的每隻熊都曾有攻擊機會，但都沒有出手。今天這隻黑熊除外，但只要一隻就足以改變一切觀感。

等到水的深度足以划船，我們決定冒險一試，希望在天色變黑前離開河谷。但是每當我擱淺在灘岸或遇到河彎上岸勘查時，總會不自覺地巡視灌木叢，查看有無熊的行蹤，幸好都只有陰影。經歷三個小時和許多巨石後，我們抵達與阿拉特納河（Alatna River）的交匯處。河道寬闊泥濘，水流急促。在深河中划船，沐浴在黃昏時分的日光下，我終於放鬆下來。沒有任何熊可以碰我一根寒毛。

塔卡呼拉湖

我們下一個物資補給箱是由一位陌生人幾週前送到塔卡呼拉湖。我們不認識對方，只知道他是北極之門國家公園及保護區中一塊私人土地的管理人，來自義大利，名叫法蘭西斯柯，人很不錯。透過當地一位飛行員安排，他答應送物資到塔卡呼拉湖的小屋時順便載運我們的食物。從塔卡呼拉湖出發，我們將跨越阿里戈奇峰（Arrigetch Mountains），前往諾亞塔克河（Noatak River），然後順流抵達科策標。現在是八月第三週，我們比想像中還接近目標。

不過，現在一切似乎不再如此篤定。

在遭遇大雨和美洲黑熊前，我已經想像起抵達科策標是什麼感覺，想像划完最後幾公里的路程，想像回家。我原本信心滿滿，堅決篤定，但現在我了解地圖上的路線終究只是紙上談兵。派特和我雖然會依照等高線和河彎點規劃路線，但無法知道路上會遇到什麼事情。一天之內，什麼都有可能發生，一切都有可能瞬間風雲變色。

從品格魯克河前往塔卡呼拉湖的路程不遠，大約一點五公里，穿過一片開闊、樹葉沾染著黃昏餘暉的白楊木林，便來到比想像中還遼闊的塔卡呼拉湖，大到難以在短時間內判斷小屋位置。我跟著派特跳過湖畔大石，欣賞清澈湛藍的湖水。步行一小時後，我們看到小屋輪廓出現在另一端，才意識到走錯方向。這時已接近晚上十點，我不禁擔心會打擾到法蘭西斯柯，畢竟他不曉得我們確切的抵達日期。我和派特充飽小艇，划向對岸的小屋，接近時壓低聲量，生怕吵到人。但才剛到岸邊，就聽到小屋方向傳來鐵鎚敲擊聲，接著看到身材魁梧的男子正將一片片夾板釘上窗戶外沿。

「哈囉！」我在湖上大喊。他起初沒注意到我，還因為聽到人聲嚇了一跳，抬頭東張西望。他一看到我們立刻笑顏逐開，過來幫我卸下行李。

「我的朋友啊，歡迎歡迎，」他腔調濃厚，聲音宏亮。「想必你們是卡『羅』琳和派『瑞克』吧！不幸的是，我明天就得離開，所以今天工作得比較晚。你們快快進來休息，一定又餓又累了吧。」我們相當清楚季末離開原野小屋是怎麼一回事，要打包行囊，做好過冬準備，還得設法保護小屋不受動物和天氣侵擾。我們來的不是時候。

「您不必停下手邊工作，」派特說，「有沒有我們可以幫忙的地方？」

「不不不，請進屋，沒有比現在更適合的時候了。」我一踏上岸，他立刻伸手致意，並給我大大的擁抱。派特也得到同樣溫暖的對待。

法蘭西斯柯讓我們住外頭的屋形帳，我們放下背包，跟他進屋。這座小屋以手砍的雲杉木造成，每根直徑不到二十公分，其他東西似乎也都小了一號，譬如我必須低頭才能進門。置身屋內，法蘭西斯柯彷彿某個玩具屋裡的大尺寸兒童。不過配備合宜，足以讓我們三人舒服地坐在木桌旁的長凳上。黑夜即將來臨，法蘭西斯柯卸下剛剛裝上的防護板，以便我們欣賞餘暉美景。

我們三人圍著一盞煤油燈啜飲熱巧克力，派特問法蘭西斯柯怎麼「發現」（find）阿里戈奇峰。這句話其實是要問他「覺得山峰如何」，但法蘭西斯柯的回答讓我想起這種奇怪的美式英語很容易遭到誤解。

「這個嘛，我第一次來阿拉斯加是因為一場悲劇，」他說。據他解釋，一九九二年，他有兩位很要好的義大利登山朋友在迪納利山的卡辛山脊（Cassin Rdige）失蹤，他在前來協助搜救的過程中「發現」了阿拉斯加的美。

「幾年後發現阿里戈奇峰也很有趣，」他繼續說。他在首次登山行程中，跟另一位朋友想從運輸道路登頂，但路途太長，他們只能放棄。隔年他們搭飛機到塔卡呼拉湖，遇到當時住在這棟小屋的一對夫婦。二十年後，塔卡呼拉湖成了他的第二個家。法蘭西斯柯本業是醫生，下班後熱愛寫作與繪畫。

「啊，我的事情說夠了。我想聽聽你們在這趟了不起的旅程中有什麼經歷。」

我從今天發生的事情說起：幽黑的溝壑、美洲黑熊，還有或許再也無法坦然行走原野的恐懼感。現在講來，這些彷彿是一年前發生的事。

「那些美洲黑熊就是愛惹麻煩，」他簡單下了結論，「我有時得反覆趕牠們走，但牠們最後還是會離開啦。」

我們很快發現法蘭西斯柯對布魯克斯山脈瞭若指掌，或許沒人比他還清楚。儘管他很謙虛，輕描淡寫地帶過眾多精采的孤身冒險故事，但方圓一百六十公里內幾乎沒有他不熟悉的地方。他說起橫越山谷及攀登陡峭岩壁時，態度莊重，不禁讓我想起因為近來滂沱大雨和黑熊攻擊事件而忘卻的那股崇敬感受。他彷彿是以最不動聲色的方式提醒我為何來到此地。

凌晨兩點，他察覺我和派特有點睏了，於是祝我們一夜好眠，再次給予熱情擁抱。這個了不起的男人一次又一次回到離家如此遙遠的迷人原野，我其實還有無數個問題想問。走回屋形帳時，他從背後叫住我們。

「明天務必留下來休息，把這裡當自己家吧，想住多久都可以。剩下的工事不多，我會告訴你們怎麼做。」我和派特也擁有一間原野小屋，所以非常清楚讓陌生人替小屋做過冬準備，是極其罕見的信任，絕不單單是熱情好客可以形容。

隔天早上起床時，法蘭西斯柯已經打包完畢，所有裝備整齊疊放在湖畔，等待安排好的水上飛機來載他離開。屋內的桌上有麵包、蜂蜜和茶，他還留下寫有電子郵件和電話號碼的紙條，叮嚀我們日後到義大利的多洛米蒂山脈（Dolomites）拜訪他。道別時，我發覺自己抱著這個認識不到十二小時的男人，竟然得用力眨眼不讓淚水落下。

我們一直揮手揮到飛機離開視線才回屋裡喝茶。我問派特想不想一起看攻擊事件的錄影片段。當然，我壓根不想重溫那次經驗，但這就像是小時候藏在衣櫃門後的幽靈，我必須面對，才能繼續前進。

我們把攝影機擺在斑駁的木桌上，蜷縮在一起觀看小小的螢幕，其中最令我恐懼的是那些「看不到的環節」。錄影片段長約二十分鐘，拍到的不是樹幹殘影、派特在青苔地面移動的鞋子，就是我套著一成不變棕色褲子的腰部和大腿。那隻美洲黑熊每次入鏡，都會引來一陣急促動作，派特或作勢衝刺，或拋擲登山杖，導致攝影機左右亂晃。跟其他動作片一樣，聲音相當刺耳，我趨前想調低音量。

「先不要，」派特說，「我想聽我們在說什麼。」

「滾！他媽的給我滾！」攝影機傳來一聲大吼，我幾乎認不出自己的聲音。

「混蛋，滾開這裡，否則我會殺了你！」派特出言威脅，鏡頭中出現那隻黑熊的胸口和四肢。在那些大吼大叫之間，我們的聲音意外冷靜。我看到第三遍時，震驚慢慢遠去，漸漸感到無聊。刺耳的叫喊不再令人生畏，反倒讓人厭倦。不過就是隻熊嘛，不過就是上千隻熊的一員，永遠不會再遇到牠啦。我們擱下攝影機，拿出餅乾和花生醬，準備享用午餐。

才剛要坐下開動，湖泊方向突然傳來奇怪聲音。「派特，快聽，」我側耳傾聽，似乎是人。

「有人嗎？」

絕對錯不了。我們跳起來，跑到外頭尋找聲音來源，結果在小丘下方看到一位目測三十多歲的男子，其中一手用羊毛襯衫緊緊固定在胸前，背包笨拙地自肩部垂下。他先自我介紹，接著解釋划船時不小心脫臼了，頻頻不好意思地看向自己手臂。我們幫他把背包放到小屋旁，跟他到森林裡尋找他的朋友。短短幾分鐘，我們就撞見那位友人，他背著一個幾乎跟自己一樣重的行李袋，上方還綁著另一個圓筒旅行袋，滿身大汗。協助他把行囊放到湖邊後，我們四人走回阿拉特納河拿剩下的裝備，邊走邊聊天。肩膀脫臼的男子叫詹姆士，前陣子剛結束外科醫師實習，預計兩週後在佛蒙特州開始新工作。另一位男子叫阿瑞克，是詹姆士從小到大的好友，目前任職於美國國家公園管理局，住在斯卡威（Skagway），離我們在海恩斯的小屋很近。這對搭檔原本打算從阿拉特納河順流而下，到了某座村莊後再搭飛機回到費爾班克，但因為詹姆士意外脫臼，今天下午就要從塔卡呼拉湖搭水上飛機返程。

兩人進屋和我們共享午餐，他們擺出來的煙燻鮭魚、起司和餅乾，明顯比我們走味的蘇打餅乾和花生醬誘人。吃飽後，我們到湖邊看他們組裝獨木舟，以便稍後載運裝備到水上飛機。他們輕鬆展開船身，逐一扣上外框，三兩下就變出一艘時髦的船。我發現派特的眼神熱切，隨即意識到他何以如此興致盎然。我們的最後一段行程要順諾亞塔克河而下，不是要用充氣艇，就是要用朋友的充氣式獨木舟，後者預計跟最後一次補給一起抵達，但不管是哪一種，效率都不是太好。諾亞塔克河上游的水很淺，而且流速很慢，下游也差不多，只要碰到逆風就難以前進。經歷馬更些三角洲的折磨後，我們一想到要仰賴充氣船就害怕。

不過派特和我都沒有勇氣跟剛認識的人借全新的獨木舟划一千多公里。太誇張了。但阿瑞克不等我們開口，就問我們到諾亞塔克河有沒有船可用。聽完說明後，他堅持要我們攜帶他的獨木舟，甚至表示他和詹姆士接下來要去貝特爾斯（Bettles），可以聯絡運送我們最後一批補給的航空公司，一起送來這艘獨木舟。這兩人的慷慨讓我們一邊道別，一邊結結巴巴地連連道謝。

這趟行程充滿陌生人的善意。每當有人提供熱水澡或柔軟床鋪、冰啤酒或熱咖啡，總會讓我意識到這不僅是原野之旅，也是建立連結之旅。置身偏遠的湖泊，我們不過遇到三位陌生人，卻得到了一座小屋、一艘獨木舟、美好的食物，以及珍貴的友誼。

下午，我們返回法蘭西斯柯的小屋，眼角餘光注意到窗外有隻灰噪鴉。這個熟悉的身影讓我瞬間回到多年前和派特在他小屋度過的第一個清晨。那天，另一隻灰噪鴉教了我關於愛的一堂課。眼前這隻灰噪鴉邊輕敲玻璃，邊投來疑惑眼神，或許法蘭西斯柯和派特一樣，獨居小屋這幾個月中和牠成了好友。或者牠只是想趁機向不懂狀況的新訪客騙些點心。無論如何，牠顯然想要爭取我的注意，時而在窗前縱來躍去，時而用鳥喙敲擊窗戶。過去幾天，我幾乎把綜合果仁袋裡比較高級的品項都挑走了，此刻桌上只剩下花生。看著這隻灰噪鴉，我尋思這倒也是公平交易：我不必忍受走味的花生，牠則可以多添一點冬糧。

我走出小屋，扔了一把花生到地上。灰噪鴉回望我，揚起冠羽，透露出牠還不夠信任我的訊息，接著小心翼翼叼起三顆花生。我看著牠飛上鄰近一株雲杉，把食物藏在一塊剝落樹皮下方，隨後回來尋找更多花生，再儲放在小屋的兩根原木中間。牠每次藏完花生，都會四下張望擔心有人覬覦，直到確認四周沒有松鼠、山雀或其他狡猾竊賊，才會回去再搜刮一輪。期間，牠幾乎沒有多看我兩眼，顯然已經不覺得我是威脅，或是認為我笨得不懂偷竊。我們就這樣玩著我丟牠撿的遊戲，直到沒有花生可丟為止。灰噪鴉意識到我已經沒有用處後，振翅飛到雲杉上的第一個藏匿點翻出那三顆花生，接著飛到幾公尺外享用。我想這就是鴉科道謝的方式吧，於是微微頷首，回到小屋喝茶。

我突然感覺到一股真切的回家衝動。我現在了解，常駐一個地方不代表受困該地。過去五個月來，我和派特一次走上十幾公里、三十幾公里，甚至六十幾公里，雖然見識許多事物，但這不是唯一領略世界的方式。在這裡，時節推移，出沒生物會不同，光影也有差異。法蘭西斯柯離開前向我們展示了一系列的風光畫，每個角度的湖泊看起來都有些不同，每道雲彩、濃淡不一的藍綠色調，還有因應當日「心情」而染上不同色彩的水面。若是抱著訪客的心情造訪，想必很難發掘這些細微之處。

當晚，我用衛星電話打給爸媽，卻是電話答錄機。「哈囉，只是想打電話報平安，我們一切都好喔。」我想起自己還沒說過美洲黑熊的事。「昨天碰上一件有點可怕的事，好像有隻黑熊一直在跟蹤我們，幸好我們還擊後牠就知難而退了。」我解釋那隻美洲黑熊的奇怪舉措，還有我們如何用登山杖及防熊噴霧防衛，接著又提到熱情的法蘭西斯柯，以及來自森林的新朋友和獨木舟。

過了一小時，我再撥了一次電話。到了法蘭西斯柯的小屋後，我一直想著上次跟爸爸的簡短對話。我還有其他想告訴他的事。那時我渴求安慰，他激勵我情況會愈來愈好。歷經大雨和美洲黑熊後，他的話再次獲得證實。又是電話答錄機，我盡可能簡潔，「爸，我想說聲謝謝，我當時真的很需要鼓勵。你說得沒錯，一切都會好轉，就連太陽都再次露面了。」

馴鹿渡河

冬天即將到來，我們加緊趕路，但很快發現自己一敗塗地。離開法蘭西斯柯小屋後的兩天，我們來到阿里戈奇谷上方，結果在關鍵山道遭遇暴風雪，無法前進。眼看積雪及膝，四周的陡坡隨時可能爆發雪崩，我和派特一連嘗試三次，皆徒勞無功，只好改走海拔較低的替代路線。嚴寒天氣就要襲來，一點時間都不能浪費。入夜後，溫度跌至攝氏零下十度，午後才會勉強回暖到足以融化灌木叢上的結霜。我們加快腳步循原路下行，喉中充斥失敗的苦澀。

從地圖上看來，替代路線會讓我們多走數十公里，途中必須克服濃密灌木和氾濫溪流，並讓本已不多的食物配給更顯拮据。我們拖著感覺不屬於自己的雙腳，和沾滿泥巴的濕鞋子，緩慢地在山上行進。過了好幾天後，我已經停止抱怨疼痛，也停止質疑那一連串引領我們來到此處的決定。絕望能改變人心：回頭已經不可能，現在的糧食太少，而路程太遠。無論前方多麼醜陋艱困，也只能繼續。

而且我們已如此接近終點。一旦到了諾亞塔克河，代表我們進入最後一段旅程，只剩六百多公里的水路即可到達科策標。

一天早晨稍晚，我們來到一座以不可思議角度聳立地面的巨石坡群，越過此處即是諾亞塔克谷（Noatak Valley）。雨水讓石頭變得滑溜。我的每一寸理智都在勸告身體不要妄想攻克巨石。我們只有讀過原本路線的資料，對這條替代路線非常陌生。但此刻身在西布魯克斯的偏遠山谷，距離最近的人類聚落有上百公里遠，我們似乎沒有多少選擇。

派特跟我維持一定的距離，以免萬一跌落時撞下對方。我們小心翼翼地攀爬如冰箱般巨大的鬆動岩石，我會先試探岩石穩固與否，才將全身重量託付給單一抓握點，設法同時保有輕盈和強壯。每個動作都是一項重大決定，每一步都要思索後果。途中我因為一個打滑，嚇得發抖，只能望向派特，交換一個懷抱希望的懇求眼神。

我們繼續往上爬，專注於自己的雙腿和雙手，生怕任何失誤。先爬了十餘公尺，而後數十公尺，下方山谷愈來愈遠。費盡千辛萬苦來到頂端後，我們熱烈歡呼，還擺拍了一張勝利照片。但歡樂氛圍沒有持續太久，另一側向北的下行路線更加險惡，岩石雖然不如剛才濕滑，可是有一層薄冰，上方還有數公分高的積雪，放眼一片雪白。下坡時，我用臀部作為緩衝，試圖將重心放在最能承擔壓力的部位，這樣做導致臀部被摩擦得疼痛不已。派特也一度撞上岩石，大拇指因而流血。

四小時後，遍體麟傷的我們總算來到下方的石南屬灌木群。天色漸暗，我必須瞇眼才能看清前方地面。這時的位置仍比預期高，在此海拔，我們很可能受困於暴風雪。可是歷經方才危機四伏的下降後，我已經非常疲憊，走都走不穩。我們在岩石間勉強找了塊平地，打開頭燈搭帳。我躺進睡袋，在黑暗中閉上雙眼，外頭雨聲漸息，似乎要下雪了。隨著我墜入夢鄉，冬日登門降臨。

整夜發抖，此刻晨光彷彿是珍貴的禮物。帳篷慢慢轉亮，身旁派特的輪廓逐漸清

晰，他把頭埋入睡袋，整個人蜷縮成一團。我套上所有衣物：兩件長袖底層衣、登山褲、三件襯衫、刷毛衣、保暖背心、羽絨外套、保暖頭巾、帽子和手套，手上還多套上一層襪子。即便如此，我仍覺得自己好像沒穿衣服。帳外的鞋子凍得堅實，鞋帶上有一層冰。我揉揉掛在營柱上的襪子，掉了一地冰霜。我將襪子套上毫無知覺的雙腳，設法撬開結凍的鞋子。

走入清晨冷冽的空氣，數公分高的初雪在晨光中閃爍，聳立的花崗岩有冰水流下。我抬起頭，這一週來首次感覺到陽光輕拂臉龐，再往下望，金紅相間的山谷映入眼簾，處處皆染上濃淡不一的秋色。這不只是一幅色彩斑斕的風景畫，也不僅僅是美麗可以形容，因為這不是隨便一座山谷，這是「那個」山谷，是「我們的」山谷：諾亞塔克山谷。

我探頭回帳篷裡想分享這美麗的早晨，派特正用手套掃除睡袋上的結霜。我拉開外帳，他抬頭望來。

「太震撼了，我可以看到河，」我告訴他。他改採跪姿，趨前親了我一下。即便一早起來發現襪子結凍且帳篷濕透，但我們都清楚身在此處的意義為何：科策標近在眼前，我們即將抵達幾個月前心心念念的目的地。現在唯一的任務，就是在諾亞塔克河領取最後一批糧食和那艘獨木舟，一路划向下游。儘管遭遇大雪、河水氾濫，還有試圖吃掉我們的熊，我和派特仍順利通過群山考驗。

一道移動飛快的雲遮住太陽，慶祝也宣告落幕，我趕忙處理該做的事。吃早餐，打包，繼續移動。我在山坡上的大石下找樹枝升火，點燃打火機的大拇指幾乎凍僵。濕柴的火力不夠，只能勉強讓水有點溫度，我們囫圇灌下糊狀的即溶燕麥片和冷茶，接著收帳，今天的打包很輕鬆，因為我們已經將幾乎所有衣服都穿到身上，剩下的食物也不多，一個袋子就裝完了，重量甚至不足一夸特牛奶。要是今天下午或明天能拿到補給，我會放心許多。

我們沿著狹窄的河岸前進，有時陡到變成瀑布，我只能哀悼疼痛的雙腿。幸好太陽很快再次露面，讓我們可以脫去羽絨衣。派特和我時而疲憊怠惰，時而歡欣鼓舞，停下來吃點心時用衛星電話聯絡幫忙補給的飛行員。他請我們前往數小時外的一處溼地等候。

抵達溼地時還不到下午四點。對方承諾傍晚會送來食物，所以我們決定提早用餐，慶祝順利來到補給點。只剩一份義大利麵、六根燕麥棒、三匙橄欖油、兩包泡麵，還有少許綜合果仁。過去這段時間因為行程延宕，必須減少食物配給，一份晚餐要分成兩份，原本兩小時吃一次點心改成三或四小時一次。我們在陽光下悠閒吃完一整份義大利麵及剩下綜合果仁，享受自離開塔卡呼拉湖後難得的飽足。

隨著天色漸暗，我開始有點擔心，再打了一次電話確認對方是否已經出發。接電話的女子告訴我，過去一週因為氣候不佳飛機停飛，所以飛行員今天下午忙著載送其他等候已久的客人。

「但你們不是說今天會來嗎？」我說。

「是啊，但其他人也等很久了。」她說。

這個溝通上的誤解很嚴重，於是我連忙解釋，「我們的情況不太一樣，可能無法像其他人一樣久候。我們的食物快沒了，而且你們承諾飛行員這時會到，天氣看起來還很好啊。」

「這個嘛，飛行員今晚不值勤了，但明天一早會有人過去的。」她答應。當晚，我嘗試忽略不安。儘管疲憊，焦慮仍讓我輾轉難眠。

隔天早上，我屏息看向帳外，清澈的天空讓我安心不少。我再打一次電話，飛行員說山脈另一端起霧，他現在無法起飛，不過霧氣似乎會散去。接下來好幾個小時，我們坐在原地看著雲層，一直到冷風吹得我們受不了，才爬回帳篷裡繼續等待。

派特試圖保持樂觀，開始講起要寄給祖父母的明信片讓我分心。我稱那些明信片為「探險家連載系列」，內容其實就是我們最近遇到的驚險故事，但更為誇張且簡短有力。最近一張的內容如下，「親愛的爺爺奶奶，我們正要離開阿納克圖沃克帕斯。

最近的雨和雪下個沒完。還有近一千公里的路要走，冬天很快就會降臨北極，我們最好快快動身。愛你們的派特敬上。」雖然他不是故意讓這些訊息讀來像某個十九世紀探險家的旅行日誌，但每一篇似乎都比上一篇更短。我和他試著回想過去幾張明信片的誇張內容，時不時哈哈大笑，暫時忘掉壓力。直到第一陣雨打上外帳，詼諧幽默頓時煙消雲散。

下午，天空漸漸轉為鐵灰色，大雨宛如憤怒鳥般轟然落下。我打給飛行員詢問情況，但不過是確認原本的猜想：除非天氣好轉，否則飛機無法起飛。我把衛星電話放回盒裡，詛咒這僅僅提供我們與外界薄弱連結的科技製品。傍晚，前庭積水，雨水侵入內帳，鞋子再度泡在水中。有鑑於昨日過度放縱，我們今日白天只能吃一根燕麥棒。所以當我冒著滂沱大雨，以最快速度收拾裝備，將帳篷移至地勢較高處時，只覺得頭昏眼花。當晚我和派特分食一包泡麵，但因為難以在暴雨中升火，只好把麵泡在冷水中，並等到無法再等才吃。雨聲斷斷續續，我們吃著沒有完全軟化的麵，聽著麵在齒間發出的嘎滋聲響。

雨一直下到隔天。我和派特輪流朗讀一本我偷偷夾帶的書，大概讀了一百頁。在多數行程中，我同意為了減輕重量不帶書，反正晚上往往累得讀不下。只是我受不了好幾個月沒接觸文字，還是偷帶撕成半本的《阿拉斯加的布魯克斯山脈：終極之山》（*Alaska's Brooks Range: The Ultimate Mountains*）走了幾百公里的路。這本書在講述一九七〇年代的《阿拉斯加原住民利益土地索償法》（*Alaska Native Interest Lands Claim Act*）如何取得超過一千五百萬畝的信託土地，其中幾位關鍵人士怎麼改變阿拉斯加的發展軌跡。他們為環境保育付出心血，讓這片土地至今仍保有野性。我們的路線橫跨美國兩座數一數二大的保護區，也就是合計囊括一千五百多畝土地的北極之門國家公園及保護區和諾亞塔克國家保護區。

有時候，地景可以得到不受打擾的權利。北極生態系的價值十分清楚：充斥鮭魚的河流、滿是美洲馴鹿的山谷、迎接數百萬遷徙鳥類的苔原，還有許多地球上僅此一處的獨特植被。然而，人類必須知道，擁有這些生態特色的原野可能會害你喪命。布魯克斯山脈就是這樣的地方。

這本書讓我們暫時忘卻可能在暴雨中餓死的現實，就算有數百卡路里的食物存量，也不曉得還要等多久。派特聽到發生在布魯克斯山脈的冒險故事時，雙眼炯炯有神。身為生物學家，我很慶幸自己或許有助於保護深愛的原野和生物。此時躺在身邊的派特讓我心安，盡量不去想「飛機可能無法及時抵達」。

最近一座村落距離此處近兩百五十公里，要是沒有食物，不可能有力氣走完。再過一週，我們連移動都會有困難。天氣總會好轉，但誰也不知道何時才會好轉。冬天即將到來的北極，可不是等待放晴的好時節。

我到外頭小解，看見濕地另一側的草原有隻灰熊正在吃草。牠似乎沒發現我，於是我悄悄鑽回帳中，暗自盼望那片草原足以滿足牠的胃口。待雨勢比較和緩，我們拉開帳篷後發現那隻灰熊已經離去，所以決定外出採摘。我們穿上雨衣，樂觀地帶上幾個大型拉鍊袋，前往附近的山坡採藍莓。可惜多數莓果都已掉落，只剩下會把手指染成瘀青色的岩高蘭。我將一把把岩高蘭果實塞入口中，果肉的味道單調、粉末感重，幾乎無法緩解飢餓。

不遠處有隻雄柳松雞正在覓食，頭部和紅眉毛隨著牠啄食地面莓果而上下擺動。不同於大多數鳥類的本能反應，這隻柳松雞即使看見我們也無意離開。牠們不聰明，但很有韌性。若是碰到地面暴風雪或冰暴，柳松雞可以靠著柳樹葉芽和岩高蘭果實維生，不像人那麼無能為力。牠們的腳上有羽毛，可充當雪鞋使用，搭配白色羽衣，十分適合冬天生存。在最寒冷的那幾個月，柳松雞約有八成時間會待在雪中地洞發抖製造體熱。

這隻柳松雞讓我意識到派特和我多麼不適合當地，對於冬天有多麼準備不足。我們沒有保暖的羽毛，沒有可消化灌木的胃，更沒有與生俱來的「雪鞋」。不過，儘管我不愛殺生，仍不禁想到這隻柳松雞會是很不錯的食物來源，我們迫切需要食物。我四下尋找堪用的石頭，但找到時牠早已沒入灌木叢，消失無蹤。

隔天下午，飢餓的副作用浮現。我一站起來就頭暈，跌跌撞撞地走回帳篷時，呼吸和心跳皆短促。河水成了濁流，讓原已不易的捕魚更加困難。附近的小濕地只有睡蓮和水黽，再也沒看見柳松雞，只好維持一天一根燕麥棒和一匙橄欖油。想到其實還剩下三根燕麥棒和一包泡麵，就讓我們更飢腸轆轆。派特穿好衣物外出尋找莓果，但附近的果樹叢已被我們一掃而空，他花了近一小時才收集到幾把莓果。回來時渾身濕透，為了維持體溫所消耗的卡路里比這些莓果能提供的熱量還多。

這是我首次體會到山雀每晚必須經歷低於冰點溫度，並用最低能量過活的感受。這些嬌小的鳥為了挺過零下三十度甚至四十幾度的環境，不得不燃燒佔體重一成的脂肪。因此在亞極帶冬季的短暫日照期間，一分一秒都不能浪費，必須把所有時間都用來尋找食物。到了晚上，山雀會躲入樹洞，進入某種休眠狀態，迫使新陳代謝變慢，核心體溫下降，僅保留最重要的機制。人類沒辦法休眠，也不熟悉飢餓與餓死之間的界線。我只知道我們需要食物，馬上就要。

第三天尾聲，我們陷入半夢半醒的狀態，光是爬出帳篷都成了一大挑戰。我從未如此虛弱及渴望食物，有時心跳加快，異常焦慮，有時又很沮喪，彷彿已接受失敗。

「要是飛機沒來怎麼辦？」我第三十次這麼問道。

「飛機會來的，」派特說，「一定會來。」

隔了一下子，輪到派特提問。「或許我們第一天應該繼續上路，至少現在會在下游某個地方，別人可以搭船來找我們。」

「也許吧，但我們怎麼可能預想到這種情況？那時候食物已經剩不多，而且他們答應會來的。」我回答。其實我們心知肚明，前進的時機早已過去，現在只能等待。

我想過可能會死在這趟旅程中，但沒想過是在這裡，也沒想過是這種死法。雪崩、兇猛的美洲黑熊、冰冷河水，甚至在北極海翻船，飢餓顯然是最令人難以置信的死法。我從沒想過我們可能會面對這種緩慢且痛苦的死亡。這種死法之所以讓人恐懼，不是因為血肉橫飛或遭冰冷水流沖走，而是來自無止盡的等待。要是我更深入研究北極的探險史，可能會早點想到許多餓死前例。我此刻才想起許多旅人啃食鞋子皮革的故事，有些案例甚至演變為人吃人的慘劇。我想起弗蘭格爾島（Wrangel Island）遠征任務中，因紐皮雅特女子艾達．布列傑克（Ada Blackjack）和其他船員誤入歧途，勇敢堅決的她成了唯一生還者，目睹同伴落髮、掉牙，最後失去理智。我也想起《阿拉斯加之死》（*Into the Wild*）中的年輕男子是如何步入荒野，定居一輛巴士，最後長眠其中。站在高處批評不難，我們很容易認為這種不幸事件僅是錯誤判斷的結果，並非無法避免，但其實我們也有可能會突然陷入一樣的困境。

隨著痛苦延長，我變得不理性和恐慌。我們真的會慢慢陷入癲狂嗎？這種痛苦何時會終止？誰會先投降？也許某隻動物會在我們餓死前先下手為強。我和派特會長達數小時躺在帳篷中，除非必要才移動。這裡沒有任何可以分心的事物，等待讓我的大腦瘋狂運轉，幾乎失去控制。到了晚上，黑暗加深我的恐懼。每當帳篷隨風輕擺，我都想像有隻飢餓的熊正蠢蠢欲動。我會看到其實不存在的陰影，不時聽到天鵝輕聲叫喚，睜開眼睛卻又什麼也沒有。我叫醒派特，問他覺得我們還可以撐多久。

「至少一週，或許兩週吧，」他回答，「不會是太愉快的經驗，但我想我們會活下去的。」我感覺胃部痙攣，只好無奈吞下一小顆止痛藥幫助睡眠。

隔天早上，雨更大了。我再度聯絡飛行員，他回覆天氣還是不夠好，於是我們又滿懷怨氣等了一天。我們盡可能睡覺，設法保存體力和維持理智。靠隨身攜帶的止痛藥緩解胃痛。我們每小時都會往外張望，不過景色一成不變。

中午，帳篷的米色布料似乎透入光線，但我不願張開雙眼，不想再次失望。雲層很低，氣象預報也表示會繼續下雨。期待情況有所變化似乎很愚蠢，因此我確信這些光線不過是另一場絕望的開始。但那道刺眼黃光流連忘返，不斷鑽探眼簾，我於是坐起察看。派特滿懷期待看著我的臉。我乾裂的嘴唇勾出一抹微笑，派特也笑了。

幾分鐘內，我聯絡飛行員通報天氣轉好。「請你來，現在就來，」我懇求，「天很藍，風不大，我們可以一路看到峰頂。」而且我們快餓死了，你一輩子無法想像的餓，我在內心吶喊，但沒有說出口。在電話另一端，我聽見了猶豫。陽光照亮我體內的絕望，我決定加把勁。「我們已經等了快五天了，真的非常需要你，我們快要餓死了。拜託試試看。」

「好，」他說，「我會盡快抵達。」

我們側耳等候某架飛機從遠處傳來的轟鳴聲，時不時將蟲鳴鳥叫或任何會移動的事物當作救星。兩小時過去，天空仍然安靜。我再次打電話，才知道他們目前只營運山林小屋附近的航班，要等天氣比較好才會飛來布魯克斯山脈北端。

「聽好了，我們就在布魯克斯山脈北端，這邊天氣好極了，」我語氣堅定，「我不曉得你還需要什麼資訊才能行動。」

飛行員沉默良久，才開口詢問我們的確切位置。我實在不敢置信。我們已經在同個地方等了這麼多天，而且還是對方當初要求等候的地點，我後續也多次詳細說明，現在他卻一問三不知。他說他想知道濕地的水域多深，能否降落，又是一個令人坐立難安的問題。

我忍住對他大吼大叫的衝動，盡量仔細回答，「所以你要來了嗎？」

「對，在路上了。」

或許「在路上」是指午餐後，或是等他辦完其他雜事後，理論上，航程大約一個半小時，但過了很久，我們才隱約聽到遠方傳來飛機引擎聲。但那聲音幾乎一出現就減弱，最後消失不見。

派特和我互望，爆出一連串憤怒的問題。「折返了嗎？是不是誤會我們的位置了？」太陽依照閃耀，但鄰近山峰上逐漸有雲，我幾乎窒息。

一小時後，低沉的嗡嗡聲再次出現，但我保持戒慎恐懼，生怕重演上一次讓人心碎的失望。直到整架飛機進入視線範圍，並朝我們飛來，我才跳了起來，渾身顫抖。突如其來的大動作讓我雙眼一黑，只能跪地等待脈搏恢復正常。飛機盤旋，隨後降落在濕地水域，我和派特在岸邊等候。

「你一定不知道我們看到你有多高興，」我說。飛行員彬彬有禮，但也僅此而已。他從機艙中拿出物資箱，我們再用消防員扛重物的方式來回運送。儘管我必須靠在灌木叢旁避免暈倒，但還是很快卸完貨物，共有兩箱珍貴的食物、額外衣物、野營爐和燃料，以及阿瑞克的折疊式獨木舟和船槳。飛機滑行離開時，我們已經打開第一箱食物，發瘋似地猛塞士力架巧克力棒、花生醬、餅乾和綜合果仁。我們在短短幾分鐘內吃下比過去一週加總還多的食物。我一度吃到想吐，顯然腸胃一時無法適應大量食物。等我們打開所有箱子，煮起晚餐時，才又開始下雨。凌晨，我被一陣陣狼嚎驚醒，向外看到雲間的圓月，為白雪皚皚的山峰灑上銀白光輝。破曉前，一群雪雁自上方掠過，鳥叫與水流聲合鳴。我們已經準備好再次上路。

早上，我們拖著載滿物資的獨木舟經過大片蘆葦來到河岸。又開始下雨。河水帶我們遠離時，我回頭看了此處最後一眼。風雨讓雪線下移不少，氣溫總在冰點上下徘徊。我們會時不時上岸做幾輪開合跳和伏地挺身，以維持體溫。先前的資料指出諾亞塔克河上游的水淺且慢，但現在水流不小，我們可說是一路衝向下游。儘管逆風強勁，仍在三天內划了近兩百五十公里。第一天，我們在獨木舟上目擊五隻灰熊，但之後都沒再看到熊。下雨和惱人的寒冷讓我疲憊不堪，但我仍努力專注在攪動的濁水，拉上兜帽，低頭，划槳。有時候我會提醒自己留意四周，不過多半沒什麼值得看的事物。

轉過一處河彎時，我注意到下游似乎有一根樹枝載浮載沉，隨後又多了一根，但等到我發現那兩根「樹枝」是什麼時，兩頭美洲馴鹿已經上岸。牠們昂首闊步，搖晃身軀甩出一陣陣水珠。派特示意我看向附近的河岸，我嚇得幾乎岔氣。許多美洲馴鹿站在岸邊，準備渡河。牠們只隨意瞥一眼我們，視線仍專注對岸。我和派特迅速尋找適當渦流划至岸邊。很快我們就聽見濺水聲。一隻隻美洲馴鹿大步踏入河中，水深至胸口時便開始游泳。母馴鹿和幼鹿在激流中緊緊相依，頭尾浮出水面，輕聲交換令人安心的低鳴。公鹿的鹿角突出水面，其中許多已褪去棕色的細軟絨毛，呈現出驚人的視覺效果：一對對垂掛著血汙絨毛層的亮白鹿角在水中緩緩前進。

最後幾隻美洲馴鹿順利渡河後，我和派特把獨木舟搬到岸上較高處，再去查看牠們的足跡。那條細細的路徑伸入灌木林，我們也跟上一探究竟。地上到處是馴鹿的毛髮和糞便，空氣中充斥著牠們散發出的霉臭味。我們大膽猜測起馴鹿的數量，五十隻？一百隻？更多？就在我們低頭研究一隻幼鹿的足跡時，突然一陣聲音如大浪般襲來，轉瞬之間，四周都是灌木折斷的聲音，大浪成了海嘯。

「快蹲下，」我說，跟派特迅速躲入柳樹叢。短短幾秒鐘內，美洲馴鹿排山倒海而來，我甚至可以聽到牠們腿上肌腱用力的聲音，還有夾雜著噴氣聲和厚重喉音的呼吸喘息。牠們呈單一縱隊行進，距離近到我差點忍不住用指尖碰牠。我閉上雙眼，感受牠們身軀散發出的蒸騰活力。多數馴鹿不理會我們，少數會略帶訝異地側首觀看，那一閃而過的眼白映襯著深褐色虹膜。其中一隻公鹿還小心翼翼地避開派特張開的雙腿。有隻幼鹿好奇嗅聞，跟我們的臉相距不過幾公分。派特和我一動也不動，只能用揚眉和唇語溝通。

「這是我這輩子看過最震撼的畫面，」派特用唇語說，眼神熱烈。我露出微笑。

我突然意識到漫長的等待和雨雪，是為了讓我們目睹這場遷徙。好幾個月以來，我們都追隨著美洲馴鹿前行，先是豪豬河（Porcupine River）一帶的馴鹿族群，接著是北極圈中部和西部族群。那些彷彿是大地脈搏的足跡，指引我們走過上千公里，翻越山麓，登上布魯克斯山脈的一座座山峰。牠們一次次助我們避開陡峭山崖或險坡，引導我們通過看似困難、實則可行的地形。在路程中，派特和我學會信任牠們，學會追隨馴鹿，追隨這片苔原上的古老路徑。此刻，我們與馴鹿同處一地。

大地看似殘酷無情，卻也賜予我們最需要的事物。釋懷，圓滿。我和派特從沒想過一切的痛苦折磨，最終會迎來無與倫比的精采時刻。

從空中拍攝的馴鹿遷徙，可以看到成千上萬隻動物並列橫跨苔原，如植物捲鬚般呈扇形展開。眼前實際的景象則更擁擠混亂，恰恰展現出「移動」的真諦。我們弓身坐在柳樹叢下，看著馴鹿群在腳邊上演遷徙大戲。每隻馴鹿的行動顯然不純然是出於己意，而是為某種更高的存在所驅使。即便在最忙亂的時刻，隊伍也不會演變成倉皇逃竄。我沒看到任何一隻馴鹿被推下河或彼此推撞。牠們的目標明確。驅趕我們跋涉積雪山道和泥濘河流的冬天，此刻也盤旋在這群馴鹿之上。

有些馴鹿向下離開我們的視線，多半是要從先前那批馴鹿聚集的地方渡河，其他馴鹿則決定走不遠處的另一條路。不過那條路必須從兩公尺高的岸邊躍入河中，馴鹿會迅速掃視河流、河岸和附近的其他馴鹿，陷入猶豫。後方的馴鹿慢慢擠上來，前方的馴鹿備感壓力。不過每次遇到塞車情形，幾乎都有母鹿帶小鹿打破僵局，堅定地一躍而下。雖然母鹿擔心有所閃失，但也最不能忍受行程延宕。對小鹿來說，與母親分離就等於死亡，所以每隻小鹿都會亦步亦趨跟在媽媽身旁。公鹿和獨行母鹿則往往畏縮不前，讓體型細瘦的幼鹿和風塵僕僕的母鹿先去面對風險。

我們入迷地看著美洲馴鹿一波波躍入河中，約四百公尺寬的河流中間有一塊較淺的礫石灘，成鹿會在此甩去身上水珠，但幼鹿還不夠高，只能繼續划水，有些便遭水流帶往下游，神情慌亂，離母親愈來愈遠。我看著其中一隻幼鹿被水流拖至沒有其他馴鹿逗留的另一側河岸，幾乎忘了呼吸。

「派特，快看。那隻小鹿被沖走了。」我透過望遠鏡，原本預期看到牠在水中奮力掙扎，逐漸氣力放盡，只能無奈看著母親遠離視線。然而這隻小鹿似乎停止掙扎，只能從偶爾抽搐的白尾看出一絲恐慌。隨著兩側河岸愈來愈高聳，小鹿的存活機率愈來愈低。我提醒自己，這就是大自然，不總是風光明媚，不總是令人欣喜。這裡水勢洶湧且冰冷，幼鹿渺小且脆弱。派特挪動臀部朝我靠近。我們輪流拿起望遠鏡觀察和等待。牠現在距離岸邊不到三公尺，但挖蝕沿岸的水流湍急，牠每次開始拚命划水，稍稍往岸邊靠近後，水流就會再次將牠沖遠。但小鹿在滅頂前，竟然設法游到一座崩垮泥崖的邊緣。我穩穩握住望遠鏡，邊向派特轉述現況。

「我看不出來牠在幹嘛，可能是想跳上岸！」小鹿猛力向前一蹬，踩入爛泥，隨後側身翻倒，河水在一旁沖刷而過。「牠跌倒了，喔不，水流離牠太近了。」接下來，牠似乎將全身力量灌注核心，彷彿鬆開的彈簧，以近乎不可能的單一動作翻身躍起。只見牠沿著陡峭泥崖歡快前行，最終衝上堤岸，沒入灌木叢。我用力鼓掌，深藏內心的母性鬆了一口氣。

接下來好幾個小時，我們只是靜靜坐在一旁，沉浸於馴鹿遷徙的世界。每當灌木叢靜寂，似乎不會再有更多馴鹿時，下一波總會來臨。數了前面幾百隻馴鹿後，接下來就變得數不勝數，但可以確定有數千隻馴鹿行經此地。良久，我們的胃咕嚕叫起，天色也漸漸變暗。我和派特手膝並行地悄悄回到獨木舟所在，決定在河岸另一側的小島紮營，如此更能遍覽遷徙渡河的景象。搭好帳篷、吃完晚餐，馴鹿還是絡繹不絕地從此渡河。天色愈來愈暗，等到我們再也無法辨別牠們在水面忽隱忽現的鹿角後，就鑽入帳篷休息。午夜時分，我躺在睡袋裡，聽著水花濺起聲和悶默的呼嚕聲睡去。期間我一度在黑暗中醒來，發現外頭仍有馴鹿的渡河聲。

到了早上，馴鹿皆已遠去，只剩一團團淺褐色的毛髮在水中載浮載沉，證明昨日那場奇觀並非幻想。我們收拾好獨木舟，回到馴鹿昨天群聚的地方，用望遠鏡仔細掃視周遭，看看還有沒有馴鹿逗留，安靜傾聽是否有灌木斷折或腳步聲。這裡顯然只剩下我們。我和派特並肩站在岸邊，透過雨衣感受對方的體溫。眼前這條河即將帶我們前往楚克奇海（Chukchi Sea）。前往科策標。前往終點。前往起點。就算這趟旅程在此劃下句點，我也不會遺憾。

諾亞塔克的故事

在距離最近村落約八十公里的地方，意外碰上超大號的「北極人情味」。我和派特在瑞奇．阿士比（Ricky Ashby）的小屋裡品嘗熱騰騰的湯，腳邊有溫暖的柴爐。這座小屋約十三平方公尺，位於下諾亞塔克河某處河彎，四周都是細長黑瘦的雲杉。我們半小時前才上岸，現在已喝起第二碗湯，佐以瑞奇自製的美味麵包。我們咕嚕咕嚕喝著鹹肉湯，用塑膠杯啜飲紫色的酷愛（Kool-Aid），聽瑞奇用手指數日文數字。「いち、に、さん、し、ご（一、二、三、四、五），」他思考半晌，接著用另一隻

手繼續數。「ろく、しち、はち、きゅう、じゅう（六、七、八、九、十）。我叔叔在我小時候教我怎麼說這些數字，你們絕對猜不到他當初是怎麼學會日文的。」嘴巴塞滿食物的我，只能揚起眉毛，睜大眼睛作為回應。

「你們有時間聽故事嗎？」他熱切地問道。

瑞奇早已勾起我的好奇心：他是貴格教會牧師，獨居荒野，周遊列國數十年，對馬達機械不屑一顧。而且外頭下著傾盆大雨，濕透的衣物正在桑拿室烘乾，再加上高漲的河水已經幫我們超前不少進度，短時間內我一點也不想離開這間溫暖舒適的小屋。

最近幾週水量都不小，我們遇到瑞奇那天，一整個早上都在灰棕色的湍急水流中擺盪。目睹馴鹿渡河後兩天，除了濃霧，以及一隻呼呼大睡、僅睜開單眼看我們順流而過的麝牛之外，再沒看到什麼。我們沒剩幾天就要抵達科策標，但籠罩在九月的刺骨冷雨中，一天彷彿很漫長。

經過一處河彎，緊拉兜帽擋雨的我們突然聞到一陣煙味，立刻抓緊機會將獨木舟轉入一處渦流，下意識往岸上划去，迫不及待想造訪離開塔卡呼拉湖近三週以來的第一座原野小屋，享受柴爐的溫暖。我和派特拖著獨木舟走上岸邊的石階，往霧中大喊「哈囉」。半晌，一名男子一邊套上綠色的塑膠雨衣，一邊匆匆跑下步道，用力揮手。

「哈囉，」我說，「抱歉打擾，我們路過的時候看到有煙。」

「不不不，一點也不打擾，快進來躲雨吧。」他雨衣下的襯衫還未扣好，「我才剛從桑拿室出來……噢，已經下午了啊，」他低頭看著手錶說。

他揮手示意我們往前移動，熱情握手。「想不到今年還看得到划船客，你們來得很晚，」他說。諾亞塔克河名列美國的國家原野和景觀河流，每年都會吸引不少休閒划船客造訪，但到了九月，通常只剩附近村落的獵人，或是搭越野飛機來的狩獵遊客。

我們和瑞奇走上斜坡，快速自我介紹。他建議將濕衣物留在桑拿室蒸乾，於是我們脫到只剩長內衣，再小跑步進屋，享用塑膠碗裝的湯，聽他講述自己的故事。他是因紐皮雅特人，出生在往下游約一天距離的諾亞塔克村，家族已在阿拉斯加北極圈居住數千年之久。目前多數時間獨自住在這棟小屋，他說這是他一直想做的事，所以趁身體條件還允許時來實踐夢想。大多數阿拉斯加的原住民會靠雪上摩托車和汽艇去狩獵和捕魚，但他選擇只仰賴自身肌肉，理由跟我們頗有異曲同工之妙：以人類本身的速度行進，更能真切體會與土地的連結。瑞奇說，放慢腳步可以看到及感受到更多事物。此外，他也喜歡肉體上的挑戰。

不過，瑞奇的生活並非一向如此。他當過數十年的牧師和藥物成癮輔導員，也曾為美國聯邦政府做事。現在，除了往返諾亞塔克河和諾亞塔克村，也常出國遊歷，可說是集各種反差於一身，同時擁有多重身分也不覺得衝突。他提到上個冬天曾去東南亞旅行，我沒聽清楚，請他再說一次。「柬埔寨，了不起的國家！你們去過嗎？」

我搖搖頭。

我和派特坐在柴爐旁的柳樹椅聽他念日文數字。我們已經好一段時間只跟彼此對話，疏於和陌生人聊天。我幾乎想不到任何話題，派特卻反常地不斷稱讚湯有多麼美味。瑞奇對尷尬似乎不以為意，聽完我們的目的後，讚賞地笑了起來。但他對里程數不感興趣，只想知道我們有沒有看到美洲馴鹿、熊有沒有招惹麻煩，以及我們是否喜歡這片土地。瑞奇為大家添茶，接著舒服地坐下。

「我的祖父母住在巴羅（Barrow）附近，也就是阿拉斯加西北部，靠雪橇狗隊和誘捕動物取毛皮賺錢。有一年，他們決定到弗蘭格爾島（Wrangel Island）看看能不能找到狐狸。」他娓娓說道

弗蘭格爾島坐落北楚科奇海，下方即是西伯利亞的堪察加半島，距離阿拉斯加本土近五百公里，冬季時海上滿是浮冰。祖父母會帶齊糧食和狩獵及誘捕所需的物資，以及幾個較年長的孩子，啟程挑戰可能低至攝氏零下五十度、大風造成地面暴風雪的險惡環境，還得時時提防潛伏的北極熊。這是一趟艱困的旅程，對年輕的孩子來說尤

其如此。瑞奇試著用我們理解的方式解釋背後的動機。「我想他們肯定很缺毛皮貨品，但要到這麼遠的地方去找，我們的血液裡應該就是流淌著旅行這件事吧。」

祖父母一行人順利抵達弗蘭格爾島，但在這座有政治爭議的島上活動時遇到俄羅斯軍人。語言不通加上未攜帶身分證明文件，他們被軍人帶回西伯利亞，然後遣送至莫斯科，最後藉由換取毛皮貨品所用的貿易公司名片證明自己來自何處，但已離北極沿岸甚遠。祖父母一行人隨後踏上為期三年的西向之旅，離開莫斯科後先後到倫敦、東京、紐約，再橫跨美國到西雅圖，然後乘船到安克拉治，才回到北阿拉斯加的家。

這是我難以想像的浩大旅程。瑞奇的祖父母除了不靠地圖、指南針或馬達就航渡近五百公里的冰洋，還必須在不仰賴土地謀生的世界中尋找依靠。那時沒有長途電話、網路或可靠的郵件服務，他們的家人想必認為這幾個人已不在人世。生活在偏遠北極村莊的人，怎樣也不可能想到家人會受困地球另外一端。我還想詢問更多細節，但瑞奇再次匆匆起身查看衣物乾了沒有。

我們在桑拿室小小的北極典型入口處套上雨具，瑞奇說他從這裡出發前往諾亞塔克村的最快紀錄是二十二小時。我一聽立刻後悔在小屋待了這麼久，派特和我原本預計划獨木舟只要不到二十小時即可抵達。我後來才意識到他講的不是夏季划船，「我覺得攝氏零下三十五度左右是最完美的溫度，不會太熱也不會太冷。」零下三十五度？原來他說的不是水路，而是乘坐雪撬，徹夜趕八十五公里的路。

「那是我所打造最棒的雪橇，」他說，「飛快無比！」

瑞奇讓我更認知到「冒險」的豐富多元，有些冒險事先規劃妥善，像是我們和瑞奇的原野之旅，有些則未經規劃，譬如他祖父母被迫走遍世界的意外之旅。但無論距離長短或目的地遠近，我們都有人類最基本的慾望，想看看下一個轉角有什麼新鮮事。我們這趟旅程雖稱不上驚艷，但也不是平凡無奇。這就是一趟簡單、專屬於我和派特的旅程。

離開瑞奇的小屋後，我們繼續冒雨划船，直到黃昏才在一處熊跡遍布的礫石灘紮營。派特攤開睡墊，我煮水準備晚餐，享受這份得來不易的奢侈樂趣。我們在諾亞塔克河上游拿到這顆汽化爐，因為之前不想承擔爐子的重量，而且途中也不容易取得燃料。用這個爐子煮水比升火快很多，眼睛不必再被煙霧燻得布滿血絲，茶不會有濃濃的木炭味，也不用再吃燕麥棒和餅乾當晚餐。我把滾燙的熱水倒入即食馬鈴薯泥，暗想現在的我們真好取悅。今晚，這個折疊式野營爐是我在地球上最愛的東西。

雨勢漸緩，我和派特在礫石灘上休息，看著濁水拍打河岸，一邊貪婪地進食，一邊欣賞頭燈映射出的光影變化。晚餐後，我的思緒飄至接下來會發生的事。回家後，我們會渴望什麼？還會覺得用電爐加熱，裝在陶瓷杯中的茶高級奢侈嗎？我還會記得自己的物質慾望其實可以很低嗎？我能調和原野生活和城市研究人員生活之間的落差嗎？或許是我多慮了。瑞奇讓我得以一窺某種不符合任何刻板印象的圓滿人生。

早上，我聽到兩隻穗鵖從帳篷上方掠過，飛得很低，透過望遠鏡甚至可以看到米黃色雛羽。穗鵖接下來的旅程還很長，這季節還在這裡算是相當晚了。最近有研究用微型信號發射器追蹤穗鵖行蹤，發現這種鳥類的遷徙堪稱壯舉：阿拉斯加的穗鵖會飛將近一萬四千公里到肯亞，加拿大的穗鵖則會橫跨大西洋到茅利塔尼亞過冬。對幾週大的幼鳥來說，這趟遠行是終極成年禮。因為成鳥通常會先離開，幼鳥除了要用新生羽翼翱翔天際，還必須自行尋找飛越大海和陸地的路徑。如果這兩隻穗鵖可以達成任務，便能拋下美洲馴鹿和麝牛，最終與大象和斑馬為伍。在穗鵖短暫的生命中，靜候和旅行的時間差不多長。對牠們來說，「回家」的路不只一條，對我們來說也是如此。

我一邊吃早餐，一邊想著遷徙、季節與北極的脈動。旅程至今，我遇過遷徙的穗鵖、定居的柳松雞、堅定的美洲馴鹿，以及堅忍不拔的麝牛，這些生物都在這片極端大地上用自己的方式生存。我想了解牠們究竟怎麼辦到的。我想確保牠們在我已不存在的未來仍能繼續。人類有太多要學的事物了。我告訴派特，我覺得自己已經準備好再次成為生物學家。「很好，」他說，「但老實說，我不覺得妳走遠過耶。妳才不知道要怎麼不當一個生物學家。」

從紮營處出發，不用划多久即抵達諾亞塔克村。還不到中午，我們把獨木舟停靠在一艘有凹痕的鋁製汽艇旁邊，那艘船上滿是空的百事可樂罐。我上前詢問一名正在修理舷外機的男子，鎮上哪裡有電話。我們的衛星電話電量剩下不多，但我想讓家人知道我們快到科策標了。

「賓果食堂吧，」他指向泥路的另一端。賓果食堂由兩部貨櫃屋構成，有幾面壓克力窗，門前有木製階梯，此處也是社區活動中心。我和派特慢慢推開門，向內窺視，發現似乎半數村民都聚在這裡喝咖啡或盤據塑膠長桌聊天，角落有幾名青少年在打撞球，食堂中央還有一台不少人在排隊的樂透機。只見排隊者依序遞出一把鈔票，交換鮮豔的紙張，上頭畫有迷你版的水果、豬、骰子和橄欖球。一名年輕男子對在門口發愣的我們招手，並指指放在不遠處的咖啡壺。

走入食堂，我們在椅子上放下沾滿泥巴的外套，到櫃台用保麗龍杯倒了熱氣蒸騰的咖啡，並加入奶精。我找到公用電話，拿起聽筒卻聽到一陣粗嘎聲響，原來有個老人正在使用線路上的另一支電話。儘管手機基地台和無線網路正逐步擴散到地球上的偏遠角落，許多阿拉斯加村莊仍習慣使用有線電話和衛星訊號。等他結束通話後，我拿出電話卡，撥打爸媽家的電話。每個充斥雜音的嘟嘟聲之間都有一陣沉寂，我準備掛斷再打一次時突然聽見爸爸接起電話，聲音聽起來像是透過某個水下軟管在說話。

「哈囉？」

「嗨，爸，我是卡洛琳。」我回應。

半晌，我再次聽到一聲「哈囉？」，接著是興奮的「嗨，卡洛琳！」

通話延遲很嚴重，我們每說一句都會停頓片刻，讓話語傳給對方。

「我不能講太久，這是共用電話，但我們到諾亞塔克村了，」我告訴他。

「我要哪天到科策標？」他說。我以為他在開玩笑。

「我們希望三天內可以抵達。」

「沒問題，那就是九號了，我九號會到那邊等你們。」爸爸說。我開始懷疑他是認真的。

「你真的要來？」我問。科策標距離安克拉治的航空里程約八百八十三公里，而且機票很貴。

「當然，我可不想錯過這件大事。妳媽也想來，但她這週末在白馬市。」我輕推派特，但他在隔壁桌和其他人聊得愉快。

「爸，你不必這樣，」我回答，卻聽不到他的回覆，因為有個低沉嗓音插話「哈囉？哈囉？是誰？」，顯然食堂某處有人拿起了另一個話筒。我試著打斷對方，解釋現在有人在用這條線路，最終仍只聽到那人嘗試撥電話的嘟嘟聲。

我掛掉電話，發現派特正在跟方才招呼我們入內的年輕男子聊天。他們坐得很近，音量很低，幾分鐘後，我聽到派特說，「哇，謝謝你跟我分享這個故事。」他的雙眼圓睜，臉頰紅潤，好像剛剛見識了什麼厲害事物。我們穿上外套，跟剛剛認識的人握手道別。

走回獨木舟的路上，派特詳細講起那位自稱洛尼的年輕人的故事，時不時還得停下來深呼吸。

去年二月，洛尼和一位朋友駕駛雪上摩托車打算從附近村莊回家，結果途中遭遇風雪，洛尼的雪上摩托車引擎故障，就此跟朋友分散。洛尼無法重啟引擎，只好徒步前進。沒多久，他發現自己迷路了，足跡消失在雪地中，找不到棄置的雪上摩托車，也回不了村莊。他唯一的選擇，就是在雪中挖洞避難，並祈禱有人會發現他。

兩名少年當晚失蹤後，當地立刻組織搜救隊，出動二十四台雪上摩托車和一架飛機搜索該區。隔天下午近晚，他們找到洛尼的朋友，雖然受凍，但身體大致無恙。他們也找到洛尼棄置的雪上摩托車，但沒有發現洛尼。第二天接近尾聲時，洛尼開始懷疑自己會不會得救。第三天，他漸漸出現幻覺。他說自己不相信上帝，但躺在那裡時有人對他說話。到了最後，洛尼虛弱得無法站或坐，只能透過積雪形成的「繭」看到明暗變化。他聽見附近傳來引擎聲，完全不曉得是幻覺還是真實，但即使飢餓、脫水且幾乎凍僵，他仍想辦法抬起一條腿，希望有人看見。搜救雪上摩托車當時已路過，但殿後的騎士不小心掉落一罐汽油，回頭尋找時才看見那條腿。洛尼被挖出來時，雙腳已嚴重凍傷，臉頰也因為凍瘡轉黑。送到科策標的醫院後，醫生一開始不確定他能否活下來，還說就算活下來，雙腿膝部以下也得截肢。

我們在賓果食堂遇到洛尼時，是那次意外七個月後，我沒注意到他的步伐有何特別之處。他穿著一般的鞋褲，雙腿看來沒問題。原來他不只撐過那番嚴酷折磨，還保住四肢。洛尼告訴派特，他不敢相信有這麼多人來搜救，而且堅持不放棄。他至今仍不確定自己是否相信上帝，但相信冥冥之中有某種存在。

這趟旅程即將來到終點，因此洛尼的故事格外引人共鳴。我們至今仍未如此接近死亡，從未需要救援，我也還沒找到上帝，但我們清楚原野的力量，清楚雨雪和狂風會吞噬一切，以及山河的冷酷無情。旅程途中，我們受到許多陌生人照顧，彷彿成了某種更崇高存在的小小一分子。

在生命中，我們總是比自己願意承認地更接近邊緣，無法保證下一次呼吸，也無法確定接下來會發生什麼事。我們是人類。我們十分脆弱。付出了愛，就有失去的風險。世上有百萬種意外可能發生，也可能突然染上糟糕的疾病，將平穩生活化為悲劇。無論在城市，還是在原野，這些都會發生。不過身在大自然中，我們更能清楚地意識到這些事實，今日與明日的分野。正因如此，每一天都無比重要。

最後的日子

離開諾亞塔克村後，我們划了半天的船程，來到一處水流遲滯晦暗如液化泥般的河段。根據地圖，距離楚科奇海只剩下二十公里，但這裡的河道曲折蜿蜒，彷彿只躊躇欣賞沿途風光，無意前往任何地方。因此我們這段行程是用河彎來追蹤進度，而不是單純看里程數——划過一道道U字形河段，起初向西，接著往東，再回到西。

我們沿著諾亞塔克河畔一片孤立的狹長綠森划行，兩側是成排的雲杉。此處非常靠近有海象棲息、浮冰成群的楚科奇海，出現這片森林顯得突兀。如果我只看這些樹，恐怕會以為我們處於阿拉斯加內陸。就在此時，一隻說有多「海洋」有多「海洋」的斑海豹在獨木舟後方高高揚起帶細鬚的口鼻部，對著冰冷空氣噴了幾口氣。

水流愈來愈慢的諾亞塔克河迫使我們減速。這裡沒有湍流，寬闊泥濁的河道也不需要導航。我們只能與自己的思緒為伍。長達數週以來，早晨的陽光第一次如此清新怡人，映襯著淡藍的天，微暖的秋陽滲入濕透的衣褲。我可以嘗到接近終點的滋味，有點苦辣，有點甜美。這也提醒我一切即將改變。我將不再追逐河彎或海豹，而要回到時間即商品的世界。在那個世界中，人們的時間少得無法欣賞河水流動，需要分心的事情也多到無暇注意事月亮的軌跡。

除非風勢過大或浪頭太強，否則我們明天就會抵達科策標，迎來旅程的最後一站。迎來終點。接著我們會搭機返回安克拉治，回到六個月、六千多公里前拋諸身後的生活，只是那個生活不再相同。我想起坐困小隔間數月，發瘋似地用電腦完成論文的日子。當時的雙眼總是佈滿血絲又發癢，我還得設定鬧鐘，提醒自己每小時離開電腦螢幕一下。有那麼一陣子，我和戶外生活失去了連結，但現在的我則記不得置身室內是何感受。

由於接近終點，就連最平凡熟悉的景色都變得無比珍貴。我拍了不少日常景觀，譬如灰濁水流中飄過的苔蘚原木、綑紮在獨木舟底部的綠橘色防水收納袋、右手大拇指正上方的手套破洞，還有雲杉樹脂在我褲子上留下彷彿老鷹形狀的汙漬。

划船途中，我發現一隻美洲馴鹿在河岸快步奔走，來不及拿出相機，遂爆出一陣咒罵。「我錯過牠了，」我跟派特說。

「錯過什麼？」他問，「妳剛剛不就看著牠嗎。」

「不是，我想拍照留念，那說不定是這趟旅程看到的最後一隻馴鹿了。」我和派特放下船槳，想看看馴鹿會不會從灌木叢中再次現身。但牠走了。我害怕我們抵達大海時，這些時刻會像河水一樣流逝消散，所以甚至在事件還未結束前，就已試著將它們烙印記憶。

我好幾次想跟派特聊聊即將來臨的轉變，但對話還沒開始就胎死腹中。派特雖不排斥，但跟我一樣沒有太多話可說。過去六個月以來，我們甚少無話可聊，彼此的相處就跟變化萬千的地景一樣充滿新鮮感。然而今天不一樣，沒有話語，無法自然地抛出想法。不是因為意見相歧，而是因為找不到言語形容這趟好幾個月前一起展開的旅程，形容完成這趟十年前萌生念頭的旅程是什麼感受。

我覺得應該好好面對一兩天後的重大改變，也覺得該慶祝實現這一度似乎不可能成真的目標。就算只有一下下，我仍盼望我和派特能沉醉在成功帶來的滿足裡，只是隨著旅程漸入尾聲，這番成就好像變得不是那麼重要。

長達六個月，每日晨起都會面臨不一樣的事物。太平洋沿岸海灣藻類滿布岩石的氣味，高山石南灌木新生枝苗的味道，想要吃掉我們的美洲黑熊，眼前上演的馴鹿遷徙。我聽了各種生存與冒險的故事，有法蘭西斯柯、瑞奇、洛尼，還有許多途中遇到的人。我體會過寒冷、懼怕和飢餓，也感受過活著、被愛和安穩。突然之間，世界彷彿充滿可能，多到令人懼怕。我們可以憑藉自身力量橫越另一塊大陸，另一片海洋，再次啟程，永遠不回到任何過往意義中的「家」。要是這趟旅程最終失敗，或是以痛苦作結，我們或許更能將一切拋諸身後。

即便如此，我知道我們不可能旅行一輩子，甚至無法挺過這種冬天，至少得更換衣物裝備才有可能。一輩子追逐理想冒險雖是樂事，但也讓派特和我焦慮。我不想與世界斷絕聯繫。我想念爸媽、妹妹、弟弟和至今未曾謀面的外甥。我覺得自己有責任保護深愛的原野，派特和我說不定會養育小孩。這表示我必須拋下在這裡發現的一切嗎？這裡真的是終點了嗎？

我在兩個世界之間來回拉扯，在兩種版本的真理之間進退不得。冒險，還是家庭？原野，還是家？大自然，還是科學研究？我忍不住好奇這些分歧是否只存在自己腦中。我划行流瀉消逝如羊鬍子草的紛亂思緒，這些思緒往往在頭上旋轉一圈即消失。

傍晚，狹長森林消失，最後幾株高矮不一的雲杉總算將位置讓給柳樹叢和河口的草。眺望遠方，我看見海洋，還有一抹白色，似乎是在落日照拂下的浮冰。

現在是九月，理論上，上一季的浮冰已融，下一個冬天的冰尚未形成。「你看到了嗎？」我才開口，便看見那塊浮冰升空，並碎成無數冰片。是天鵝，成千上萬隻小天鵝，脖頸金黃閃耀，雙翼赤紅火熱。牠們振翅起飛，雙足重重拍打水面，彷彿是迎向鋼青色天空的天使。小天鵝群繞行一圈，鳴聲沙啞，沒多久返回水域，降落在淺灘上。我和派特划到濕地邊緣，離開獨木舟，觀看曲折的北極光拉伸牠們光彩粼粼的身軀。這些小天鵝很快將啟程往南，飛向海水不會結凍的地方。

與斑尾鷸和其他長途遷徙鳥類不同，小天鵝並非以耐力見長。牠們重約十一公斤，必須經常進食，所以在前往加州或內華達州過冬的三千多公里路途中，不時需要在沿岸區停留覓食。這個淺河灣是休憩進食的理想地點，牠們或會在此停留一到兩週。

我們前方只剩下最後一道關卡：約五公里長的科策標海灣（Kotzebue Sound）。楚克奇海在此匯入狹窄河道，只要一起風，就容易生浪，對獨木舟來說是個挑戰。現在出發，也許可在天黑前通過。明早出發，就得冒著風勢過強、浪太大的風險。但我突然不想離開，不想結束旅程，我想跟這群小天鵝一起在此等候。就這麼一次，雖然沒有需要，我們仍決定停下。

我們在陣陣鳥鳴和振翅聲陪伴下搭好帳篷，在黃昏時分，那頂米色帳篷成了繽紛世界中相對無趣的存在。綠色草地，湛藍海洋，雪白天鵝。這處紮營點離科策標約十四公里，遠遠看去，科策標就像一堆漂流木。稍晚，我蜷縮在睡袋裡，黑暗提醒我改變早已發生。由夏到冬，光明至黑暗，北到南。一隻隻鳥振翅欲飛，太陽指往家的方向。我每次感覺睡意襲來，就會睜大雙眼，側耳傾聽。今晚沒什麼事需要擔憂，沒有熊，沒有雪崩，沒有風雪，但我還沒準備好讓最後一夜過去。派特也有點焦躁，我們並肩仰躺，只有彼此的呼吸和小天鵝的叫聲。

我一向不擅長道別，今夜也不例外。派特聽著細微的抽噎聲，還有比平常頻繁的吞嚥動作，不必看也知道我泫然欲泣。但他知道我需要獨處，一直等到我的眼淚落到睡墊上，他才翻身過來擁抱我。我緊貼派特，用背部感受他的心臟跳動，內心喜悅又悲傷，滿足又充滿渴望，感激又貪婪地想得到更多。

我和這個深愛我的男人一起看到比想像中還多的馴鹿足跡，聽到比預期更頻繁的鳥鳴，憑藉自身力量跋涉了比原本自認可以走到之處還遠的距離。無論接下來有何難關，他都會陪我度過。無論是熊還是暴風雪，孩子還是疾病，適合與否的工作，都是如此。我想我將在這片河岸留下一部分的自己，然而我一點也不想改變這個夜晚。我不需要理解，不需要知道意義。今晚，一切順其自然。

小天鵝持續叫喚，但已經小聲許多。我們在這兒呢，牠們似乎這麼說著。我們就在這兒，這樣就夠了。我拉開帳篷，看著綠色極光掠過天空。在這個心懷感念的最後一晚，當我沉沉入睡後，如同過去幾天，我知道我會有場美夢。

隔日起床時，世界亮成一片。從獨木舟、鞋子、草地到漂流木和帳篷，通通裹上一層晶瑩剔透的冰霜，在日光下閃耀。海洋呈現石灰色。小天鵝皆已離去。我溜回睡袋依偎派特，過了一陣子，他溫柔地將我的手從背上解開，走出帳篷。我則多躺了一下子才起身。

派特和我慢慢收拾打包，流連於每個早已習以為常的動作。我隨意將睡袋塞入壓縮袋，然後把它壓在臉上。我跪在內帳捲收睡墊，派特提起外帳，接著退後拍下我在陽光下的身影。那是當天所拍的最後幾張照片。

我穿上用大力膠帶修補的雨褲，拉上有汗漬的橘色外套，過去六個月，這件外套同時充當我的枕頭。結凍的地面上有清楚的腳印，我沿著派特踩出的路徑小心平行前進，草桿上的冰霜紛紛落下。派特蹲在爐子旁，將兩包即溶咖啡加入過去一百七十六天兩人共用的水壺，蒸氣滾滾冒出。

「你有沒有慶幸當初是我吵贏了？」我開起玩笑，暗指我們很久以前曾爭辯這趟旅程該不該帶熱飲。

派特抬頭露出笑容。換作另一個時空背景，這種混合物幾乎引不起我的胃口，但置身原野，這是我每天起床的動力。我們很快就能享用精品咖啡，暢飲各式熱飲，只是周遭景色完全不同。我屏除一切關於超市走道、人行道和車子等文明事務的想法。最後這個早晨，只有我們和淡如水的咖啡。派特用漂流木隨意在爐子附近做了一張椅子，我坐在他的雙腿間，靠著他的胸膛。

我不知道我們多快會有孩子，甚至不知道會不會生，也不曉得爸爸的病會惡化得多快。我不確定接受安克拉治的研究工作是否正確。我只知道，我們從離開柏令罕至今完成了多少創舉，未來就會攜手克服多少難關。

儘管這可能是旅程的最後一天，我們仍無法打混太久。微風輕吹，出現了幾波白頭浪，這是應該出發的訊號。距離科策標只剩半天划程，我們不想搞到受困此地，最後淪落到要等上一週的結局。派特和我將行李放上獨木舟，最後一次回望營地，然後頭也不回地爬上船。

一開始十分顛簸，但很快轉順，愈划愈覺得浪勢平穩，大海賜予我們最後可用於反思的平靜時光。這一段原本可能壓力極大的船程，反倒讓我們躁動的心得以喘息。來到另一側的岸上，我們在沙灘上燒水煮茶，打給家人，並說服自己這是比較容易的做法：在抵達終點前先通知別人。我留了一封語音訊息給爸爸。

「我們快到科策標了，從這裡可以看到照明和建築。有點難以置信呢，希望到鎮上時能見到你。」

掛上電話後，我好奇他有沒有聽出我的真正意思。我興高采烈。我驚恐擔心。我希望抵達科策標時，你是我們第一個看到的人。

派特和我多拖了一會兒才爬回獨木舟，最後這一小時就在划船中度過，我們一語不發，讓水聲道盡一切。啪、嘩、嘩。啪、嘩、嘩。穩定一致，這是我們爛熟於心的節奏。一小時後，我們抵達科策標，我看到爸爸在橋上大力揮手。歷經這些路程後，在離家如此遙遠的鎮上，在恰到好處的位置迎來爸爸。我止不住滿臉笑意。

我們駛入小小的碼頭，派特將船身靠往河岸，方便我上岸。爸爸下橋往這裡走來，小心翼翼避免滑倒。他朝我張開雙臂，當他緊緊抱住我時，過去六個月的回憶如潮水般湧來。我想起他接起衛星電話時一貫的冷靜聲音，想起他和媽媽開了十四小時車送來的保冷袋，想起他驕傲分享自己看到的鳥，想起他在墓碑山大喊「卡洛琳」的樣子，想起他在我們縮於幽黑溝壑發抖時給予的打氣，也想起他對我總是深具信心，無論發生什麼事都不曾改變。

他向後退開，聲音帶著一點哽咽。「妳一定不知道自己剛剛完成了什麼。」

但這是整趟旅程下來，我第一次認為自己知道答案。答案不在於跋涉了多少公里，在於置身原野的這六個月所帶來的領悟。放手後的平靜。被愛的肯定。我們也許永遠不會再嘗試這麼浩大的行程，但我永遠清楚，一切並非不可能。

我只想得到一句話。「爸，謝謝你。」

第二天一早，當飛機飛越科策標海灣，我隔著窗戶尋找最後紮營的地點，派特的臉緊貼在遍布刮痕的塑膠上。下方傳來引擎的轟鳴聲，既嘈雜又陌生。隨著飛機突然以步行百倍以上的速度衝刺，我的胃一陣抽搐。身後的楚克奇海仍是一片灰濛，彷彿無邊無際。在我們前方，天空懷抱著對未來的蔚藍承諾。我瞥見濱線處有一抹汙白，心想或許是休憩的小天鵝。牠們準備踏上漫漫長路，這是回家前最後一次群聚。

失落海岸上的三人

我們帶著赫胥黎來到小屋附近幾公里的簡易跑道，搭上那架藍白相間的西斯納飛機時，他才將近十個月大。隨著飛機開始滑行，我把兒子固定在前方背帶上。飛機緩慢爬升，飛越與林恩運河平行遙望的群山。引擎聲震耳欲聾，我將防噪耳機罩在赫胥黎的兜帽外頭，以免他的耳膜受損。他頭戴明顯過大的耳麥，專注看向前方閃爍不斷變化的儀表，彷彿一位小小飛行員。往窗外看去，陽光灑落在下方遙遠的雪地。

我們規劃這趟行程時，赫胥黎還在肚子裡，所以很難想像這個將近四公斤的黑眼嬰孩會讓我們的世界發生什麼翻天覆地的變化。但我們清楚：只要來到原野，生活就會變得簡單。

歷經四十五分鐘的飛行後，我們降落在有輪印的狹長沙地上，兩側各擺著一排沉重塑膠浮標，標示這處簡易飛機跑道的界線。飛機停下，我拉出塞入耳中的衛生紙，然後幫赫胥黎拿下耳機。一走下飛機，迎面即是大片野莓。幾百公尺之外，波浪製造出捲鬚般的白沫，映襯著綠藍相間的大海。派特和我卸下背包及充氣艇，露出笑容。飛行員輕吹一聲口哨。赫胥黎眼露笑意。面對野性之美，任誰都心情愉悅。

飛行員加快引擎轉速，掉轉機身，向我們比了個「讚」的手勢後，揚長飛去。我們看著飛機愈變愈小，先飛越阿爾塞克河（Alsek River），接著高高掠過大片森林，最終離開視線。面對阿拉斯加灣、偏遠的失落海岸（Lost Coast）此時只有我們三人，附近沒有城鎮，也沒有其他人。我們早已習慣獨自置身原野，但有個小嬰兒依偎在胸口，可就是全新的體驗。坊間沒有嬰兒適用的野外旅行手冊，我們也無從預先學習如何扮演父母角色。

起初幾公里是好走的沙地，赫胥黎在派特胸前睡得安穩。我們在途中稍停片刻，吃點食物，查看地圖。這處沙灘的平行方向應該有河，我們眺望植被滿布的沙丘另一端，確實有條風景如畫的平緩河道。我決定在河畔一株赤楊木下幫赫胥黎換尿布，派特則替小艇充氣。赫胥黎似乎深受飄動的樹葉所吸引，嬌憨地笑了起來。我們坐上充氣艇，穿著救生衣的他再次在我腿上沉沉睡去。此刻除了划槳聲，一片寂靜。

當晚，我們選定一處狹長的礫石岬，在風化成白色的漂流木間搭帳。我連接兩人的睡袋，一如往常伸腳到他的小腿間取暖。數百個在原野中相依為命的夜晚，我們都是如此度過，但今晚不太一樣。我側頭靠近赫胥黎，感受他溫暖濕潤的氣息拂上臉頰。他穿著白色羊毛裝，兜帽上有一對蠢呆耳朵，像隻小北極熊。我挪動身體當他的屏障，將他的手塞入睡袋，並研究他輕輕噘起的嘴唇。黑夜降臨時，白天在濱海地區行進的恐懼感再次浮現。我們的兒子如此弱小，而這個地方如此巨大。每次傳來沙沙聲或趴搭水聲，我都會跳起身，擔心附近是否有熊，或是海浪太過接近帳篷。凌晨四點半，赫胥黎醒來喝奶，此時正好透入第一縷陽光。他起先有點不安，但隨後一手靠著我的胸口，安心吮吸起來。這項清晨的例行任務讓我心情緩和不少，也漸漸覺得睏，小睡到陽光曬熱睡袋才醒來。

睜開雙眼時，赫胥黎已經醒了，正直直看著上方，原來是微風吹皺了帳壁，生出一個個影子。他側頭看向我，露出微笑。媽媽，我們怎麼不常常出來玩呢？晨光好美，只見橘澄薄霧自沙灘冉冉升起，漂流木映襯著陽光，海上波濤滾滾。我用望遠鏡巡視礫石岬，浪濤之外有一群海番鴨，黑白相間的羽衣閃閃發光。幸好沒看到熊。

多了赫胥黎，我們每天只能勉強走以往一半不到的里程數。我當然想說我們看到了更多平常不會注意到的景色，但實際上除了因為赫胥黎的生理時鐘而不得不暫停的古怪地點，我們並沒有看到太多東西。一座多植被小型沙丘的背風側、丹卓拉斯河（Dangerous River）的河岸，還有我們用漂流木臨時搭建成的防風庇護所。每次不得不停下腳步時，我們會做一些過去認為浪費時間的事，譬如躺在沙地上發呆，或是鋪睡墊讓赫胥黎躺著扭來擺去，我們則在一旁燒水煮茶。我們也追蹤一組狼的足跡，一開始在沙地上蜿蜒前行，最後隱沒在沙丘邊緣。

換個角度後，一切事物似乎都不太一樣。往上看四千五百公尺，費爾韋瑟山閃爍的亮白冰河映襯著藍天。幾個夏天以前，我和派特曾立足山頂，俯瞰海岸地帶，今天的我們則坐躺沙灘，向上遙望。在我們周圍，一叢叢黑麥草隨風擺盪，惹得陽光也翩翩起舞。身下的沙子細軟柔滑，觸感很舒服。我們繼續前進，看到一群羽毛細白、體型嬌小的三趾濱鷸沿著浪線小步急奔。這是我第一次注意到牠們的動作似乎反映了大海的節奏。浪起則退，浪退則進。彷彿心跳，彷彿呼吸。每一次海浪打上來，就有數十隻小小鳥腳以穩定節奏踏沙而行。

我知道寶寶會改變生活，但當時並沒有理解到這並不表示必須放棄熱愛的事物。我一直到現在才明白，當初擔心失去自我，或失去我和派特的兩人生活，或失去冒險的渴望，其實是搞錯重點。近乎兩年過後，我們仍是同一對頂著雹暴離開柏令罕的夫妻，也仍是望向飛機窗外的科策標、對原野充滿感激的兩個人。我和派特現在成了父母，未來仍會以我們唯一知道的方式摸索前進：划一次槳，走一步路，按部就班做好

一件事。雖然孩子目前只需要溫暖、奶水和乾淨尿布，但有一天他或許也會渴望原野。

回到安克拉治後，我重返生物學家工作，從遠處研究北極，派特則繼續設計建造房屋。大多數時間，我們都住在安克拉治市區，那房子也是派特的傑作。夏天則會躲至林恩運河小屋。到目前為止，這種生活型態還算合適，只是我們總有一隻眼睛覬覦著更遙遠的地平線。

一天早上，我們走往沙灘較高處，想找個背風的地方替赫胥黎換尿布，途中注意到漂流木中有個綠色球體。湊近一看，是一顆玻璃浮球，圓得恰到好處，比我見過的浮球都大。它跟我們一樣是這座沙灘的旅人，很可能是從亞洲千里迢迢而來，那裡前一陣子才將玻璃浮球更換為塑膠浮球。我拉出這顆浮球，高舉檢視。它頗重，比赫胥黎還重，但我幾乎一碰到這顆浮球，就決定要帶著它一起上路。我們用赫胥黎的橘色救生衣和充氣艇上的捆帶製作出臨時的軛形支架，以便將浮球固定在我的背包頂部。

派特抱起赫胥黎，跟著我往海邊走。那顆綠色浮球在陽光照射下閃閃發光。赫胥黎緊貼著派特的胸膛，每個人的身影在粗糙的沙丘上拉伸變長，不斷舞動。我們一家三人沿著沙灘繼續前進。只見海浪破碎，浮球閃爍，我們一直前進。

致謝

我在整理並串起這個故事時，漸漸領會到「韌性」的意義。寫出並整理浩瀚如海的文字，反覆修改，著實考驗我的能力與決心。要是沒有出色且敬業的夥伴，我可能早就陷入困境。他們貢獻良多，從後勤補給到鳥類識別，從文學靈感和出版意見，可說無役不與。

首先要感謝我的爸媽蘿絲和威利・范・希莫特（Rose and Willy Van Hemert），感謝他們堅持到外頭呼吸新鮮空氣對身體有益，並在我心中深植家庭的歸屬感。在旅行以及撰寫此書期間，他們都大力支持，幫忙運送裝備，安排食物補給，在我寫作時協助照顧孩子。我的妹妹艾許麗・范・希莫特（Ashley Van Hemert）也是我的有力支柱、良知之聲，並時時關照我的安全。她也是我最早且最熱情的讀者。我的弟弟亨得利克・范・希莫特（Hendrik Van Hemert）擅長科技大小事，也協助我講述旅程。感謝派特的媽媽喬安・法洛（Joanne Farrell）放手讓孩子追逐夢想。派特的爸爸理察・法洛（Richard Farrell）除了鼓勵，也提供不少實用的野外醫療建議。

這本書之所以能付梓，實在受到太多人幫忙。這些人或給予關鍵指引，或提供恰到時候的加油打氣。我很感謝希爾納達爾版權公司（Hill Nadell Literary Agency）的經紀人 Bonnie Nadell，她從一開始就對這項計畫充滿信心，也讓我知道鳥會一如既往地引導我走向正確道路。Austen Rachlis 將這本書託付給可靠的人，並多次給予極具價值的意見和評論。大大感謝利特爾暨布朗出版公司（Little, Brown and Company）的編輯 Tracy Behar，她總是能切中要害，充滿熱情，專注細節，讓編輯過程十分愉快。從她睿智的建議中，我認識到「少」才是「多」。

Ian Straus、Jessica Chun、Katharine Myers、Lucy Kim 和其他出版社的夥伴，在幕後貢獻了大量心血，才順利將這本書帶給讀者。Peggy Freudenthal 縝密且細心的修訂讓我獲益良多，David Coen 也提供巧妙且必要的編輯意見。

Jill Fredston、Hannah Moderow 和 Elizabeth Colen 也貢獻不少時間、寫作建議，以及鼓勵。她們從寫作初期就與我同在，作為我的朋友和讀者，傾聽並檢視我的想法。Andromeda Romano-Lax 和 Deb Vanasse 促使我確立故事的核心。我的好友兼岸鳥愛好者 Dan Ruthrauff 則協助確認鳥類知識。

我在阿拉斯加和其他地方日益壯大的作家社群也提供不少意見與靈感。要謝謝的人太多了，但我想特別感謝 Kate Harris、Ken Ilgunas、Rob Wesson、Bill Streever、Cinthia Ritchie，還有已經過世的 Louise Freeman-Toole。許多傑出老師啟迪了我對文學的熱愛，他們總是孜孜不倦地和年輕一代分享熱情和知識，往往還吃力不討好。拉斯穆森基金會（Rasmuson Foundation）提供財務上的支援，並給我書寫下去的信心。永續發展藝術基金會（Sustainable Arts Foundation）也在關鍵時刻給我肯定和動力。

Colin Shanley 慷慨分享他的時間、房子和才華，不僅協助運送裝備、堆疊原木，也是冒險的好夥伴。另外，Lily Weed 幫我架設美觀的網站，還協助我搞懂社群媒體。

我還要謝謝所有形塑我對於鳥類的熱情以及對於科學看法的同事和友人，包括 Colleen Handel、John Pearce、Bill Calder(僅此紀念他），以及數十位我有榮幸一起在田野合作的人。我也謝謝 Karen Loso 和其他朋友在我最需要新鮮空氣的時候，把我拉到戶外散心。

這趟旅程之所以成真，是因為許多人貢獻心力和所長。包括 Roman Dial、Erik LeRoy、Zach Shlosar、Colin Angus、Andrew Skurk、阿爾帕卡充氣艇（Alpacka Rafts）的 Tom and Celest Gotchy、George Dyson、Luc Mehl 和 Richard Gordon。Drake Olson 將我們平安送到許多精采的偏遠地點。

我也不得不提到旅程中對我們伸出援手的每個人。無論是分享食物、熱情款待、訴說故事，這些人讓我們了解這趟旅程不僅僅關乎原野。我尤其想謝謝法蘭西斯柯．布魯提（Francesco Bruti）、瑞奇．阿士比（Ricky Ashby）、貝拉貝拉島的凱瑟琳和瑞克、塔吉什鄉野旅舍（Tagish Wilderness Lodge）的莎拉和格布哈特、桃樂絲和她在奔流河的家人、赫西爾島的李伊・約翰・梅約克（Lee John Meyook），還有麥克弗森堡、阿克拉維克、卡克托威、北極村、阿納克圖沃克帕斯和諾亞塔克等村鎮的人們。

我想謝謝每一個願意保護鳥類、野生動植物和棲地的個人和組織。要是沒有他們的關心和投入，這個星球的面貌將更加荒涼。我也深深感謝每一種鳥類，牠們的存在本身，就是每日的奇蹟來源。

我的兩個兒子赫胥黎和道森（Huxley and Dawson Farrell），讓我每次看到鳥類都彷彿是初次見面般新鮮。在我埋首寫作的時候，要謝謝他們容忍我的缺席，並提醒我要空出時間玩泥巴。

最後，我要向派翠克・法洛（Patrick Farrell）致上最深的謝意。我們攜手經歷了我一個人無法實現的事。作為夥伴、朋友和丈夫，無論眼前的山坡多麼陡峭，河流多麼湍急，他從未猶豫動搖。作為藝術人，他才華橫溢也樂於分享。要是沒有他的支持，這趟旅程、這本書，還有我們富足且充滿驚奇的生活通通無法實現。我永遠感謝他。

GO OUTDOOR 17

以太陽為指南針：鳥類學家的阿拉斯加荒野紀行

原著書名／The Sun Is a Compass: A 4,000-Mile Journey into the Alaskan Wilds
作　　者／卡洛琳．范．希莫特（Caroline Van Hemert）
譯　　者／吳侑達
企畫選書／辜雅穗
責任編輯／辜雅穗

總 編 輯／辜雅穗
總 經 理／黃淑貞
發 行 人／何飛鵬
法律顧問／台英國際商務法律事務所　羅明通律師
出　　版／紅樹林出版
臺北市中山區民生東路二段 141 號 7 樓
電話：(02) 2500-7008　傳真：(02) 2500-2648
發　　行／英屬蓋曼群島商家庭傳媒股份有限公司城邦分公司
聯絡地址：台北市中山區民生東路二段 141 號 2 樓
書虫客服服務專線：(02) 25007718．(02) 25007719
24 小時傳真服務：(02) 25001990．(02) 25001991
服務時間：週一至週五 09:30-12:00．13:30-17:00
郵撥帳號：19863813　戶名：書虫股份有限公司
讀者服務信箱 email：service@readingclub.com.tw
城邦讀書花園：www.cite.com.tw
香港發行所／城邦（香港）出版集團有限公司
地址：香港灣仔駱克道 193 號東超商業中心 1 樓
email：hkcite@biznetvigator.com
電話：(852)25086231　傳真：(852) 25789337
馬新發行所／城邦（馬新）出版集團 Cité(M)Sdn. Bhd.
41, Jalan Radin Anum, Bandar Baru Sri Petaling,
57000 Kuala Lumpur, Malaysia.
電話：(603) 90578822　傳真：(603) 90576622
email:cite@cite.com.my

封面設計／mollychang.cagw.
內頁排版／葉若蒂
印　　刷／卡樂彩色製版印刷有限公司
經 銷 商／聯合發行股份有限公司
電話：(02)291780225　傳真：(02)29110053

2021 年 12 月初版　　Printed in Taiwan
定價 480 元

ISBN 978-986-06810-4-8

國家圖書館出版品預行編目 (CIP) 資料

以太陽為指南針：鳥類學家的阿拉斯加荒野紀行 / 卡洛琳．范．希莫特 (Caroline Van Hemert) 著；吳侑達譯．-- 初版．-- 臺北市：紅樹林出版：英屬蓋曼群島商家庭傳媒股份有限公司城邦分公司發行，2021.12　面；　公分．-- (go outdoor；17)
譯自：The Sun Is a Compass: A 4,000-Mile Journey into the Alaskan Wilds
ISBN 978-986-06810-4-8(平裝)

1. 希莫特 (Van Hemert, Caroline) 2. 旅遊 3. 鳥類 4. 自然史 5. 美國阿拉斯加
752.7809　　110019256